教育部职业教育与成人教育司推荐教材
中等职业学校物流服务与管理专业教学用书

供应链管理

第 3 版

主　编　蒋卫华　韦弢勇
副主编　何俊梅　伍玉坤　潘　波
参　编　覃冠华　卢　艳　曾　晖　王铭崇　马焕方

机 械 工 业 出 版 社

本书的主要内容包括：概述、供应链设计与供应链中的合作关系、供应链采购与物流管理、供应链生产管理、供应链库存管理、供应链企业的组织结构与业务流程再造、供应链管理信息系统、供应链成本管理与绩效评价。每个单元前面均有"知识目标"和"技能目标"，后面还配有"技能训练"。本书内容新颖、案例丰富，能结合中等职业教育的特点和市场对物流人才需求的情况，传播新观点、新方法，并注重对学生实际操作能力的培养。

本书可作为中等职业学校物流服务与管理专业的教材，也可供从事职业培训、物流企业管理的人员参考。

图书在版编目（CIP）数据

供应链管理/蒋卫华，韦弢勇主编. —3 版. —北京：机械工业出版社，2016.6（2021.8 重印）

教育部职业教育与成人教育司推荐教材　中等职业学校物流服务与管理专业教学用书

ISBN 978-7-111-52062-7

Ⅰ. ①供…　Ⅱ. ①蒋…　②韦…　Ⅲ. ①供应链管理—中等专业学校—教材　Ⅳ. ①F252

中国版本图书馆 CIP 数据核字（2015）第 259692 号

机械工业出版社（北京市百万庄大街22 号　邮政编码 100037）
策划编辑：朱　华　周晓伟　责任编辑：周晓伟
责任校对：刘秀芝　　　　　　封面设计：陈　沛
责任印制：常天培
固安县铭成印刷有限公司印刷
2021 年 8 月第 3 版第 4 次印刷
184mm×260mm · 12.25 印张 · 277 千字
标准书号：ISBN 978-7-111-52062-7
定价：29.80 元

凡购本书，如有缺页、倒页、脱页，由本社发行部调换
电话服务　　　　　　　　　网络服务
服务咨询热线：010-88379833　机工官网：www.cmpbook.com
读者购书热线：010-88379649　机工官博：weibo.com/cmp1952
　　　　　　　　　　　　　　教育服务网：www.cmpedu.com
封面无防伪标均为盗版　　　金书网：www.golden-book.com

中等职业学校物流服务与管理专业教学用书编审委员会

中等职业学校物流服务与管理专业教材自 2004 年出版以来，经过 2008 年的修订，内容不断充实和完善，深受广大师生和业界读者的欢迎，取得了较好的社会效益。

在本套教材多年的使用、实践过程中，我们对物流企业的岗位技能要求及用人需要做了深入的调查和了解，广泛收集了各院校和读者对本套教材的反馈意见和建议，深感有必要在新形势下对本套教材从结构到内容方面进行再调整和修订，以使本套教材更能适应物流行业对人才的实际要求，更方便广大师生使用，更适合职业院校学生的培养目标和教学特点。

于是，在第 2 版的基础上，我们充分借鉴和吸收国内外物流学的基本理论和最新研究成果后，对本套教材做了新的全面的修订。修订后的教材密切结合我国物流业的发展与物流职业教育的实际，充分体现"以学生为主体""以能力为本位"和"以就业为导向"的理念，按照人才培养目标与物流服务岗位能力培养的要求，参照物流职业资格标准，突出岗位能力和职业素质培养；淡化专业基础、专业理论与专业实训内容的界限，按照物流服务活动相关流程工作岗位的要求重组课程体系和课程内容；在课程内容设计上，依据物流技术标准和物流工作岗位所需掌握的知识、技能、素质，制订全新的课程标准和教材内容。

同时，在每个单元前面增设"知识目标"和"技能目标"，使读者能简明扼要地了解需要掌握的知识点和应该学会的技能。每单元增加了"技能训练"，包括任务描述、任务准备、任务实施、任务评价、任务小结、任务拓展，通过完成任务的过程，让学生将所学的知识融入到实践中去，做到学以致用，以增强学生实际工作的能力。

《供应链管理》第 3 版由蒋卫华、韦发勇主编和统校。具体编写分工如下：韦发勇负责单元一；何俊梅负责单元二；卢艳负责单元三；覃冠华负责单元四；潘波、伍玉坤负责单元五；蒋卫华负责单元六；曾晖、马焕方负责单元七；王铭崇负责单元八。

本套教材在编写过程中，参考和引用了许多专家和学者的研究成果，在此谨对这些专家和学者们表示衷心的感谢，如有些资料的引用由于疏忽未注明出处，编者在此谨表歉意。

由于编者水平有限，书中难免有不妥之处，敬请广大专家和读者批评指正。

编　者

目 录

单元一 概　述

■ 知识目标

1. 了解传统企业管理模式的弊病。
2. 掌握供应链管理的含义。
3. 掌握供应链管理与传统管理模式的区别。
4. 了解供应链思想产生的历史背景及其发展。

■ 技能目标

具有通过多种渠道、媒体，进行查找、收集所需信息的能力。

课题一　供应链管理概述

一、供应链管理的概念

对于供应链管理，国外也有许多不同的定义和称呼，如有效客户反应（Efficient Customer Response，ECR）、快速反应（Quick Response，QR）、虚拟物流（Virtual Logistics，VL）或连续补充（Continuous Replenishment，CR）等。这些称呼因考虑的层次、角度不同而不同，但都通过计划和控制实现企业内部和外部之间的合作，实质上它们一定程度上都反映了对供应链各种活动进行人为干预和管理的特点，使过去那种自发的供应链成为自觉的供应链系统，有目的的为企业服务。

计算机网络的发展进一步推动了制造业的全球化、网络化过程。虚拟制造、动态联盟等制造模式的出现，更加迫切需要新的管理模式与之相适应。传统的企业组织中的采购（物资供应）、加工制造（生产）、销售等看似整体，但却是缺乏系统性和综合性的企业运作模式，已经无法适应新制造模式发展的需要，而那种大而全，小而全的企业自我封闭的管理体制，更无法适应网络化竞争的社会发展需要。因此，供应链的概念和传统的销售链是不同的，它已跨越了企业界限，从建立合作制造或战略伙伴关系的新思维出发，从产品生命线的"源头"开始，到产品消费市场的"汇"，从全局和整体的角度考虑产品的竞争力，使供应链从一种运作性的竞争工具上升为一种管理性的方法体系，这就是供应链管理提出的实际背景。

供应链管理是对供应链涉及的全部活动进行计划、组织、协调与控制。最早人们把供应链管理的重点放在管理库存上，作为平衡有限的生产能力和适应用户需求变化的缓冲手段，它通过各种协调手段，寻求把产品迅速、可靠地送到用户手中所需要的费用与生产、库存管理费用之间的平衡点，从而确定最佳的库存投资额。因此其主要的工作任务是管理库存和运输。现在的供应链管理则把供应链上的各个企业作为一个不可分割的整体，使供应链上

各企业分担的采购、生产、分销和销售的职能成为一个协调发展的有机体。供应链管理是对供应链涉及的全部活动进行计划、组织、协调与控制。

知识卡

回流

退货、返修物品和周转使用的包装容器等从需方返回供方所引发的物流活动。

二、供应链管理的基本内容

供应链管理主要涉及五个主要领域：供应（Supply）、生产计划（Schedule Plan）、物流（Logistics）、需求（Demand）和回流（Return）。由图 1-1 可见，供应链管理主要包括计划、协作、控制从供应商到用户的物料（零部件和成品等）和信息。供应链管理目标在于提高用户服务水平和降低总的交易成本，并且寻求两个目标之间的平衡（这两个目标往往有冲突）。

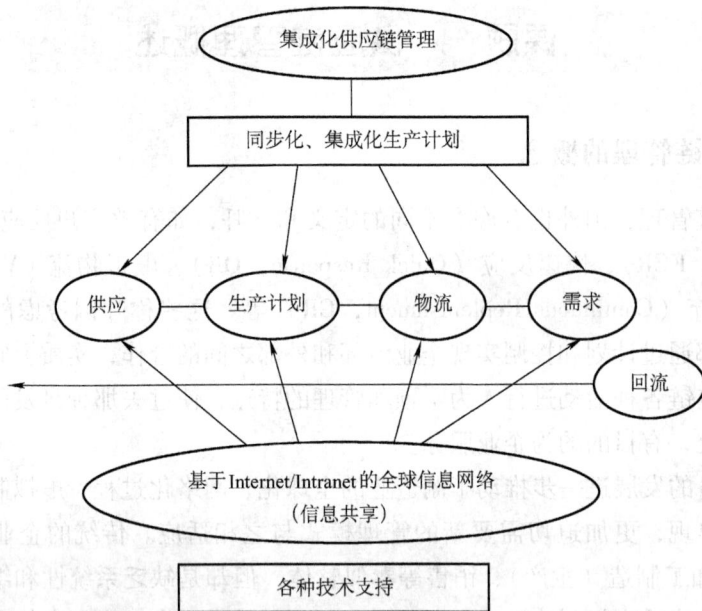

图 1-1　供应链管理涉及的领域

在以上五个领域的基础上，我们可以将供应链管理细分为职能领域和辅助领域。职能领域主要包括产品工程、产品技术保证、采购、生产控制、库存控制、仓储管理和分销管理。而辅助领域主要包括客户服务、制造、设计工程、会计核算、人力资源和市场营销。

由此可见，供应链管理关心的并不仅仅是物料实体在供应链中的流动，除了企业内部与企业之间的运输问题和实物分销以外，供应链管理还包括以下主要内容：

1）战略性供应商和用户合作伙伴关系管理。

2）供应链产品需求预测和计划。

3）供应链的设计（全球节点企业、资源、设备等的评价、选择和定位）。

4）企业内部与企业之间物料供应与需求管理。

5）基于供应链管理的产品设计与制造管理、生产集成化计划、跟踪和控制。

6）基于供应链的用户服务和物流（运输、库存、包装等）管理。

7）企业间资金流管理（汇率、成本等问题）。

8）基于 Internet/Intranet 的供应链交互信息管理等。

9）反向物流管理（Reverse Logistics）。

供应链管理注重总的物流成本（从原材料到最终产成品的费用）与用户服务水平之间的关系，为此要把供应链各个职能部门有机地结合在一起，从而最大限度地发挥出供应链整体的力量，达到供应链企业群体获益的目的。

三、供应链管理与传统管理模式的区别

供应链管理与传统的物料管理和控制有着明显的区别，主要体现在以下几个方面：

1）供应链管理把供应链中所有节点企业看作一个整体，供应链管理涵盖整个物流的、从供应商到最终用户的采购、制造、分销、零售等职能领域过程，如图 1-2 所示。

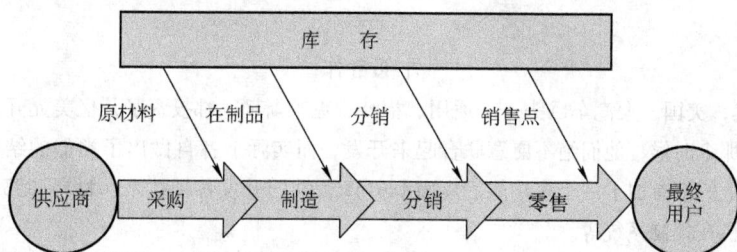

图 1-2　供应链管理的范围

2）供应链管理强调和依赖战略管理。"供应"是整个供应链中节点企业之间事实上共享的一个概念（任两节点之间都是供应与需求关系），同时它又是一个有重要战略意义的概念，因为它影响或者可以认为它决定了整个供应链的成本和市场占有份额。

3）供应链管理最关键的是需要采用集成的思想和方法，而不仅仅是节点企业、技术方法等资源简单的连接。

4）供应链管理具有更高的目标，通过管理库存和合作关系去达到高水平的服务，而不是仅仅完成一定的市场目标。

四、供应链管理的战略选择

1. 供应链管理从操作层向战略层的转移

供应链管理经过几年的发展，现已在发达国家的企业中得到了较为成功的应用，而且随着人们对供应链管理认识的不断深入，供应链管理本身也得到了发展。人们逐渐感到，

要想进一步发挥供应链管理的潜在作用，应该将供应链管理作为企业的战略性问题来考虑，而不能仅仅将其看作一种操作方法。

根据 Deloitte 咨询公司发布的一项研究报告，虽然现在已有91%的北美制造企业将供应链管理列入关键或重要管理活动，但是，只有2%的企业达到了世界级水平，差不多有75%的企业在平均及以下水平。一个主要的原因是，50%的企业说他们没有正规的供应链管理战略，虽然大多数有供应链的计划。其他原因还有：

1）缺乏应用和集成技术的能力。

2）协调企业资源更高的权重。

3）改革关键流程的阻力。

4）跨职能的障碍。

5）缺乏有效测量供应链绩效的评价指标。

2. 供应链管理战略的主要内容

供应链管理战略就是要从企业发展战略的高度考虑供应链管理的事关全局的核心问题，如实施战略的制定问题、运作方式的选择问题、信息支持系统的建立问题等。下面做一简要阐述。

（1）制定供应链管理的实施战略　供应链管理的实施战略，就是要解决一个企业在具体实施供应链管理方式时所依据的方法论和策略，避免走弯路或出现失误。

资料库

外部合作

在70年代，美国三大汽车巨头——通用、福特、克莱斯勒，都投资了几亿美元开发处理汽车尾气的装置。在那个时候，他们绝不愿意联合起来开发，而实际上各自做出了类似的结果，白花了很多钱。现在，他们都参加了一个多功能的集团 USCAR，共同开发各种技术、材料和部件，从结构塑料到电池到电机车控制系统等。

1）在企业内外同时采取有力措施。从企业内部来说，主要是发扬团队的合作精神。要鼓励员工协同工作、解决问题，他们要把合作看作是一种义务，而不是互相推诿责任。企业要有明确的智力资源权利条例和企业内部明确的道德准则，来规范员工的行为和保护员工发明创造的权利。

2）充分发挥信息的作用。因为市场在急剧变化，故而最重要的是掌握用户需求的变化和在竞争中知己知彼。如果对本企业内部的信息不能透彻了解，那么如何能要求员工从全局出发做到集成呢？如果竞争对手采取了一些新的措施，采用了一些新技术，而本企业却迟迟不了解，又如何能及时采取改进竞争手段的对策呢？敏捷的基本思想是既快又灵，所以一定要把信息的价值提到足够的高度来认识。

3）供应链企业的组成和工作。从竞争走向合作，从互相保密走向信息交流，实际上会给企业带来更大利益。如果市场上出现一个新的机遇，譬如看准了半年后推出某种新型计算机必能畅销，于是几家本来是竞争对手的大计算机公司，可能立即组成一种合作关系。A公司开发的主机性能好，B公司的软件开发能力强，C公司的外围设备有特色和很好的声誉,各家都发挥自己的优势共同开发,就能迅速占领市场。完成这次合作以后,各家还是各自独立的公司。这种方式就是敏捷制造。实施敏捷制造的基础是全国乃至全球的通信网络,在网上了解到有专长的合作伙伴,在网络通信中确定合作关系,并通过网络用并行工程的做法实现最快速和高质量的新产品开发。

4)计算机技术和人工智能技术的广泛应用。未来制造业中强调人的作用,丝毫没有贬低技术所起作用。计算机辅助设计、辅助制造,计算机仿真与建模分析技术,都应在敏捷企业中加以应用。另外,还要提到团件(Group Ware),这是近来研究比较多的一种计算机支持协同工作(Computer Supported Cooperative Work,CSCW)的软件,称为团件是强调作为分布式群决策软件系统,它可以支持两个以上用户以紧密方式共同完成一项任务,例如有同样想法而又同时工作的人所用的文章大纲编辑器。人工智能在生产和经营过程中的应用,是另一个重要的先进技术的标志。从底层原始数据检测和收集的传感器,到过程控制的机理以至辅助决策的知识库,都需要应用人工智能技术。

5)方法论的指导。所谓方法论,就是在实现某一目标,完成某一项大工程时,所需要使用的一整套方法的集合。我们强调要实现全企业的整体集成,这是一项十分复杂的任务。对每一时期每一项具体任务,都应该有明确的规定和指导方法,这些方法的集合就叫集成方法论。这样的方法论能帮助人们少走弯路,避免损失。这种效益,比一台新设备,一套新软件所能产生的有形的经济效益,要巨大得多,重要得多。

6)标准和法规的作用。目前产品和生产过程的各种标准还不统一,而未来制造业的产品变异又非常突出,如果没有标准,对国家、对企业、对企业间的合作、对用户都非常不利。因此必须要强化标准化组织和演进,使其工作能不断跟上环境和市场的改变。现行法规也应该随着国际市场和竞争环境的变化而演进,其中包括政府贷款、技术政策、反垄断法规、税法、税率、进出口法、国际贸易协定等。

(2)推动式(Push)和牵引式(Pull)的供应链运作方式 有两种不同的供应链运作方式:一种称为推动式,一种称为牵引式,如图1-3所示。推动式的供应链运作方式以制造商为核心,产品生产出来后从分销商逐级推向用户。分销商和零售商处于被动接受的地位,各个企业之间的集成度较低,通常采取提高安全库存量的办法应付需求变动,因此整个供应链上的库存量较高,对需求变动的响应能力较差。牵引式供应链的驱动力产生于最

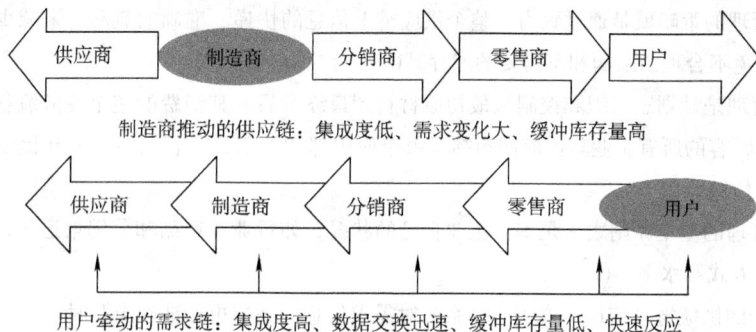

制造商推动的供应链:集成度低、需求变化大、缓冲库存量高

用户牵动的需求链:集成度高、数据交换迅速、缓冲库存量低、快速反应

图1-3 两种不同性质的供应链

终用户，整个供应链的集成度较高，信息交换迅速，可以根据用户的需求实现定制化服务。采取这种运作方式的供应链系统库存量较低。

作为供应链管理战略内容之一，就是要选择适合于自己实际情况的运作方式。牵引式供应链虽然整体绩效表现出色，但对供应链上企业的要求较高，对供应链运作的技术基础要求也较高。而推动式供应链方式相对较为容易实施。企业采取什么样的供应链运行方式，与企业系统的基础管理水平有很大关系，切不可盲目模仿其他企业的成功做法，因为不同企业有不同的管理文化，盲目跟从反而会得不偿失。

知识检验

一、选择题

1. 供应链管理的基本内容包括（　　）。

    A. 采购、存储、销售　　　　　　B. 采购、运输、存储、销售

    C. 采购、制造、运输、存储、销售　　D. 采购、设计、制造、运输、存储、销售

2. 以下关于供应链管理的叙述中不正确的是（　　）。

    A. 供应链管理是制造商与它的供应商、分销商及用户协同合作，为顾客所希望并愿意为之付出的市场提供一个共同的产品和服务

    B. 供应链管理的所涉及的理论源于产品的分销和运输管理，因此供应链管理就是后勤管理

    C. 供应链管理是计划、组织和控制从最初原材料到最终产品及其消费的整个业务流程，这些流程连接了从供应商到顾客的所有企业

    D. 供应链管理更着重于从原材料供应商到最终用户所有关键业务流程的集成，因此许多非后勤管理的流程也必须集成到供应链管理中来

3. 目前市场的供应链管理系统（　　）。

    A. 正朝着拉式市场的方向进行改革

    B. 正朝着推式市场的方向进行改革

    C. 既不是推式市场，也不是拉式市场

    D. 是推式市场和拉式市场的结合

二、判断题

1. 供应链管理代表的不仅仅是某种管理方法，而是代表了一整套管理理念。（　　）

2. 供应链管理的策略就是通过致力于整个供应链上信息的快递、准确的流动，来减少不可预料情况的发生，从而避免不合理的采购和不需要的库存。（　　）

3. 供应链管理是计划、组织和控制从最初原材料到最终产品及其消费的整个业务流程，这些流程连接了从供应商到顾客的所有企业。供应链包括了由企业内部和外部为顾客制造产品和提供服务的各职能部门所形成的价值链。（　　）

4. 供应链管理的基本原则之一是基于企业自己的状况，如行业、产品和分销渠道等，来决定企业对客户提供的服务方式和水平。（　　）

5. 推式市场的供应链系统比拉式供应链系统对需求信息的把握更加准确与及时。（　　）

三、简答题

简述牵引式供应链的特点。

课题二　供应链管理的产生与发展

进入20世纪90年代以来，由于科学技术的不断进步和经济的不断发展、全球化信息网络和全球化市场形成及技术变革的加速，围绕新产品的市场竞争也日趋激烈。技术进步和需求多样化使得产品生命周期不断缩短，企业面临着缩短交货期、提高产品质量、降低成本和改进服务的压力。所有这些都要求企业能对不断变化的市场做出快速反应，源源不断地开发出满足用户需求的、定制的"个性化产品"去占领市场以赢得竞争，市场竞争也主要围绕新产品的竞争而展开。毋庸置疑，这种状况将延续到21世纪，使企业面临的环境更为严峻。

一、经济全球化企业面临的竞争与挑战

全面分析国际形势，我们可以感到：经济全球化趋势已经和正在给各国经济发展带来深刻的影响，我们既面临着新的发展机遇，也面临着严峻的挑战。

我国加入世界贸易组织（World Trade Organization，WTO）后，整体关税将从22.1%降至17%。过去生产汽车、计算机、飞机基本上是在一个国家（地区），甚至是在一个工厂里面进行的。"一汽"生产的汽车，从第一个零部件到最后一个零部件的生产，再到组装都是在长春进行的。这些年来，经济全球化的趋势、关税的降低以及技术，特别是电信与计算机技术的发展，使全球化生产越来越普及，特别是高新技术产业，基本上是全球化生产。目前，我国处在技术水平相对较低的层次上，我们一定要参与世界大跨国公司的全球化生产，成为其中的一个链条、一个生产环节。

与严峻的市场环境相呼应的是市场竞争的特点也在不断变化。随着经济的发展，影响企业在市场上获取竞争优势的主要因素也发生着变化。认清主要竞争因素的影响力，对于企业管理者充分利用、获取最大竞争优势具有非常重要的意义。与20世纪的市场竞争特点相比，21世纪的竞争又有了新的特点。

1. 产品生命周期越来越短

随着消费者需求的多样化发展，企业的产品开发能力也在不断提高。目前，国外新产品的研制周期大大缩短。例如，AT&T公司新电话的开发时间从过去2年缩短为1年；惠普公司新打印机的开发时间从过去的4.5年缩短为22个月，而且这一趋势还在不断加强，如图1-4所示。与此相应的是产品的生命周期缩短，革新换代速度加快。由于产品在市场上存留时间大大缩短了，企业在产品开发和上市时间的活动余地也越来越小，给企业造成巨大压力。例如当今的计算机，几乎是一上市就已经过时了，就连消费者都有些应接不暇。虽然在企业中流行着"销售一代、生产一代、研究一代、构思一代"的说法，然而这毕竟需要企业投入大量的资源，一般的中小企业在此等环境面前显得力不从心。许多企业曾有过一阵红火，但由于后续产品开发跟不上，造成产品落伍之时，也就是企业倒闭之日。

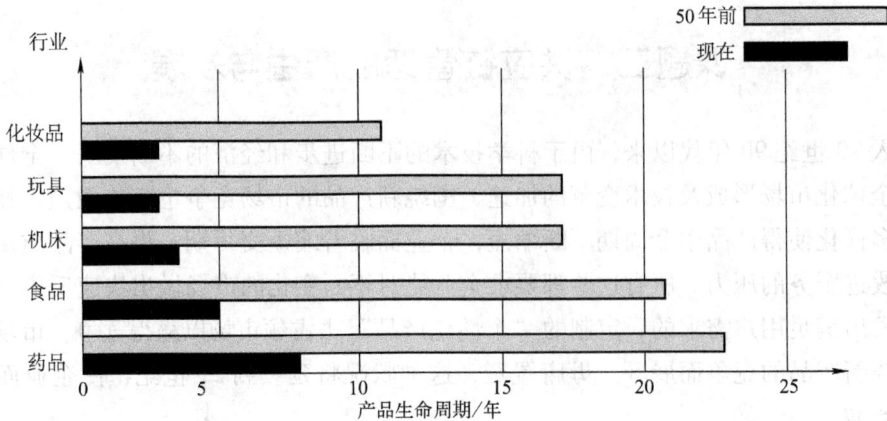

图 1-4　产品生命周期不断缩短

2. 产品品种飞速膨胀

因消费者需求的多样化越来越突出，厂家为了更好地满足其要求，便不断推出新的品种，从而引起了一轮又一轮的产品开发竞争，结果是产品的品种成倍增长。以日用百货为例，据有关资料统计，从 1975 年到 1991 年，品种数已从 2 000 种左右增加到 20 000 种左右，尽管产品已非常丰富，但消费者在购买商品时仍然感到难以称心如意。为了吸引用户，许多厂家不得不绞尽脑汁不断增加花色品种。但是，按照传统的思路，每一种产品都生产一批以备用户选择的话，那么制造商和销售商都要背上沉重的负担，库存占用了大量的资金，严重影响了企业的资金周转速度，进而影响企业的竞争力。

资料库

在 90 年代初期，日本汽车制造商平均 2 年可向市场推出一个新车型，而同期的美国汽车制造商推出相同档次的车型却要 5~7 年。

3. 对交货期的要求越来越高

随着市场竞争的加剧，经济活动的节奏越来越快。其结果是每个企业都感到用户对时间方面的要求越来越高。这一变化的直接反映就是竞争主要因素的变化。20 世纪 60 年代企业间竞争的主要因素是成本，到 70 年代竞争的主要因素转变为质量，进入 80 年代以后竞争的主要因素转变为时间。这里所说的时间要素主要是指交货期和响应周期。用户不但要求厂家要按期交货，而且要求的交货期越来越短。我们说企业要有很强的产品开发能力，不仅指产品品种，更重要的是指产品上市时间，即尽可能提高对客户需求的响应速度。可以想象，美国的汽车制造商在市场竞争中该有多么被动。对于现在的厂家来说，市场机会几乎是稍纵即逝，留给企业思考和决策的时间极为有限。如果一个企业对用户要求的反应稍微慢一点，很快就会被竞争对手抢占先机。因此，缩短产品的开发、生产周期，在尽可能短的时间内满足用户要求，已成为当今所有管理者最为关注的问题之一。

4. 对产品和服务的期望越来越高

进入 20 世纪 90 年代的用户对产品质量、服务质量的要求越来越高。用户已不满足于从市场上买到标准化生产的产品，他们希望得到按照自己要求定制的产品或服务。这些变化导致产品生产方式革命性的变化。传统的标准化生产方式是"一对多"的关系，即企业开发出一种产品，然后组织规模化大批量生产，用一种标准产品满足不同消费者的需求。然而，这种模式已不再能使企业继续获得效益。现在的企业必须具有根据每一个顾客的特别要求定制产品或服务的能力，即所谓的"一对一（One-to-One）"的定制化服务（Customized Service）。企业为了能在新的环境下继续保持发展，纷纷转变生产管理模式，采取措施从大量生产（Mass Production）转向定制化大量生产。例如，以生产芭比娃娃著称的玛泰尔公司，从1998年10月起，可以让女孩子登录到barbie.com设计她们自己的芭比朋友。她们可以选择娃娃的皮肤弹性、眼睛颜色、头发的式样和颜色、附件和名字。当娃娃邮寄到孩子手上时，女孩子会在上面找到她们娃娃的名字。这是玛泰尔公司第一次大量制造"一个一样"的产品。不过，应该看到，虽然个性化定制生产能高质量、低成本地快速响应客户需求，但是对企业的运作模式提出了更高的要求。

由此可见，企业面临外部环境变化带来的不确定性，包括市场因素（顾客对产品、产量、质量、交货期的需求和供应方面）和企业经营目标（新产品、市场扩展等）的变化。

企业要想在这种严峻的竞争环境下生存下去，必须具有较强的处理环境的变化和由环境引起的不确定性的能力。

二、企业传统组织结构弊端

1. 传统的企业组织结构形式

传统的企业组织结构形式，大致经历了直线制、职能制、直线职能制、直线职能参谋制、事业部制、矩阵制等各种不同的形式。它们的共同点是它们都按职能的不同划分部门所形成的垂直型组织结构形式。

2. 传统企业组织结构形式的缺点

社会、科学、技术的迅速发展使企业的外部环境和内部生产方式发生了很大变化，这使得传统的企业组织结构形式落伍和过时，它存在致命的缺陷：

1）金字塔式的层级组织使处于组织低层的人看不到自己的发展的前景。

2）严格的等级系列使企业中的信息沟通困难。

3）管理幅度与管理层次是一对永远扯不清的矛盾。

4）传统的垂直组织使企业缺乏对外部环境变化的适应能力。

5）官僚组织使企业组织更加"官僚化"。

6）垂直式组织效率的提高是以降低顾客服务质量为代价的。

总之，职能型的垂直组织结构形式，是一个完全基于"物"的因素为基础形成的组织结构形式，它曾经是有效的，但是现在面临严峻的挑战。

3. 传统企业组织运行模式的弊病

在20世纪的40～60年代，企业处于相对稳定的市场环境中，这时的"纵向一体化"模式是有效的。但是在90年代科技迅速发展、世界竞争日益激烈、顾客需求不断变化的形势下，"纵向一体化"模式则暴露出种种缺陷。

（1）增加企业投资负担　不管是投资建新的工厂，还是用于其他公司的控股，都需要企业自己筹集必要的资金。这一工作给企业带来许多不利之处。首先，企业必须花费人力、物力设法在金融市场上筹集所需要的资金。其次，资金到位后，随即进入项目建设周期（假设新建一个工厂）。为了尽快完成基本建设任务，企业还要花费精力从事项目实施的监管工作，这样一来又消耗了大量的企业资源。由于项目有一个建设周期，在此期间内企业不仅不能安排生产，而且还要按期偿还借款利息。显而易见，用于项目基本建设的时间越长，企业背负的利息负担越重。

（2）承担丧失市场时机的风险　对于某些新建项目来说，由于有一定的建设周期，往往出现项目建成之日，也就是项目下马之时的现象。市场机会早已在你的项目建设过程中逝去。这样的事例在我国很多。从选择投资方向看，决策者当时的决策可能是正确的，但就是因为花在生产系统基本建设上的时间太长，等生产系统建成投产时，市场行情可能早已发生了变化，错过了进入市场的最佳时机而使企业遭受损失。因此，项目建设周期越长，企业承担的风险越高。

（3）迫使企业从事不擅长的业务活动　"纵向一体化"管理模式的企业实际上是"大而全"、"小而全"的翻版，这种企业把产品设计、计划、财务、会计、生产、人事、管理信息、设备维修等工作看作本企业必不可少的业务工作，许多管理人员往往花费过多的时间、精力和资源去从事辅助性的管理工作。结果是，辅助性的管理工作没有抓起来，关键性业务也无法发挥核心作用，不仅使企业失去了竞争特色，而且增加了企业产品成本。例如，1996 年，办事机构设在密执安特罗依的劳动力协会的一个顾问机构指出，通用汽车公司死抱着纵向管理思想不放，为它自己的公司生产 70% 的零部件，而福特公司只有 50%，克莱斯勒只有 30%。他们指出，正是由于通用汽车公司的顽固做法，它现在不得不经受着多方面竞争的压力。通用汽车公司因为生产汽车零部件而耗去的劳动费用高于其他两个公司，每生产一个动力系统，它比福特公司多付出 440 美元，而比克莱斯勒公司多 600 美元，在市场竞争中始终处于劣势。这种情况在国内也经常出现。例如，某机器制造厂为了解决自己单位富余人员的就业问题，成立了一个附属企业，把原来委托供应商生产的某种机床控制电器改为自己生产。由于缺乏技术和管理能力，不仅成本比外购的高，而且产品质量低劣，最后影响到整机产品的整体性能和质量水平，一些老客户纷纷撤出订单，使企业蒙受不必要的损失。

（4）在每个业务领域都直接面临众多竞争对手　采用"纵向一体化"管理模式企业的另一个问题是，它必须在不同业务领域直接与不同的竞争对手进行竞争。例如，有的制造商不仅生产产品，而且还拥有自己的运输公司。这样一来，该企业不仅要与制造业的对手竞争，而且还要与运输业的对手竞争。在企业资源、精力、经验都十分有限的情况下，四面出击的结果是可想而知的。事实上，即使是 IBM 这样的大公司，也不可能拥有所有业务活动所必需的才能。因此，从 20 世纪 80 年代末期起，IBM 就不再进行纵向发展，而是与其他企业建立广泛的合作关系。例如，IBM 与苹果公司合作开发软件，协助 MCT 联营公司进行计算机基本技术研究工作，与西门子公司合作设计动态随机存储器等。

（5）增大企业的行业风险　如果整个行业不景气，采用纵向一体化模式的企业不仅会在最终用户市场遭受损失，而且会在各个纵向发展的市场遭受损失。过去曾有这样一个例子，某味精厂为了保证原材料供应，自己建了一个辅料厂。但后来味精市场饱和，该厂生产的味精大部分没有销路。结果不仅味精厂遭受损失，与之配套的辅料厂也举步维艰。

三、供应链管理模式的产生与发展

有鉴于"纵向一体化"管理模式的种种弊端，从 20 世纪 80 年代后期开始，国际上越来越多的企业放弃了这种经营模式，随之的是"横向一体化（Horizontal Integration）"思想的兴起，即利用企业外部资源快速响应市场需求，本企业只要抓住最核心的东西：产品方向和市场。至于生产，只抓关键零部件的制造，其他零件甚至全部都委托其他企业加工。例如，福特汽车公司的 Festiva 车就是由美国人设计，在日本的马自达生产发动机，由韩国的制造厂生产其他零件和装配，最后再在美国市场上销售。制造商把零部件生产和整车装配都放在了企业外部，这样做的目的是利用其他企业的资源促使产品快速上马，避免自己投资带来的基建周期长等问题，赢得产品在低成本、高质量、早上市诸多方面的竞争优势。"横向一体化"形成了一条从供应商到制造商再到分销商的贯穿所有企业的"链"。由于相邻节点企业表现出一种需求与供应的关系，当把所有相邻企业依此连接起来，便形成了供应链（Supply Chain）。这条供应链上的节点企业必须达到同步、协调运行，才有可能使得链上的所有企业都能受益。于是便产生了供应链管理（Supply Chain Management，简称 SCM）这一新的经营与运作模式。

根据美国的 A. T. Kearney 咨询公司的研究，企业应该将供应职能提高到战略层次的高度来认识，才有助于降低成本、提高投资回报。创造供应优势取决于建立一个采购的战略地位。企业和供应商伙伴形成一个共同的产品开发小组。伙伴成员从共享信息上升到共享思想，决定如何和在哪里生产零部件或产品，或者如何重新定义使双方获益的服务。所有企业一起研究和确定哪些活动能给用户带来最大的价值，而不是像过去那样由一个企业设计和制造一个产品上绝大部分的零件。比较研究发现，美国厂商普遍采用"纵向一体化"模式进行管理，而日本厂商更多采用"横向一体化"。美日两国企业的这种管理模式的选择，与他们的生产结构有着密切联系。美国企业生产一辆汽车，购价的 45% 由企业内部生产制造，55% 由外部企业生产制造。然而，日本厂商生产一辆汽车中，只有 25% 的购价由企业内部生产制造，外包的比例很大。这也许在某种程度上说明美国汽车缺乏竞争力的原因。

由此可见，敏捷制造和供应链管理的概念都是把企业资源的范畴从过去单个企业扩大到整个社会，使企业之间为了共同的市场利益而结成战略联盟，因为这个联盟要"解决"的往往是具体顾客的特殊需要（至少有别于其他顾客），例如，供应商就需要与他共同研究，如何满足他的需要，还可能要对原设计进行重新思考、重新设计，这样在供应商和顾客之间就建立了一种长期联系的依存关系。供应商以满足于顾客、为顾客服务为目标，顾客当然也愿意依靠这个供应商，当原来的产品用完或报废需要更新时，还会找同一个供应商。这样一来，借助敏捷制造战略的实施，供应链管理也得到越来越多人的重视，成为当代国际上最有影响力的一种企业运作模式。这种生产管理模式的变化如图 1-5 所示。

	20世纪 80 年代	20世纪 90 年代	2000 年以后	

制造资源计划 (MRPII)	准时制生产制 (JIT)	精细生产和精细供应	供应链
*推动式系统 *物料订货以可分配需求为基础 *消除安全库存和周转库存 *依赖于相关订货计划和可靠的预测 *通过变动对供应商需求实现柔性	*拉动式系统 *来自最终用户的固定需求量 *生产能力与需求匹配 *固定的生产协作单位 *柔性的制造系统 *相似的制造系统 *经济生产批量很小 *供应商提前期很短	*消除浪费 *库存和在制品占用最小 *成本在供应链上透明 *多技能员工 *减少工件排队 *调整转换时间很短 *多品种小批量生产 *每一个阶段连续改进	*快速反应 *供应具有柔性 *顾客化定制生产 *与最终需求同步生产 *受控的供应链过程 *合作伙伴间的能力是集成的 *全面应用电子商务 *并行的产品开发

图 1-5　建立在最佳生产平台上的供应链

图 1-5 建立在最佳生产系统平台上的供应链管理，利用现代信息技术，通过改造和集成业务流程、与供应商以及客户建立协同的业务伙伴联盟、实施电子商务，大大提高了企业的竞争力，使企业在复杂的市场环境下立于不败之地。根据有关资料统计，供应链管理的实施可以使企业总成本下降10%；供应链上的节点企业按时交货率提高15%以上；订货 – 生产的周期时间缩短25% ~ 35%；供应链上的节点企业生产率增值提高10%以上等。这些数据说明，供应链企业在不同程度上都取得了发展，其中以"订货—生产的周期时间缩短"最为明显。能取得这样的成果，完全得益于供应链企业的相互合作、相互利用对方资源的经营策略。试想一下，如果制造商从产品开发、生产到销售完全自己包下来，不仅要背负沉重的投资负担，而且还要花相当长的时间。采用了供应链管理模式，则可以使企业在最短时间里寻找到最好的合作伙伴，用最低的成本、最快的速度、最好的质量赢得市场，受益的不止一家企业，而是一个企业群体。因此，供应链管理模式吸引了越来越多的企业。

有人说，21 世纪的竞争不是企业和企业之间的竞争，而是供应链与供应链之间的竞争。那些在零部件制造方面占有独特优势的中小型供应商企业，将成为大型的装配主导型企业追逐的对象。日本一名学者将其比喻为足球比赛中的中场争夺战，他认为谁能拥有这些具有独特优势的供应商，谁就能赢得竞争优势。显然，这种竞争优势不是哪一个企业所具有的，而是整个供应链的综合能力。

四、成功案例

立丰公司是全球供应链管理的创新者。它地处香港，为全世界约26个国家（以美国和欧洲为主）的350个经销商生产制造各种服装。但说起"生产制造"，它却没有一个车间和生产工人。但它在很多国家和地区（主要是中国大陆和中国台湾、韩国、马来西亚等）拥有 7 500 个生产服装所需要的各种类型的生产厂家（如原材料生产运输、生产毛线、织染、缝纫等），并与它们保持非常密切的联系。该公司最重要的核心能力之一，就是它在长期的经营过程中所掌握的、对其所有供应厂家的制造资源进行统一集成和协调的技术，它对各生产厂家的管理控制就像管理自家内部的各部门一样熟练自如。下面以公司接受欧洲零售商 10 000 件服装的订单为例来说明它处理订单的管理过程。为了这个客户，公司可能向韩国制造商购买纱，而在台湾纺织和染色。由于日本有最好的拉链和纽扣，但大部分在中国制造，那么公司就找到 YKK（日本最大的拉链制造商），向中国的工厂订购适当数量的拉链。考虑到生产定额和劳动力资源，立丰选择泰国为最好的加工地点，同时为了满足交货期的要求，公司在泰国的 5 个工厂加工所有的服装。5 周以后，10 000 件服装全部到达欧洲，如同出自一家工厂。在这个过程中，立丰公司甚至还帮助该欧洲客户正确地分析市场消费者的需要，对服装的设计提出建议，从而最好地满足订货者的需要。现在，人们在服装上越来越爱赶时髦，一年就像有 6、7 个季节似的，衣服的式样或颜色变化很快。因此，订货者从自身的利益出发，常常是先提前 10 周订货，但很多方面如颜色或式样还事先定不下来。常常是，只能在交货期前 5 周订货者才告诉公司衣服的颜色，而衣服的式样甚至在前 3 周才能知道。面对这些高要求，立丰公司能靠着它与供应商网络之间的相互信任以及高超的集成协调技术，可以向纱的生产商预定未染的纱，向有关生产厂家预订织布和染色的生产能力。在交货前 5 周，立丰公司从订货者那里得知所需颜色并迅速告知有关织布和染色厂，然后通知最后的整衣缝制厂："我还不知道服装的特定式样，但我已为你组织了染色、织布和裁剪等前面工序，你有最后 3 周的时间制作这么多服装。"最后的结果当然是令人满意的。按照一般的情况，如果让最后的缝纫厂自己去组织前面这些工序的话，交货期可能就是 3 个月，而不是 5 周。显然，交货期的缩短，以及衣服能跟上最新的流行趋势，全靠立丰公司对其所有生产厂家的统一协调控制，使之能像一个公司那样行动。总之，它所拥有的市场和生产信息、供应厂家网络以及对整个供应厂家的协调管理技术是其最重要的核心能力。这种能力使它能像大公司一样思考和赢利，而像小公司一样灵活自如。

知识检验

一、判断题

1. 以前的竞争是企业与企业之间的竞争，以后的竞争将是供应链与供应链之间的竞争。（　　　）
2. 纵向一体化的管理要比横向一体化管理更具科学性。（　　　）

二、简答题

试描述一下传统的企业运行模式的弊端。

课题三　技 能 训 练

任务描述

1）浏览关键词为"供应链"的网页，了解有关供应链管理的知识。

2）以"某企业供应链管理业务调查"为题，搜索一两个典型物流企业的供应链管理业务介绍，了解企业的供应链管理业务运作情况。

任务准备

学生每6～8人一组，将全班分为若干组，事先确定调研的对象。

任务实施

1）浏览网站（建议在课外进行）。
2）写出读书笔记和实训报告。
3）小组交流。
4）教师总结。

任务评价

项目(或任务)编号				学时			学生姓名		得分	
类别	序号	评价项目	评价内容及要求	评价标准	配分	学生自评	学生互评	教师评价	得分	
岗位技能评价	1	质量控制	能完成供应链管理业务调查、撰写读书笔记和实训报告	不能完成无分	20					
	2	方法技巧运用	能运用搜索引擎等技巧全球查找最佳资源	不能运用无分	10					
	3	运用知识能力	能准确阐述供应链管理业务运作情况	不能阐述无分，阐述不准确减分	15					
	4	完成时间	按时完成任务	不按时完成无分	5					
职业素质评价	5	资源整合	资源丰富	资源不丰富减分	20					
	6	应变能力	处理问题果断迅速	处理不果断减分	10					
	7	沟通交流	积极主动性强	不积极沟通减分	10					
	8	团队合作	合作参与意识好	合作不好减分	10					

注：按学生自评占20%、学生互评占30%、教师评价占50%计算总分。

任务小结

授课班级		授课时间		授课地点	
授课教师			任务名称		
学生表现					
存在问题及改进方法措施					

任务拓展

戴尔供应链管理模式

供应链是指产品从设计、制造、库存管理、资讯系统、网络分布、销售及市场推广等整个过程。在以产品为核心业务的企业里，供应链管理的科学化程度和水平的高低，直接决定了这个企业是否具有竞争力。中国加入 WTO 以后，如何应对企业发展面临的挑战，如何利用信息技术提升在供应链各个环节的整体管理水平，更是成了国内企业近来关注的热点。

戴尔公司以"直接经营"模式著称，其高效运作的供应链和物流体系使它在全球 IT 行业不景气的情况下能逆市而上。根据权威的国际数据公司（IDC）的最新统计资料，在 2002 年第 3 季度，戴尔公司重新回到了全球 PC 第一的位置，而中国市场上戴尔的业绩更加令人欣喜。戴尔公司在全球的业务增长很大程度上要归功于戴尔独特的直接经营模式和高效供应链，直接经营模式使戴尔与供应商、客户之间构筑了一个称之为"虚拟整合"的平台，保证了供应链的无缝集成。

事实上，戴尔的供应链系统早已打破了传统意义上"厂家"与"供应商"之间的供需配给。在戴尔的业务平台中，客户变成了供应链的核心。直接经营模式可以让戴尔从市场得到第一手的客户反馈和需求，生产部门等其他业务部门便可以及时将这些客户信息传达到戴尔原材料供应商和合作伙伴那里。这种在供应链系统中将客户视为核心的"超常规"运作，使得戴尔能做到 4 天的库存周期，而竞争对手的库存周期大都还徘徊在 30 ~ 40 天。这样，以 IT 行业零部件产品每周平均贬值 1% 计算，戴尔产品的竞争力显而易见。

在不断完善供应链系统的过程中，戴尔公司还敏锐捕捉到互联网对供应链和物流带来的巨大变革，不失时机地建立了包括信息搜集、原材料采购、生产、客户支持及客户关系管理，以及市场营销等环节在内的网上电子商务平台。在 valuechain. dell. com 网站上，戴尔公司和供应商共享包括产品质量和库存清单在内的一整套信息。与此同时，戴尔公司还利用互联网与全球超过 113 000 个商业和机构客户直接开展业务，通过戴尔公司先进的 www. dell. com 网站，用户可以随时对戴尔公司的全系列产品进行评比、配置，并获知相应的报价。用户也可以在线订购，并且随时监测产品制造及送货过程。

戴尔公司在电子商务领域的成功实践使"直接经营"插上了腾飞的翅膀，极大增强了产品和服务的竞争优势。今天，基于微软视窗操作系统，戴尔公司经营着全球规模最大的互联网商务网站，覆盖 80 个国家，提供 27 种语言或方言、40 种不同的货币报价，每季度有超过 9.2 亿人次浏览。

随着中国全面融入全球贸易体系进程的加快，激烈的国际竞争对中国企业提出了前所未有的挑战。在信息化为显著标志的后工业化时代，供应链在生产、物流等众多领域的作用日趋显著。戴尔模式无疑对中国企业实施供应链管理有着重要的参考价值，我们在取其精华的同时，还应根据自身特点，寻找提升竞争力的有效途径。

🔍问题讨论：

1. 戴尔供应链管理的特点是什么？
2. 根据戴尔模式谈谈供应链管理的竞争优势。

单元二 供应链设计与供应链中的合作关系

课题一　供应链的设计

一、供应链的结构模型

供应链体系结构是为指导和帮助系统的设计、实施和运行而提供的结构化、多功能模型和方法的集合。供应链体系结构的研究是近几年才开始的，研究时间虽短，却已经取得非常丰硕的成果。来自不同领域的研究人员都得到了非常一致的企业供应链体系结构模型，这里介绍两个重要的模型。

1. 链状体系结构

在链状体系结构中，供应链系统可以根据定义简化成供应商、制造商、客户几个节点。如图2-1所示，假设节点A为供应商，节点B为制造商，节点C为客户，整个供应链的物流方向在除了如退货等的逆向物流外，是由节点A流向节点C方向。相对于节点B来说，节点A为一级供应商，节点C为一级客户。当然，这种关系也不是一成不变的，对于节点A来说，它也有供应商，即供应商的供应商（二级供应商、三级供应商……），最终可以递归到大自然，这时，相对于节点A的供应商来说，节点A可以看作是制造商，此时的节点B可以看作是节点A的客户；同样，对于节点C来说，它的下游也有客户，即客户的客户（二级客户、三级客户……），最终可以递归到最终用户。在图2-1中，分

17

别用向两端延伸的省略符号表示各自的上游供应商和下游客户。

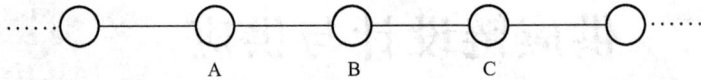

图 2-1　链状体系结构模型

对于某个确定的供应链来说，当确定了核心企业后，就可以把链状体系结构简化成图 2-1 所示的模型，此时的节点 B 就是核心企业，节点 A 和节点 C 分别是核心企业的直接供应商和直接用户。相对而言，这种模型只是一种简单的静态模型，而在实际中，节点 B 的供应商往往不止一个，节点 B 的客户也往往不是一个，如果从动态的角度来考虑，节点 B 也往往不止一个。结合这种实际建模，就得出了另一种更加符合实际的供应链体系结构模型——网状体系结构。

> **知识卡**
>
> **核心企业**
>
> 是供应链上重要的企业，核心企业必须引导合作，开发和优化供应商，有提升供应链的核心能力。

2. 网状体系结构

网状体系结构模型如图 2-2 所示。

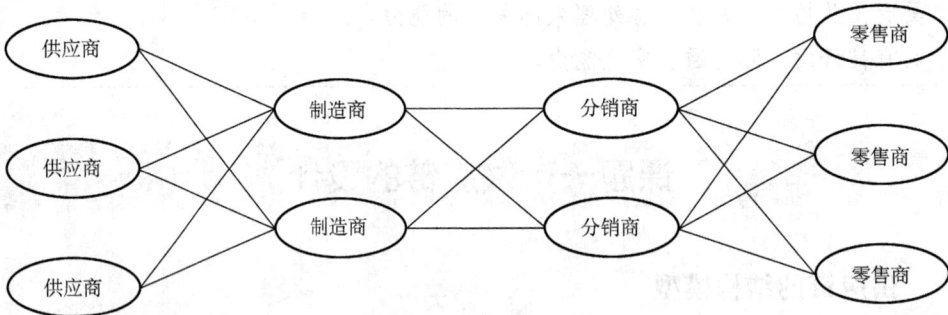

图 2-2　网状体系结构模型

图 2-3 是由图 2-2 进一步抽象的网状体系结构模型。这种模型更加符合实际，节点 A 的供应商可能不止一个，可以有节点 A_1，A_2，…，A_m，在动态环境下，节点 B 也可以有节点 B_1，B_2，…，B_n，客户也可以有节点 C_1，C_2，…，C_k，这些节点企业通过相互间的物流、信息流和资金流交织在一起，就构成了网状体系结构供应链。对每一个节点来说，

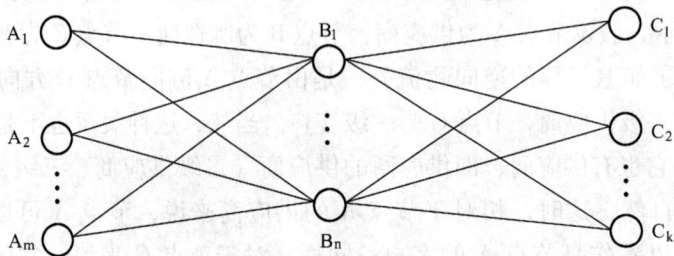

图 2-3　抽象的网状体系结构模型

物流流入的点称为入点，如节点 A；物流流出的点称为出点，如节点 C；一个节点可以同时是入点和出点，如节点 B。

在实际的企业生产中，供应链可能是一个十分复杂的体系结构，如代表现代工业水平的汽车生产企业供应链。这时，供应链内部各企业之间的关系十分复杂，如果使用一个节点来代表一个企业，往往不能够十分清晰地表述供应链的实际关系，这时，可以根据供应链内部联系，建立大的供应链网络下的小供应链网络（子网）模型。

二、供应链的设计策略

设计和运行一个有效的供应链对于每一个制造企业都是至关重要的，因为它可以获得提高客户服务水平、达到成本和服务之间的有效平衡、提高企业竞争力、提高柔性、渗入新的市场、通过降低库存提高工作效率等好处。怎样将制造商、供应商和分销商有机地集成起来，使之成为相互关联的整体，是供应链管理系统设计要解决的主要问题。其中与供应链管理联系最密切的是关于系统设计时间问题。就传统而言，有关生产系统设计主要考虑的是制造企业的内部环境，侧重点在生产系统的可制造性、质量、效率、生产率、可服务性等方面，对企业外部因素研究考虑较少。在供应链管理的影响下，对产品制造过程的影响不仅要考虑企业内部因素的影响，而且还要考虑供应链对产品成本和服务的影响。

供应链管理的出现扩大了原有的企业生产系统设计范畴，把影响生产系统运行的因素延伸到了企业外部，与供应链上的所有企业都联系起来，因而供应链管理系统设计就成为构造企业系统的一个重要方面。但是供应链也可能因为设计不当而导致浪费和失败。供应链的设计首先要明白用户对企业产品的需求是什么？产品生命周期、需求预测、产品多样性、提前期和服务的市场标准等都是影响供应链设计的重要问题。在供应链系统选型的过程中，以下几个问题必须考虑：

1）供应链的预评估。要对设想或者已有的供应链进行预评估。评估供应链地位，这包括自身在行业中的定位，分析自身控制能力和对供应链的控制能力；分析自身的影响能力和供应链甚至行业影响力等。评估供应链伙伴，对供应商伙伴交易历史、行业排名、互惠协议、发展潜力的外观评审，和对其组织、财务、计划、企业管理、采购、外包等内部评

> **思　考**
>
> 供应链的价值评估选择
> 1. 分析供应链网络中的哪种路径更加增值？
> 2. 采购是广泛多次招标竞价还是建立供应商合作关系？
> 3. 合作关系亲密还是简单？

审。供应链的技术评估，考虑需求与补给的预测，库存系统共同管理，供应商管理，合作与实施计划等。评估供应链产品，如供应链管理计划：需求计划，库存计划，补货计划；供应链管理运作：运输管理，仓库管理；供应链管理协作：履行协作，计划协作，销售与生产协作等。

2）明确业务活动。主要关注业务中各种流的主要特征和存在于其中的问题。

3）运用分析手段对供应链管理系统进行选型。

4）基于方案之上的约束控制也是一个重要方面，以便指引用户到最具有生产价值的

部位投入人力物力。流程管理和有理性的约束必须同时加以考虑。

5）供应链软件必须能满足管理和分摊需求、工艺流程优化需求，并且具有评价现行工作流程性能的功能，而且能描述模拟物流中的约束状况。软件还必须能快速反应业务变化，特别是对于那些供应提前期较长的情况。这里重要的是必须设计出与产品特性一致的基于成本核算的供应链，也就是所谓的基于产品的供应链设计策略（Product Based Supply Chain Design，PBSCD）。

在一些高科技型企业，如惠普公司，产品设计被认为是供应链管理的一个重要因素，众多的学者也提出了为供应链管理设计产品（Design for Supply Chain Management，DFSCM）的概念。DFSCM 目的在于设计产品和工艺以使供应链相关的成本和业务能得到有效的管理。人们越来越清楚地认识到供应链中生产和产品流通的总成本最终决定于产品的设计。在产品开发的生命周期中，早期开发阶段所决定的成本约占总成本的70%，资料表明，一些跨国公司产品早期开发阶段对产品全生命期成本的影响是十分重要的。因此，必须在产品开发设计的早期就开始同时考虑供应链的设计问题，以获得最大化利益。

三、供应链的设计原则

供应链的设计过程应遵循一些基本的原则，以保证供应链的设计和重建能满足供应链管理思想得以实施和贯彻的要求。

1. 自顶向下和自底向上相结合的设计原则

在系统建模设计方法中，存在两种设计方法，即自顶向下和自底向上的方法。自顶向下的方法是从全局走向局部，自底向上的方法是从局部走向全局；自顶而下是系统分解的过程，而自底而上则是一种集成的过程。在设计一个供应链系统时，往往是先由主管高层做出战略规划与决策（规划与决策的依据来自市场需求和企业发展规划），然后由下层部门实施决策，因此供应链的设计是自顶向下和自底向上的综合。

2. 简洁性原则

简洁性是供应链的一个重要原则，为了能使供应链具有灵活快速响应市场的能力，供应链的每个节点都应是简洁的、具有活力的、能实现业务流程的快速组合。比如，供应商的选择就应以少而精的原则，通过和少数的供应商建立战略伙伴关系，以减少采购成本，推动实施 JIT 采购法和准时生产。生产系统的设计更是应以精细思想（Lean Thinking）为指导，努力实现从精细的制造模式到精细的供应链这一目标。

3. 集优原则（互补性原则）

供应链各个节点的选择应遵循强—强联合的原则，达到实现资源外用的目的，每个企业只集中精力致力于各自核心的业务过程，就像一个独立的制造单元，这些所谓单元化企业具有自我组织、自我优化、面向目标、动态运行和充满活力的特点，能够实现供应链业务的快速重组。

4. 协调性原则

供应链业绩好坏取决于供应链合作伙伴关系是否和谐，因此建立战略伙伴关系的合作企业关系模型是实现供应链最佳效能的保证。席西民教授认为系统是否能充分发挥系统成员和子系统的能动性、创造性及系统与环境的总体协调性很重要。只有和谐的系统才能发挥出最佳的效能。

5. 不确定性（动态性）**原则**

不确定性在供应链中随处可见，许多学者在研究供应链运作效率时都提到不确定性问题。由于不确定性的存在，导致需求信息的扭曲，因此要预见各种不确定因素对供应链运作的影响，减少信息传递过程中的信息延迟和失真。增加透明性，减少不必要的中间环节。提高预测的精度和时效性对降低不确定性的影响都是极为重要的。

6. 创新性原则

创新设计是系统设计的重要原则，没有创新性思维，就不可能有创新的管理模式。要产生一个创新的系统，就要敢于打破各种陈旧的思维框框，用新的角度、新的视野审视原有的管理模式和体系，进行大胆地创新设计。

> **知识卡**
>
> **信息扭曲的表现**
>
> 在供应链上，常常存在着如预测不准确、需求不明确，供给不稳定，企业间合作性与协调性差、造成了供应缺乏，生产与运输作业不均衡、库存居高不下，成本过高的现象。

7. 战略性原则

供应链的建模应有战略性观点，通过战略性观点考虑减少不确定影响。从供应链的战略管理的角度考虑，供应链建模的战略性原则还体现在供应链发展的长远规划和预见性，供应链的系统结构发展应和企业的战略规划保持一致，并在企业战略指导下进行。

四、供应链的设计步骤

基于产品的供应链设计步骤可以归纳为如图2-4所示。

第1步是分析市场竞争环境。目的在于找到针对哪些产品市场开发供应链才有效，为此，必须知道现在的产品需求是什么，产品的类型和特征是什么。分析市场特征的过程要向卖主、用户和竞争者进行调查，提出诸如"用户想要什么？"、"他们在市场中的分量有多大？"之类的问题，以确认用户的需求和因卖主、用户、竞争者产生的压力。这一步骤的输出是每一产品按重要性排列的市场特征，同时对于市场的不确定性要有分析和评价。

第2步是总结、分析企业现状。主要分析企业供需管理的现状（如果企业已经有供应链管理，则分析供应链的现状），这一个步骤的目的不在于评价供应链设计策略的重要性和合适性，而是着重于研究供应链开发的方向，分析和总结并找到企业存在的问题及影响供应链设计的阻力等因素。

第3步是针对存在的问题提出供应链设计项目，分析其必要性。

第4步是根据基于产品的供应链设计策略提出供应链设计的目标。主要目标在于获得高用户服务水平和低库存投资及低单位成本两个目标之间的平衡（这两个目标往往有冲突），同时还应包括以下目标：

1）进入新市场。

2）开发新产品。

3）开发新分销渠道。

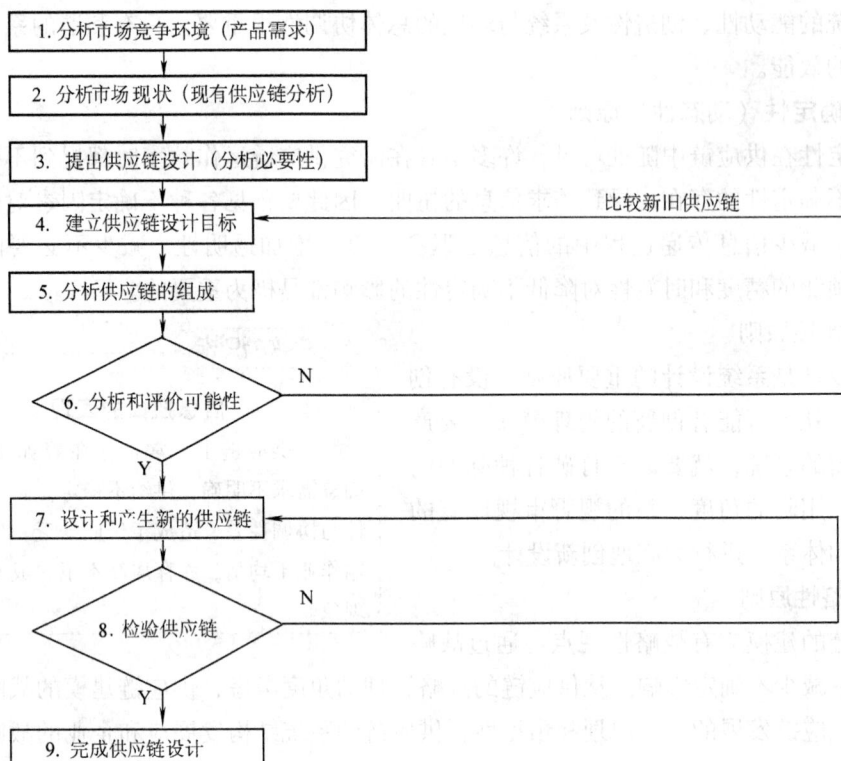

图 2-4　供应链设计步骤模型图

4）改善售后服务水平。

5）提高用户满意程度。

6）降低成本。

7）通过降低库存提高工作效率等。

第 5 步是分析供应链的组成，提出组成供应链的基本框架。供应链中的成员组成分析主要包括制造工厂、设备、工艺和供应商、制造商、分销商、零售商及用户的选择及其定位，以及确定选择与评价的标准。

第 6 步是分析和评价供应链设计的技术可能性。这不仅仅是某种策略或改善技术的推荐清单，而且也是开发和实现供应链管理的第一步，它在可行性分析的基础上，结合本企业的实际情况为开发供应链提出技术选择建议和支持。这也是一个决策的过程，如果认为方案可行，就可进行下面的设计；如果不可行，就要重新进行设计。

第 7 步是设计供应链，主要解决以下问题：

1）供应链的成员组成（供应商、设备、工厂、分销中心的选择与定位、计划与控制）。

2）原材料的来源问题（包括：供应商、流量、价格、运输等问题）。

3）生产设计（包括：需求预测，生产什么产品，生产能力，供应给哪些分销中心，价格，生产计划，生产作业计划和跟踪控制，库存管理等问题）。

4）分销任务与能力设计（包括：产品服务于哪些市场，运输、价格等问题）。

5）信息管理系统设计。

6）物流管理系统设计。

7）供应链设计中，要广泛地应用到许多工具和技术流程图、模拟和设计软件等。包括：归纳法、集体解决问题。

第8步是检验供应链。供应链设计完成以后，应通过一定的方法、技术进行测试检验或试运行，如不行，返回第4步重新进行设计；如果没有什么问题，就可实施供应链管理了。

知识检验

一、填空题

1. 供应链的结构模型有＿＿＿＿＿＿＿＿，＿＿＿＿＿＿＿＿。

2. 供应链设计的原则有＿＿＿＿＿＿＿＿＿＿，＿＿＿＿＿＿＿＿＿＿＿，＿＿＿＿＿＿＿＿＿＿，

＿＿＿＿＿＿＿＿＿＿＿，＿＿＿＿＿＿＿＿＿＿，＿＿＿＿＿＿＿＿＿＿。

二、简答题

1. 简述供应链设计的步骤。

2. 对比一下链状结构与网状结构，哪个更为合理？为什么？

课题二　供应链管理的层次结构

起初，供应链管理只是在单个企业里使用，只是需要把生产、销售、财务、市场和成品的分配与运输整合在一起。20世纪90年代晚期，许多领导性的企业已经把更多的注意力放在供应链末端的成本控制和革新。随着这种新变化，供应链管理的范围已经超出了材料的移动，现在"供应链管理"这个词实际上已经包含了这样的意义：产品发展过程中的战略资源提供和各种资源供应者的衔接。

供应链管理强调的是供应链上各节点企业经营活动的整体集成，其管理范围不仅包括企业内部的生产经营活动，而且包括企业外部的供应商、供应商的供应商、企业的用户和最终用户，这样，才能更好地协调供应链上各节点企业的关系，有效地控制供应链上的物流、信息流、资金流，从而形成灵活而稳定的合作关系，提高整个供应链的竞争力。

成功的供应链管理需要制定与信息、物料和资金流动相关的各种决策，根据其频度和影响的时间跨度，这些决策可分为3个层次：供应链战略（或设计）层、供应链计划层、供应链运作层。

1）战略（或设计）层。在这个层次，企业决定如何构造供应链，决定供应链的配置，以及供应链的每个环节（组织）执行什么样的流程。这些决策通常也称为战略供应链决策。企业的战略决策包括生产和仓储设施的位置和能力，在各个地点制造或存放的产品，根据不同交货行程采用的运输模式，以及将要使用的信息系统的类型。企业必须保证供应链配置支持其在这一阶段的战略目标。

2）计划层。在供应链配置确定之后，企业制定相应的供应链计划，即要制定一整套控制短期运作的运营政策，这一阶段的决策必须满足既定战略供应链配置的约束。计划从预测来年（或时间跨度为3个月~5年）的市场需求开始，包括决定哪个地点供应哪些市场，计划库存多少，是否外协制造，补货和库存政策，备货点设定（以防缺货）以及促销时间和规模等有关政策。

3）运作层。这一层的决策时间是周或天，企业根据既定的供应链计划做出具体实现客户订单的有关决策，其目的是以尽可能好的方式实施供应链计划。在这一阶段，企业分派订单给库存或生产部门，设定订单完成日期，生成仓库提货清单，指定订单交付模式，设定交货时间表和发出补货订单。由于供应链运作是短期决策，通常具有更小的需求不确定性。因此，运作决策的目的就是要利用这种不定因素的减少，在供应链配置和计划政策的约束下取得最优性能。

一、战略（或设计）层

高效率的供应链要以企业整体战略为基础。首先，一个企业必须锁定自己的战略目标，并制定供应链策略来适应这个战略目标。在供应链管理基本是适用于成品库存配置的时期，超前的企业在关键的事项上，如订货至交货的时间、供货服务水平、生产能力的使用等，都使用了战略的思维，这些方法解决了一些内在的功能冲突。

供应链战略包括传统的供应商战略、生产战略和物流战略，供应链中有关库存、运输、生产设施和信息传递的决策都是供应链战略的一部分，企业必须保证它的供应链能力支持其满足既定顾客段（Customer Segments）需求的能力。要做到这一点，有以下3个基本步骤。

1. 理解客户

客户化生产可以说是整个生产过程的指导思想，即从产品的设计、生产到销售都是以满足客户的需求为最终目标，而不是为了生产而生产。生产产品的数量、质量以及提供的服务是由顾客的需求而定的。企业必须了解所服务的顾客段的客户需要，这些需求有助于企业制定期望成本和服务水平要求。总的来说，不同顾客段的客户需求会随下面几个属性而变。

1）对产品的需求数量。例如，修复生产线所需的紧急材料订单总是较小，而建设新生产线所需的材料订单总是较大。

2）需求的产品品种。如果从单一供应商那里可以得到所有维修所需的配件，紧急订单的客户往往愿意付出较高的额外费用，而新建订单的客户却不愿意支付。

3）产品的价格。新建订单的客户往往对价格较为敏感，而紧急订单的客户则不那么敏感。

4）期望的产品革新率。时尚百货商店的客户期望更多的新产品和新颖的服装设计，而如家乐福（Carrefour）这种大卖场的客户对革新产品则不太敏感。

5）能接受的响应时间。紧急订单所能容忍的响应时间较短，而新建订单所能容忍的响应时间往往较长。

6）要求的服务水平。紧急订单的客户期望商品具有很高的可用性，如果有些部件不是立即可用的，就会到别处采购，而新建订单的客户却不一定。

同一客户段的客户倾向于具有相同的需求特性，而不同客户段的客户需求特性差别较大。需求不确定性反映了消费者对产品需求的不确定性，而隐性需求不确定性则是供应链在给定它必须处理的那部分需求和客户期望的属性时所包含的不确定性。

找出所服务客户段的需求类型及需求不确定性，并根据市场需求的不确定性，缩短供给市场及需求市场的距离，这也是供应链管理的目标之一。

2. 理解供应链

供应链类型很多，每一种都被很好地设计并执行不同的任务，所以企业必须懂得它的供应链将被设计来完成什么样的工作。在一个完整的供应链中，厚此薄彼必然会使供应链出现薄弱环节，最终导致供应链的断裂。供应链管理与传统的物料控制及储运管理有很大的不同，主要表现在以下4个方面：一是将供应链看成一个整体，而不是将供应链看成是由采购、制造、分销与销售等构成的一些分离的功能块；二是要求并最终依靠对整个供应链进行战略决策，"供应"是整个供应链上各个功能部门的共同目标，坚持这一点具有战略意义，因为它对整个供应链的成本及供应链的市场份额有重大影响；三是供应链管理对库存有不同的看法，从某种角度来看，库存不一定是必需的，它只是起平衡作用的最后的工具；四是供应链管理要求采用系统的、集成化的管理方法来统筹整个供应链的各个功能，为了确保达成共同目标，高层管理部门采取一定办法消除供应链内各部门之间的目标冲突是十分重要的。

如同复杂的顾客需求，供应链也有许多不同的特性。在所有的供应链特性中都存在的一项指标就是：供应链响应和效率之间的平衡。

供应链响应反映供应链的以下几种能力：

1）响应需求数量的大范围变化。

2）提供多样性（大量品种）产品。

3）具有高度的产品创新能力。

4）只需很短的提前期。

5）能提供很高的服务水平。

这些能力类似于引起隐性需求不确定性的需求特性。这些能力越高，供应链就越灵敏。然而，要提高这几种能力，得花费成本。例如，要响应需求数量的大范围变化，就必须增加生产能力；要提供多样性的产品，就得增加设备；要具有高度的创新能力，就得设立并加大产品的研发；要缩短提前期就得有相当的库存来做保障；还有提供高水平的服务，这一切的提高都意味着成本的增加。

供应链效率反映供应链生产、配送商品的成本，成本越高，效率越低。所以，增加响应就意味着增加成本、降低效率。

基于以上的矛盾，在现实中，对应于不同市场定位，供应链往往分布在专注于响应和专注于效率的两个极端之间。

3. 实现战略吻合

任何企业要获得成功，其供应链战略和竞争战略必须相吻合。企业的竞争战略定义了企业企图通过其产品和服务来满足的一组顾客需求，一个企业的竞争战略是基于客户的优先考虑来定义的，它瞄准了一个或多个顾客段，并通过其产品和服务来满足这些顾客的需求。供应链战略指明了生产、分销和服务所要做好的工作。供应链战略包括传统的供应商战略、生产战略和物流战略，供应链中有关库存、运输、生产设施和信息传递的决策都是供应链战略的一部分。战略吻合（Strategic Fit）意味着竞争战略和供应链战略具有相同的目标，竞争战略所要满足的客户优先（Customer Priorities）和供应链战略所要建立的供应链能力之间要保持一致。实现战略吻合是供应链战略（设计）层所要考虑的一个关键问题。

企业的所有职能都会对企业价值链的成功与否产生影响，这些职能必须相互配合，任何单独的职能都不能确保整个价值链的成功，但任何单独的职能的失败都将导致整个价值链的失败。企业的成功与失败同下面两点紧密相关。

1）各职能战略要和竞争战略协调、吻合，所有职能战略要相互支持并帮助企业实现其竞争战略的目标。企业内往往有一个这样的冲突：市场部希望什么产品都留有库存以增加销售，生产部希望什么都能被买走以保持生产能力和保证低生产成本。

2）各职能部门必须恰当地组织其业务流程和资源，成功执行它们的职能战略。

为了实现战略吻合，企业价值链中所有职能战略都必须支持企业的竞争战略；供应链的低层策略，如制造策略、库存策略、提前期策略、采购策略和运输策略，都必须与供应链的响应能力相协调。高响应能力供应链的所有职能策略都要专注于提高响应能力；而高效率供应链的所有职能策略都要专注于提高效率。实现供应链战略和竞争战略吻合还必须匹配供应链响应能力和隐性需求的不确定性，企业价值链中所有职能策略都必须与供应链的响应相协调。

二、计划层

供应链管理的功能是对企业供、产、销过程中的各个环节所涉及的物流、信息流、资金流、价值流以及业务流进行合理计划和有效控制。因此，供应链管理决策的计划层的作用十分重要。

1. 计划的分类

一般来说，可以将企业的计划分为三种类型：长期计划、中期计划和短期计划，如图 2-5 所示。

（1）长期计划　长期计划要反映企业的基本目标和组织方针，制定企业的产品战略、生产战略、综合投资战略、销售和市场份额增长战略等。长期计划的制定要应用财务、生产和销售的宏观模型。长期计划一般 5 年或更长时间制订一次，而且每年要进行滚动的修改，以确保计划的可行性。

（2）中期计划　中期计划一般为年度计划，主要制订主生产计划（MPS）和确定物料及生产能力需求计划。许多功能由 MRP Ⅱ 系统来支持。MPS 是对高层计划规定的中短期生产的详细描述。主生产计划表要根据顾客的订单和可得到的物料及可动用的各执行计划供应物料资源制定，并对执行计划进行必要的调整。执行计划包括资金控制、采购控制、生产活动控制、库存控制和配送控制等。

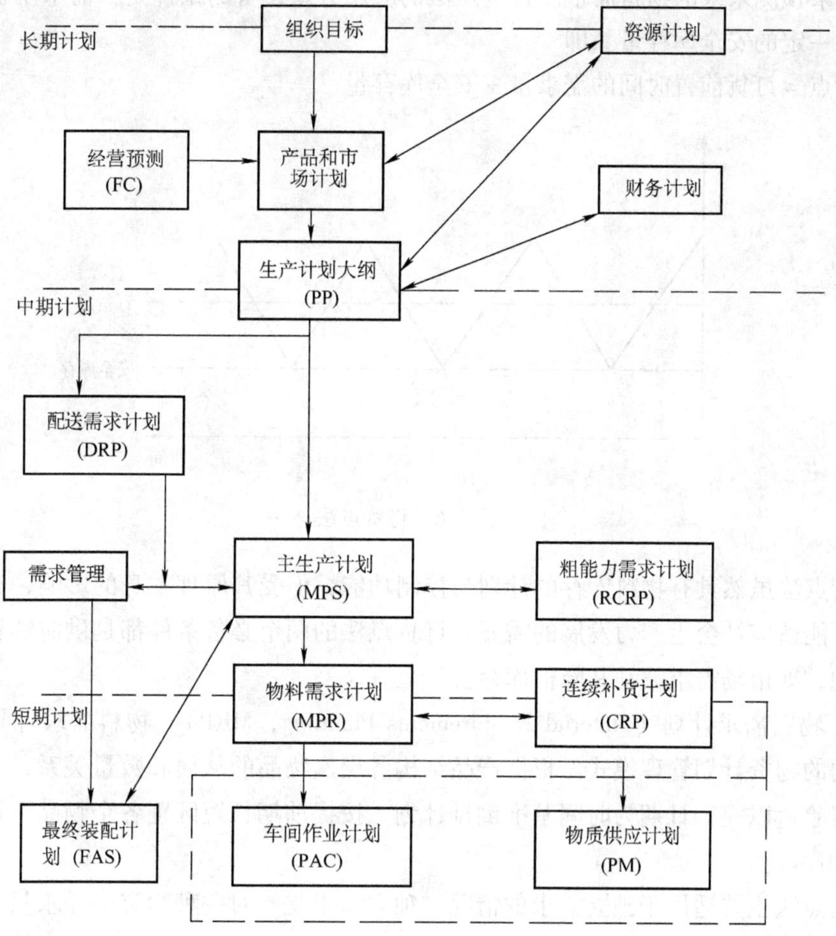

图 2-5   计划的三种类型

（3）短期计划 短期计划也称生产作业计划。企业在主生产计划确定后，为了便于组织执行，还要进一步编制生产作业计划，它是生产计划的具体执行计划。生产作业计划把企业的全年生产任务具体地分配到各车间、工段、班组甚至每个工作地和工人，规定他们在月、旬、周、日以及轮班和小时内的具体生产任务，从而保证按规定的品种、质量、数量、时间和成本完成企业的生产任务。

2. 计划层的执行系统

针对企业计划层的决策，要求这些企业不仅要根据市场的需求及企业的资源状况迅速做出最佳的生产、供应及销售计划，更需要高效的执行系统来对计划及生产作业实际进行协调管理并及时跟踪、反馈计划的执行状况。在供应链管理中，需要借助先进的生产管理技术对企业的计划执行系统进行控制，控制的范围包括整个供应链的供应/制造/配送/库存计划以及物流优化和生产计划优化。从发展历史来看，主要有以下几个方法：

（1）订货点法（Order Point Method，OPM） 如图 2-6 所示，订货点法是 20 世纪初期产生，40 ~ 60 年代得到广泛应用的一种库存计划和控制方法。其基本原理是：按照过去的存货经验来预测未来的物料需求。订货点法的应用必须具备的条件是：需求平稳；每一种物料保持一定的安全库存量。即

订货点 = 订货前置时间的需求量 + 安全库存量

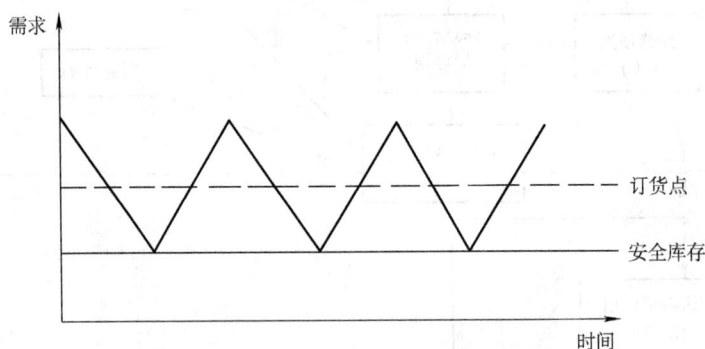

图 2-6 订货点法

订货点法虽然具有物料库存的计划与控制功能，但受其原理本身的影响，它的应用面很窄，不能适应社会生产力发展的需要。订货点法的两个必备条件都是供应链管理所要解决的问题，即市场需求波动和降低库存。

（2）物料需求计划（Material Requirements Planning，MRP） 物料需求计划是工业制造企业内的物资计划管理模式。根据产品结构各层次物品的从属和数量关系，以每个物品为计划对象，以完工日期为时间基准倒排计划，按提前期长短区别各个物品下达计划时间的先后顺序。

订货点法主要适用于独立需求的情况，独立需求是指对一种物资的需求量与对其他物资的需求量无关。独立需求一般趋于连续和相对平稳。例如，对最终成品和产品的需求就属于这一类。与独立需求相对的是非独立需求或称相关需求，它是指一项物资的需求与其他项的需求有关，或是其他项需求的结果。例如，机器生产中对原材料、零件、低级组件、部件的需求，是根据最终产品而定的，属于非独立需求。一般在生产中，对最终产品的需求大多是连续的，但是它们的生产是按批量组织的，生产所需的零部件是成批地在相同的时间从仓库提取的，对零部件的需求就具有非独立、离散和突发性。MRP 以计算机为工具，主要应用于计划和控制非独立需求的情况。

MRP 经过多年的实际应用，已发展成企业全面的生产管理系统 MRP Ⅱ，这已不仅仅是满足物料计划和控制的功能，而是将企业的采购、制造、销售和财务等子系统连成一个闭环系统，各部门之间协调工作，整个系统之间上下贯通，最终达到企业最佳生产经营状况的目的，是一种全面的生产管理技术和企业内部供应链管理技术。

（3）准时制（Just In Time，JIT） 准时制是在精确测定生产制造各工艺环节作业效率

的前提下，准确地计划物料供应量和时间的生产管理模式。

1973年，日本丰田汽车公司首先试行了这一创新的管理方法，主要重点在于认为"任何浪费"均是不能允许的。JIT方法作为一种先进的生产管理技术，对企业的管理基础、人员素质、工厂技术设备和外部环境等都有很高的要求，故一般企业较难实施。

（4）企业资源计划（Enterprise Resource Planning，ERP）企业资源计划是在MRP II 的基础上，通过前馈的物流和反馈的信息流、资金流，把客户需求和企业内部的生产经营活动以及供应商的资源整合在一起，体现完全按用户需求进行经营管理的一种全新的管理模式。

> **知识卡**
>
> **JIT的基本思想**
>
> 准时生产方式基本思想可概括为"在需要的时候，按需要的量生产所需的产品"，也就是通过生产的计划和控制及库存的管理，追求一种无库存，或库存达到最小的生产系统。

可以从管理思想、软件产品、管理系统三个层次给出ERP的定义：是由美国著名的计算机技术咨询和评估集团Gartner公司（Gartner Group Inc.）提出的一整套企业管理系统体系标准，其实质是在MRP II（制造资源计划Manufacturing Resource Planning，MRP II 在MRP的基础上，增加了营销、财务和采购的功能，它是对企业的各种制造资源和企业生产经营各环节实行合理有效地计划、组织、控制和协调，达到既能连续均衡生产，又能最大限度地降低各种物品的库存量，进而提高企业经济效益的管理方法），制造资源计划基础上进一步发展而成的面向供应链（Supply Chain）的管理思想；是综合应用了客户批服务器体系、关系数据库结构、面向对象技术、图形用户界面、第四代语言（4GL）、网络通信等信息产业成果，以ERP管理思想为灵魂的软件产品；是整合了企业管理理念、业务流程、基础数据、人力物力、计算机硬件和软件于一体的企业资源管理系统。ERP概念层次如图2-7所示。

图2-7　ERP概念层次图

在知识经济时代仅靠自己企业的资源不可能有效地参与市场竞争，还必须把经营过程中的有关各方，如供应商、制造工厂、分销网络、客户等纳入一个紧密的供应链中，才能有效地安排企业的产、供、销活动，满足企业利用全社会一切市场资源快速高效地进行生产经营的需求，以期进一步提高效率和在市场上获得竞争优势。换句话说，现代企业竞争不是单一企业与单一企业间的竞争，而是一个企业供应链与另一个企业供应链之间的竞争。ERP系统实现了对整个企业供应链的管理，适应了企业在知识经济时代市场竞争的需要。

三、运作层

运作层是供应链管理决策最具体的组成部分，许多具体的操作都要在这个层次进行。这个层次的管理不仅包括企业内部的供应系统管理，还包括与其他企业的协调合作管理，不但要与本企业上一级的供应商、下一级的客户合作，还要与同类企业相互合作，包括购买、生产分配、销售等生产过程中的各个环节。这是一个复杂的、需要不断优化的过程，是优化生产过程、降低生产成本的关键。供应链管理的绝大部分实质性工作都在这一层次上完成。

供应链分为内部供应链和外部供应链。内部供应链是指企业内部产品生产和流通过程中所涉及的采购部门、生产部门、仓储部门、销售部门等组成的供需网络。而外部供应链则是指企业外部的、与企业相关的产品生产和流通过程中涉及的原材料供应商、生产厂商、储运商、零售商以及最终消费者组成的供需网络。内部供应链和外部供应链共同组成了企业产品从原材料到成品再到消费者的供应链。供应链中存在着三个流：物流、资金流和信息流，供应链的运作应该着眼于有效地控制供应链上的物流、信息流和资金流，下面将分别予以阐述。

1. 内部供应链运作

（1）生产运作 供应链的第一环节是制造商，制造商从原料供应商那里得到生产资料后加工生产成品，这当中涉及了生产运作，即产品的流通运作。这里提倡在生产运作中采用客户化生产。客户化生产可以说是整个生产过程的指导思想，即从产品的设计、生产到销售都是以满足客户的需求为最终目标，而不是为了生产而生产。生产产品的数量、质量以及提供的服务由顾客的需求而定。

（2）成本运作 供应链管理中的成本包括很多方面，这里主要从物流和信息流两方面来谈供应链中的成本运作。

1）物流成本管理。

① 运输费用管理。运输是物资在生产系统中转移所必需的。物资运输费用是承运单位向客户提供运输劳务所需要的费用。运输费用占物流费用比重较大，约为40%，是影响物流费用的重要因素。减少运输成本的关键在于运输系统的合理配置，如，选择合理的运输工具和运输方式；缩短零部件供应厂商与总装厂之间的距离；重组生产过程，使其由原来的功能分布改为目标分布，缩短工序间的距离，甚至消除工序间的距离，使在制品由上一工序直接进入下一工序。以上这些都可以降低运输成本。

② 存储费用管理。存储费用是指物资在存储过程中所需要的费用。库存在生产中主要包括在制品的库存、零部件库存、成品库存及运输过程中停留等几个部分。现阶段降低库存费用的目标是通过均衡生产，消除生产过程中的在制品库存；加强密切合作关系，减少零部件库存及成品库存，最终达到消除零部件库存及成品库存，做到客户需要时才生产；在运输过程中进行协调，选择合理的运输方式，消除运输过程中的停留现象。

③ 装卸搬运费用管理。装卸搬运活动是衔接物流各个环节使活动正常进行的关键，

它渗透到物流的各个领域。装卸搬运费用是物资在装卸搬运过程中所支出费用的总和。减少装卸搬运费用的方法包括：对装卸搬运设备的合理选择；防止机械设备的无效作业，合理规划装卸方式和装卸作业过程，如减少装卸次数、缩短操作距离、提高被装卸物资纯度等。此外，在物流过程中的成本还涉及包装费用、流通加工费用和订货费用等。

2）信息成本管理。信息成本是企业在信息系统建设中投入的所有费用之和（包括购买设备、技术以及建设、运行和支付信息管理人员的费用）。在当今信息时代，谁掌握了第一

手信息，谁就掌握了生存和发展的重要资源。为了在市场竞争中获得有利地位，很多企业都花大力气在信息系统的建设上。信息成本管理的关键是要结合本企业的实际生产经营现状，有计划、有步骤、合理地采用信息技术，避免不必要的过高投资和出现信息不畅现象。

3）信息运作。先进的供应链管理与传统的储运管理、采购管理相比，重要的差别之一就是，先进的供应链管理将信息流管理也纳入管理范围。随着生产力水平的提高，企业间合作的加强，企业之间相互接触时所需要交换的信息也越来越多。交换的信息不仅包括产品的价格、数量、质量，还包括产品的下一步开发情况及生产工艺过程等。并且随着企业间合作不断向更深、更广发展，所交换的信息也越来越复杂，包括各个方面及各个层次的信息，有生产过程中的信息，有管理中的信息，也有决策层的信息。

因此，对信息流的管理也越来越复杂，要将各种信息进行分类，分别传递到不同的人手中，并且对于不同层次的信息还要进行不同处理。有些信息是需要大家共享的，例如，流水线上的生产状况、在制品数量、设备是否正常运转等，不仅一线的生产工人需要随时掌握流水线生产情况，管理人员也要掌握，以便随时调整；不仅本生产企业需要掌握，其上游及下游生产企业也都要了解生产线上的生产情况。对于这种信息，需要有大型公用数据库作为支持，并且需要设定通用的格式以保证信息准确传递。而有些信息是要求在一定范围内保密的，例如，企业的高层决策、重要的技术等。对于这些信息的保密则需要不同层次的协议以及严密的制度作为保证。

另外，生产系统要快速准确地对市场及顾客需求的变化做出响应，这就对信息流管理提出了更高的要求，要求信息快速、准确地传递，这也通过先进的技术来实现。信息传递最初是靠人来实现的，它受到时间和距离的限制；接下来出现了电话等信息传递工具，摆脱了时间和距离的限制，但是很难做到随时随地传递信息；而现在，由信息和卫星技术组成的网络（如 EDI 系统），完全摆脱了时间和地点的限制，通过网络连接的双方，无论相距多远，无论何时，一方发出的信息，另一方都几乎可以立即收到，并且能确保信息的准确。

2. 外部供应链运作

（1）供应商管理　在当今社会，现代企业都存在着不同程度的协作配套关系，主机厂与协作厂之间协作关系日趋紧密。对主机厂来说，协作厂家的生产经营状况，协配件的质量、价格、交货期、售后服务都直接影响着主机厂产品。加强协配件的管理以及同供应商

之间的关系，是主机厂生产经营管理一项长期的重要内容。同时，主机厂加强协配件的管理，处理好与供应商的关系，有利于供应商及时解决生产中出现的问题，满足主机厂的要求，为主机厂提供良好的服务，跟上或超越主机厂的发展步伐。主机厂如何加强对协配件的管理以及与供应商之间建立什么样的协作关系也至关重要。

（2）客户管理　供应链管理的原则是"以客户为中心"，供应链管理始于最终用户。以客户为中心的管理，其最终目标是提高客户忠诚度，事实越来越向人们表明，客户忠诚度的高低、高忠诚度客户群的大小，日益成为决定企业命运的商务战略指标。据测算，客户忠诚度每提高5%，企业效益可提升20%～50%。

以客户为中心的管理应该对客户服务市场细分，以确定不同细分市场的客户期望的服务水平。以客户为中心的管理要分析服务成本，包括企业现有的客户服务成本结构和为达到不同细分市场服务水平所需的成本。以客户为中心的管理还要进行销售收入管理，这一点非常重要，但常被企业忽视。当企业为不同客户提供新的服务时，客户对此会如何反应？是购买增加而需要增加生产，还是客户忠诚度上升，使得企业可以提高价格？企业必须对客户做出正确反应以使利润最大化。此外，企业采取何种销售渠道组合把产品和服务送达客户，这一决策对于客户服务水平和分销成本有直接影响。而需求规划，即企业如何根据预测与分析制定生产和库存计划来满足客户需求，是大多数企业最为重要的职能之一。良好的需求规划是成功地满足客户需求，同时在企业内部和整个供应链的成本和资产最小化的关键。

知识检验

一、填空题

1. 物流成本管理主要包括＿＿＿＿＿＿＿＿，＿＿＿＿＿＿＿＿，＿＿＿＿＿＿＿＿。

2. 企业的计划可分为＿＿＿＿＿＿＿＿＿＿，＿＿＿＿＿＿＿＿＿＿，＿＿＿＿＿＿＿＿＿＿。

二、简答题

1. 运作层内部供应链运作包括哪些运作？

2. 如何有效地控制物流成本管理？

课题三　供应链中的合作关系

一、供应链合作的牛鞭效应

在供应链上，常常存在着如预测不准确、需求不明确，供给不稳定，企业间合作性与协调性差、造成了供应缺乏，生产与运输作业不均衡、库存居高不下，成本过高等现象。引起这些问题的根源有许多，但主要原因之一是牛鞭效应（Bullwhip Effect）。牛鞭效应是供应链上的一种需求变异放大（方差放大）现象，是信息流从最终客户端向原始供应商端传递时，无法有效地实现信息的共享，使得信息扭曲而逐级放大，导致了需求信息出现越来越大的波动。

这种信息扭曲的放大作用在图形显示上很像很一根甩起的赶牛鞭,因此被形象地称为牛鞭效应。最下游的客户端相当于鞭子的根部,而最上游的供应商端相当于鞭子的梢部,在根部的一端只要有一个轻微的抖动,传递到末梢端就会出现很大的波动。在供应链上,这种效应越往上游,变化就越大,距终端客户越远,影响就越大。这种信息扭曲如果和企业制造过程中的不确定因素叠加在一起,将会导致巨大经济损失。牛鞭效应的示意图如图2-8所示。

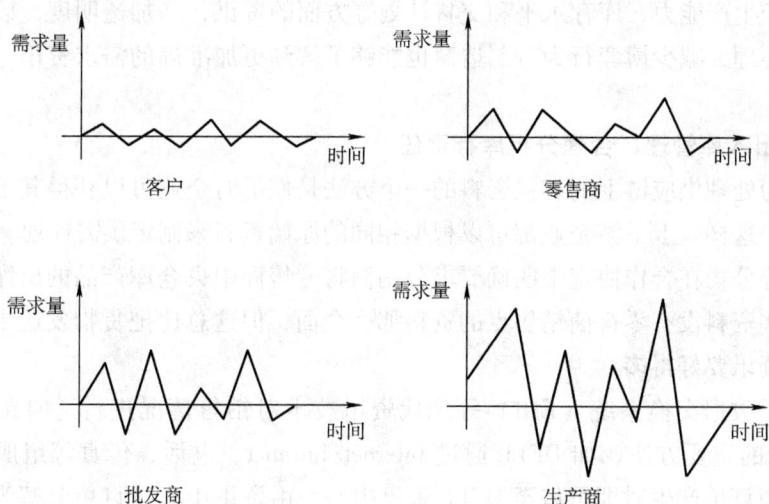

图 2-8   牛鞭效应的示意图

解决"牛鞭效应"的根本对策是整合链中企业之间的关系,建立企业之间的诚信机制,实现资讯共用。资讯共用,就是供应链中各个企业共同拥有一些知识或行动,如生产、销售、需求等资讯。实现资讯共用,可以减少由于资讯不对称或不完全带来的风险。我们希望通过建立一个基于 Internet 的资讯共用系统实现资讯共用管理,协调各企业的行动,确保需求资讯的真实、快速传递,从而减少供应链中的"牛鞭效应"。

1. 缩短提前期

一般来说,订货提前期越短,订量越准确,因此鼓励缩短订货期是破解"牛鞭效应"的一个好办法。

根据 Wal-Mart 的调查,如果提前 26 周进货,需求预测误差为 40%,如果提前 16 周进货,则需求预测的误差为 20%,如果在销售时节开始时进货,则需求预测的误差为 10%。并且通过应用现代资讯系统可以及时获得销售资讯和货物流动情况,同时通过多频度小数量联合送货方式,可以实现实需型订货,从而使需求预测的误差进一步降低。

使用外包服务,如第三方物流也可以缩短提前期和使小批订货实现规模经营,这样销售商就无须从同一个供应商那一次性大批订货。虽然这样会增加额外的处理费用和管理费用,但只要所节省的费用比额外的费用大,这种方法还是值得应用的。

2. 规避短缺情况下的博弈行为

首先，当出现商品短缺时，供应商可以通过互联网查询各下游企业以前的销售情况，以此作为向他们配货的依据，而不是根据他们订货的数量，从而杜绝了下游企业企图通过夸大

动脑筋

如何消除"牛鞭效应"？

订货量而获得较多配给的心理。惠普公司就采用这种办法。其次，通过互联网，链中所有企业共用关于生产能力、库存水平和交货计划等方面的资讯，增加透明度，以此缓解下游企业的恐慌心理，减少博弈行为。制造商也能够了解到更加准确的需求资讯，合理有序地安排生产。

3. 加强出入库管理，合理分担库存责任

避免人为处理供应链上的有关资料的一个方法是使上游企业可以获得其下游企业的真实需求资讯，这样，上下游企业都可以根据相同的原始资料来制定供需计划。例如，IBM、惠普和苹果等公司在合作协定中明确要求分销商将零售商中央仓库产品的出库情况反馈回去，虽然这些资料没有零售商销售点的资料那么全面，但这总比把货物发送出去以后就失去对货物的资讯要好得多。

使用电子数据交换系统（EDI）等现代资讯技术对销售情况进行适时跟踪也是解决"牛鞭效应"的重要方法，如 DELL 通过 Internet/Intranet、电话、传真等组成了一个高效资讯网路，当订单产生时即可传至 DELL 资讯中心，由资讯中心将订单分解为子任务，并通过 Internet 和企业间资讯网分派给各区域中心，各区域中心按 DELL 电子订单进行组装，并按时间表在约定的时间内准时供货（通常不超过 48h），从而使订货、制造、供应"一站式"完成，有效地防止了"牛鞭效应"的产生。

联合库存管理策略是合理分担库存责任、防止需求变异放大的先进方法。联合库存管理是使供应商与销售商权利责任平衡的一种风险分担的库存管理模式，它在供应商与销售商之间建立起了合理的库存成本、运输成本与竞争性库存损失的分担机制，将供应商全责转化为各销售商的部分责任，从而使双方成本和风险共担，利益共用，有利于形成成本、风险与效益平衡机制，从而有效地抑制了"牛鞭效应"的产生和加剧。

4. 加强企业和消费者的沟通，建立新型的客户关系

通过互联网，企业和客户可以进行互动的交流，缩短了企业和客户的距离，便于企业了解客户的需求和趋势，因此企业做出的需求预测准确度高。而且上游企业也能够根据与客户交流所得的资讯，对下游企业的订单要求进行评估判断，这就有效地缓解了"牛鞭效应"。

同时，制造商也可以通过互联网，建立直销体系，减少供应链中的层次，简化供应链的结构，防止资讯在传递过程当中过多地被人为扭曲，避免"牛鞭效应"的产生。比如 Dell 公司通过 Internet 网、电话、传真等组成了一个高效的资讯网路，客户可以直接地向公司下订单要求进行组装、供应，使订货、制造、供应"一条线"完成，实现了供应商和客户的直接交易，有效地防止了"牛鞭效应"的产生。

综上所述，对大多数企业而言，单靠自己的实力，要想在激烈的市场竞争中求得生存

和发展，是相当困难的。企业之间通过供应链彼此联系起来，以一个有机的整体参与竞争，共同合作，优势互补，实现协同效应，从而提高供应链的竞争力，达到群体共存。供应链不仅涉及蛋糕的分配，还要把蛋糕做大及发现新的蛋糕，这都需要企业相互信任，互惠互利。为此企业之间应建立诚信机制，实现资讯共用，使各节点企业能从整体最优的角度做出决策，实现供应链的不断增值，各企业也都能获利，求得生存和发展。

二、供应链中有效合作的管理原则

到目前为止，当大多数供应商面临着客户不断流失到竞争对手那里的窘境时，没有冷静下来思考：这是为什么？如何留住这些客户呢？于是大部分供应商与客户的关系就像是从干草堆里找一根针一样，找到之后又把他扔回去再找。作为公司最宝贵的财富——客户，如同沙漏里的沙，一点点流失掉。这种尴尬情景的出现关键在于供应商没有权衡好新老客户的关系，没有真正认识到保持现有客户的重要价值所在。

大多数厂商在挑选合作伙伴时首先做的第一件事情就是建立一系列的指标对客户的资信状况、财务实力、管理能力、市场运作能力加以评估，以满足这些指标中的优异者确定为公司的理想合作伙伴。然而这样的做法却存在一

动脑筋

是留住老顾客划算，还是追逐新顾客划算？

个很大的缺陷：通过上述所得出的结论最大限度上也只是表明了对客户状况的一种描述。而客户自身拥有的实力与客户承诺与供应商建立良好的伙伴关系，这二者之间却没有必然的联系。以此来作为定义合作伙伴的标准，带来的只是供应商一方的一厢情愿。并非每一位优异的客户都期望与供应商建立患难与共，同舟共济的关系。

锁定客户，这是建立合作伙伴关系工作的第一步。任何极具流动性的客户无从谈起成为合作伙伴，只有将业务关系稳定下来，围绕着建立伙伴关系的各项工作才能得以展开。供应商要做的是对客户更换供应商设置障碍，合理地利用客户转换成本这个因素，来造成其他卖主进入的瓶颈。此时供应商的努力在于：

1）合作性客户得到的产品、服务质量必须是一流的，供应商必须在技术上保持领先以维护自己的优势地位。

2）对目前的业务项目格外的用心。从客户利益的角度出发多为其出谋划策，以赢得客户的信任。

3）良好的人际关系。虽然人际关系只是强大业务关系的附属物，但对业务交往的过程却有着重要的影响。厂商与客户的联系最终都是通过人的界面而实现的，人际关系的融洽是整个业务过程圆满的开始。

4）尽可能的说服客户为适应厂商的产品、服务，对其业务流程、工作进行积极的转变和投入。给予客户充分的理由来相信这种改变是基于从长远利益的考虑，彼此双方都能够从中受益的。

通过以上工作，供应商—客户的合作伙伴关系基本能确定下来。但是从另一个意义上说，这里实现的仅只是对客户的牵制。如果供应商的努力就到此为止的话，进而转到对客

户的摆布、控制上，只会使客户不断处于风险和威胁之中，即使面临的转换成本很高，客户也会在适当的时机断绝和厂商的一切来往。合作伙伴关系实则是一个双赢的概念，只有供应商、客户都能从这种合作中长久受益，这种关系才能持久稳固。所以供应商必须再做进一步的努力：

1）扩展自身的服务能力。这里的目标是做一些事情使客户相信，供应商不仅能够而且已经利用其知识和实力针对特定的客户环境提供专项服务。

2）增加对客户业务的了解。对客户的主要业务给予关注和分析，尽可能提供对其主要业务相关的特殊产品或服务，并且这种特殊利益是同行业其他竞争对手不易模仿的。

3）增加对客户行业的了解。认真分析客户行业方面的杂志、资料，并将这些信息主动提供给客户。这样做不是象征性地讨好客户或是表示兴趣，目的在于探查客户的新需求，还能够提供文件和证据说服客户在新领域内继续前进。

总之，合作伙伴关系实则是一个双赢的概念，只有供应商、客户都能不断地从这种合作中长久受益，这种关系才能持久稳固。然而，合作伙伴关系并不是一成不变的。随着时间的推移，客户自身的改变也会给合作伙伴关系带来影响。建立一套客户档案，跟踪、分析客户的动向，并及时地对客户的改变做出迅速积极的反应，供应商才能将这种合作关系维持下来。

三、在供应链中建立良好的信任与战略合作关系

在合作的初期，通过需求信息的共享、相互间信任的建立、产品质量的改善和运输效率的提高，在原有的基础上提高绩效是相对容易的。然而合作方进行合作的主要目的是增强各自的核心竞争力，所以就必须对组织进行彻底的变革。随着合作的深入、合作领域的拓宽、组织变革力度的加大，会触动越来越多部门、个人的利益，变革受到的阻力也就越大。同时，环境的不确定性也对战略合作关系的建立产生重要的影响。目前供应链企业间建立战略合作关系失败的原因有：狭隘的组织变革观念；对合作过程中环境的不确定性估计不足；没有对变革项目进行优化排序；变革前没有明确成本、利润分摊比例；过分依赖领导者个人能力；合作双方的短视行为。

通过对影响供应链合作关系的因素和导致供应链合作失败原因的分析，可知要成功地在供应链企业间建立战略合作关系，就必须积极创造条件，使有利于供应链合作的关键因素得到良性发展，并把不利因素的影响降到最低程度。目前要在供应链企业间建立战略合作关系需要做到以下几点：

1. 建立一套供应链企业认同的信用评价体系

一方面，各个节点企业要自觉建立起高度的信用，以赢得合作伙伴的信任。另一方面，在整个供应链中倡导"诚信是最好的竞争手段"等信用理念，并辅之以建立信用记录，加大对失信者的惩罚力度等措施，逐步建立起适应于供应链企业间有效合作的信用评价体系。

2. 建立一套适合供应链特点的合作伙伴选择和评价体系

在充分考虑影响战略合作伙伴选择因素的基础上，通过对合作伙伴进行资源配置要

求、外部评价分析、过去业绩评价和内部详细评价等一系列的评价，选择对供应链影响大的主要成员建立战略合作关系。

3. 确立一套有效的风险分担机制

只有正确解决了风险分担问题，才能提高供应链效率，取得超越企业部门界限的合作利益，相反，一味把风险转嫁出去，只会增加供应链的不稳定。

4. 建立有效的绩效评价体系和激励机制

在客观评价成员企业对供应链整体绩效所做贡献的基础上，把供应链优化所产生的效益和成本在供应链各企业之间及企业内部之间进行合理的分配。只有使供应链各企业都从供应链管理中受益，它们才能自觉维护供应链的整体利益。要对那些对供应链做出较大贡献的企业进行重点激励，整个供应链才能充满活力。

5. 对供应链企业进行彻底的组织变革

组织变革不仅包括合作双方组织结构的改变，还包括对合作双方企业内部员工权利责任的划分及角色的重新界定。但事先要明确变革项目的优先顺序，从阻力最小的项目开始，随着企业员工变革意识的增强，逐步加大变革的力度和范围。

6. 建立供应链合作监测和控制系统

在充分考虑影响合作和变革不确定因素的同时，由供应链核心企业建立合作监测和控制系统，跟踪合作与变革的全过程，及时发现问题并采取有效措施加以解决，确保合作与变革的顺利进行。

知识检验

一、选择题

1. 供应链中的成员在竞争中应建立（　　　）。
   A. 你死我活的输赢关系　　　　　　　　B. 有各自利益的一般合作关系
   C. 双赢策略指导下的战略合作伙伴关系　　D. 不断变动的合同关系

2. 造成供应链管理牛鞭效应产生的原因是需求信息在沿着供应链向上传递的过程中被不断曲解，而造成曲解的原因主要有（　　　）。
   A. 供应链管理没有基于网络平台　　　　B. 供应链各环节管理松懈
   C. 价格波动　　　　　　　　　　　　　D. 限量供给与短缺博弈

二、判断题

1. 要实现供应链上各个环节的有机连接，需要对各个环节信息沟通方式及信息内容进行统一化、标准化。（　　　）

2. 实施供应链合作关系就意味着新产品新技术的共同开发、数据和信息的交换、市场机会共享和风险共担。（　　　）

三、简答题

1. 什么是供应链管理中的"牛鞭效应"？

2. 供应链合作的意义是什么？讨论一般合作与战略性合作伙伴之间的区别，举例说明。

课题四　技　能　训　练

任务描述

这是一个关于个人分析能力、个人决策能力的红与黑团队游戏。游戏的目的就是要赢！想方设法去累积最大可能的正分。各组分为A队、B队，每轮每队有两种选择——红或黑，每队可根据上轮得分确定下轮选择。

任务准备

视班级人数分若干组，每组选出一名组长，负责协调、主持本组的决策。然后每组再分出A队、B队，每队5~7人，准备游戏。

任务实施

1）选择红、黑卡片：每轮每队有两种选择——红色或黑色卡片，各队可根据讨论结果对每轮的卡片颜色进行选择。

2）沟通：两队在第四轮选择后，征得双方同意，可进行第一次沟通，双方各派一名代表外出面谈，面谈时间为1min；两队在第八轮选择后，双方再次进行沟通，面谈时间为1min。两队除按上述规则可召集的面谈外，禁止其他沟通。

3）得分计算：A队、B队均选红色，各得1分；A队、B队均选黑色，各减1分；一队选红色、另一队选黑色，选红色的队伍减3分，选黑色的队伍加3分；第九轮和第十轮选择，得分乘3后计入总分。

任务评价

项目(或任务)编号				学时			学生姓名			得分	
类别	序号	评价项目	评价内容及要求	评价标准	配分	学生自评	学生互评	教师评价	得分		
岗位技能评价	1	质量控制	能按照规则顺利完成游戏	不能完成无分	15						
	2	方法技巧运用	双方面谈时能运用沟通技巧	不能运用无分	20						
	3	运用知识能力	能与另一队建立合作关系并实现双赢	不能建立合作关系无分，不能实现双赢减分	20						
	4	完成时间	按时完成任务	不按时完成无分	5						

（续）

项目(或任务)编号				学时		学生姓名		得分	
类别	序号	评价项目	评价内容及要求	评价标准	配分	学生自评	学生互评	教师评价	得分
职业素质评价	5	决策能力	决策果断迅速	决策不果断减分	10				
	6	沟通交流	积极主动性强	不积极沟通减分	20				
	7	团队合作	合作参与意识好	合作不好减分	10				

注：按学生自评占20%、学生互评占30%、教师评价占50%计算总分。

任务小结

授课班级		授课时间		授课地点	
授课教师			任务名称		
学生表现					
存在问题及改进方法措施					

任务拓展

雀巢与家乐福的供应链合作伙伴关系

雀巢公司为世界最大的食品公司，建立于1867年，总部位于瑞士韦威市，行销全球超过81国，有200多家子公司，超过500座工厂，员工总数全球约有22万名，主要产品涵盖婴幼儿食品、营养品类、饮料类、冷冻食品及厨房调理食品类、糖果类、宠物食品类等。中国台湾雀巢成立于1983年，为岛内最大的外商食品公司，产品种类包括奶粉乳制品、咖啡、即溶饮品、巧克力威化及糖果、宠物食品等。中国台湾雀巢的销售渠道主要包括零售商店、专业经销商及非专业经销商（如餐饮业者）等。

　　家乐福公司为世界第二大的连锁零售集团，成立于1959年，全球有9061家店，24万名员工。中国台湾家乐福拥有23家连锁店。雀巢与家乐福公司均为全球流通业的龙头企业，积极致力于ECR方面的推动工作。

　　中国台湾雀巢在2000年10月开始积极与家乐福公司合作，制订建立供应商管理库存系统的计划，目标是要提高商品的供货率，降低家乐福库存持有天数，缩短订货前置期，以及降低双方物流作业的成本。就雀巢与家乐福既有的关系而言，只是单纯的买卖关系，唯一特别的是家乐福对雀巢来说是一个重要的客户，所以有对应的业务人员。买卖方式是家乐福具有决定权，决定向雀巢订货的产品与数量。

🔍问题讨论：

1. 家乐福与雀巢供应链合作伙伴建立的目的是什么？
2. 家乐福为什么会选择雀巢为供应链合作伙伴？

单元三　供应链采购与物流管理

课题一　供应链管理环境下的物流

物流管理是为了以合适的物流成本达到用户满意的服务水平，对正向及反向的物流活动过程及相关信息进行的计划、组织、协调与控制。

如果从社会大范围的角度看，物流可以理解为所有为最终消费者提供商品和服务的活动网络，即供应网络（Supply Network）。而供应链则是其中的一个通道（Channel），它关联着几个不同的管理概念。

采购/供应管理（Purchasing and Supply Management）：处理企业与供应市场之间的各类业务活动，如采购、库存、运输、订单处理等，但不包括供应商的供应商，即只与第一级供应商的业务有关。

后勤管理（Logistics）：是指经过分销渠道到达最终用户的物料管理和信息管理。

配送管理（Physical Distribution Management）：处理与企业最直接的用户之间的业务关系，把产品销售给用户，但主要是一级用户，不涉及二级用户等非直接的用户。

物料管理（Materials Management）：指供应链的中间部分物流和信息流。包括采购、库存管理、仓储管理、生产作业计划与控制、分销配送管理。即从原料的采购进厂、生产再到产品交给用户（第一级用户），不包括供应商的供应商和分销商的分销商及最终用户。

现代供应链的物流管理是从配送管理、物料管理、后勤管理等概念延伸出来的，因此，我们来看一下关于物流管理的形成和发展过程。在物流管理出现之前，企业还没有一个独立的物流管理业务部门，只是被当作制造活动的一部分，没有职业物流人员和关于这方面的学术研究。直到 20 世纪 60 年代物料管理和物资配送出现后，情况才发生变化。物料管理被认为是对企业的原材料的采购、运输、原材料和在制品的库存管理；而配送管理是对企业的输出物流的管理，包括需求预测、产品库存、运输、库存管理和用户服务。80年代则出现了集成物流的概念（Integrated Logistics）。供应链管理是 90 年代才出现的新的管理模式，并随之出现了集成供应链概念（Integrated Supply Chain），企业从眼睛向内转向眼睛向外，通过和其他的供应链成员进行物流的协调寻找商业机会。不同的学者对物流管理、物料管理、后勤管理等概念的理解和所指的范围均有所不同，特点是各种概念的范畴不断扩大，并且出现交叉。到最近几年，Logistics 已经基本上用来指物流管理，现在国外的文献中，已经将 Logistics 用来泛指企业之间的物流管理，不再是传统意义的物流管理。传统意义的物流即物资配送（Physical Distribution）和后勤（Logistics）是有区别的，后来，物资配送管理的概念很少使用，而通用后勤管理作为物流管理。

美国的有关物流管理协会已将 Physical Distribution 改为 Logistics，如美国国家物流管理协会（National Council of Physical Distribution Management，NCPDM）已于 1987 年改为 The Council of Logistics Management。按中文翻译应

> **知识卡**
>
> 集成物流（Integrated Logistics）指把企业的输入与输出物流管理以及部分市场和制造功能集成在一起。

改为后勤管理协会，但由于习惯，人们一直用物流管理这个术语，但是也有用后勤管理的，至于 Physical Distribution Management 这个概念，已经很少再用。用后勤管理（Logistics）取代传统的物资配送管理作为物流管理的术语有重要意义，是现代生产方式为了适应市场需要和提高服务功能的必然趋势。

总之，目前物流管理已经扩展到包括上游供应链的企业之间的物资管理，从这个意义上讲，物流指的是供应链范围内企业之间的物资转移活动（不包括企业内部的生产活动）。现代的企业物流管理已经把采购与分销两个为生产服务的领域统一在一起，形成所谓的物流供应链，这就是现代物流管理的含义。

我国关于物流及物流管理思想形成的历史不是很长，一些先驱学者对国外物流管理理论研究后逐步形成有中国特色的物流管理理论体系——物流学。

一、物流在供应链管理中的地位

一般认为，供应链是物流、信息流、资金流三个流的统一，那么，物流管理很自然地成为供应链管理体系的重要组成部分。供应链管理与物流管理的区别在哪里？一般而言，供应链管理涉及制造和物流两个方面的问题，物流涉及的是企业的非制造领域问题，两者的主要的区别表现在：

1）物流涉及原材料、零部件在企业之间的流动，而不涉及生产制造过程的活动。

2）供应链管理包括物流活动和制造活动。

3）供应链管理涉及从原材料到产品交付给最终用户的整个物流增值过程，物流涉及企业之间的价值流过程，是企业之间的衔接管理活动。

不过，物流管理在供应链管理中有着重要的作用。这一点可以通过价值分布来考查。不同的行业和产品类型，供应链价值分布不同，但是我们可以看出，物流价值（采购和分销之和）在各种类型的产品和行业中都占到了整个供应链价值的一半以上，制造价值不到一半。在易耗消费品和一般工业品中，物流价值的比例更大，达80%以上，这充分说明物流的价值意义。供应链是一个价值增值链过程，有效地管理好物流过程，对于提高供应链的价值增值水平，有着举足轻重的作用。

从传统的观点看，物流对制造企业的生产是一种支持作用，被视为辅助的功能部门。但是，由于现代企业生产方式的转变，即从大批量生产转向精细的准时化生产，这时的物流，包括采购与供应，都需要跟着转变运作方式，实行准时供应和准时采购等。另一方面，顾客需求的瞬时化，要求企业能以最快的速度把产品送到用户的手中，以提高企业的快速响应市场的能力。所有的这一切，都要求企业的物流系统具有和制造系统协调运作的能力，以提高供应链的敏捷性和适应性，因此，物流管理不再是传统的保证生产过程连续性的问题，而是要在供应链管理中发挥重要作用：

1）创造用户价值，降低用户成本。
2）协调制造活动，提高企业敏捷性。
3）提供用户服务，塑造企业形象。
4）提供信息反馈，协调供需矛盾。

要实现以上几个目标，物流系统应做到准时交货、提高交货可靠性、提高响应性、降低库存费用等。现代市场环境的变化，要求企业加速资金周转、快速传递与反馈市场信息、不断沟通生产与消费的联系、提供低成本的优质产品，生产出满足顾客需求的顾客化的产品，提高用户满意度。因此，只有建立敏捷而高效的供应链物流系统才能达到提高企业竞争力的要求。供应链管理将成为21世纪企业的核心竞争力，而物流管理又将成为供应链管理的核心能力的主要构成部分。

二、供应链环境下物流管理面临的主要问题

供应链管理环境下的物流管理和传统企业的物流管理的意义和方法不同。由于企业的经营思想的转变，为保证供应链的企业之间运作的同步化、并行化，实现快速响应市场的能力，物流系统管理将面临一系列的转变。主要解决以下几个方面的问题：

1）实现快速准时交货的措施问题。
2）低成本准时的物资采购供应策略问题。
3）物流信息的准确输送，信息反馈与共享问题。
4）物流系统的敏捷性和灵活性问题。
5）供需协调实现无缝供应链连接问题。

三、供应链环境下物流管理的特征

1. 供应链管理下的物流环境

企业竞争环境的变化导致企业管理模式的转变，供应链管理思想就是在新的竞争环境

下出现的。新的竞争环境体现了企业竞争优势要素的改变。在 20 世纪 70 年代以前，成本是主要的竞争优势，而 80 年代则是质量，90 年代是交货时间，即所谓基于时间的竞争，到 21 世纪初，这种竞争优势就会转移到所谓的敏捷性上来。在这种环境下，企业的竞争就表现在如何以最快速度响应市场要求，满足不断变化的多样化需求。即企业必须能在实时的需求信息下，快速组织生产资源，把产品送到用户手中，并提高产品的用户满意度。在剧烈的市场竞争中，企业都感到一种资源饥渴的无奈，传统的单一企业竞争模式已经很难使企业在市场竞争中保持绝对的竞争优势。信息时代的到来，进一步加深了企业竞争的压力，信息资源的开放性，打破了企业的界限，建立了一种超越企业界限的新的合作关系，为创造新的竞争优势提供了有利的条件。因此，供应链管理的出现迎合了这种趋势，顺应了新的竞争环境的需要，使企业从资源的约束中解放出来，创造出新的竞争优势。供应链管理实质是一个扩展企业概念，扩展企业的基本原理和思想体现在几个方面：

1）横向思维（战略联盟）。
2）核心能力。
3）资源扩展/共享。
4）群件与工作流（团队管理）。
5）竞争性合作。
6）同步化运作。
7）用户驱动。

这几个方面的特点不可避免地影响到物流环境。

2. 供应链管理环境下物流管理的新特点

由于供应链管理下物流环境的改变，使新的物流管理和传统的物流管理相比有许多不同的特点。这些特点反映了供应链管理思想的要求和企业竞争的新策略。首先我们来考查一下传统的物流管理的情况。在传统的物流系统中，需求信息和反馈信息（供应信息）都是逐级传递的，因此上级供应商不能及时地掌握市场信息，因而对市场的信息反馈速度比较慢，从而导致需求信息的扭曲。

另外，传统的物流系统没有从整体角度进行物流规划，常常导致一方面库存不断增加，另一方面当需求出现时又无法满足。这样，企业就会因为物流系统管理不善而丧失市场机会。1994 年，康柏公司就因为流通渠道没有跟上而导致 1 亿美元的损失，康柏财务经理说，我们在制造、市场开拓、广告等方面做了大量的努力，但是物流管理没有跟上，这是最大的损失。

简言之，传统物流管理的主要特点表现在：

1）纵向一体化的物流系统。
2）不稳定的供需关系，缺乏合作。
3）资源的利用率低，没有充分利用企业的有用资源。
4）信息的利用率低，没有共享有关的需求资源，需求信息扭曲现象严重。

和传统的纵向一体化物流模型相比，信息的流量大大增加。需求信息和反馈信息不是逐级传递，而是网络式传递的，企业通过 EDI/Internet 可以很快掌握供应链上不同环节的供求信息和市场信息。因此在供应链环境下的物流系统有三种信息在系统中运行：需求信息；供应信息；共享信息。

共享信息的增加对供应链管理是非常重要的。由于可以做到共享信息，供应链上任何节点的企业都能及时地掌握到市场的需求信息和整个供应链的运行情况，每个环节的物流信息都能透明地与其他环节进行交流与共享，从而避免了需求信息的失真现象。

对物流网络规划能力的增强，也反映了供应链管理环境下的物流特征。它充分利用第三方物流系统、代理运输等多种形式的运输和交货手段，降低了库存的压力和安全库存。作业流程的快速重组能力极大地提高了物流系统的敏捷性。

通过消除不增加价值的过程和时间，使供应链的物流系统进一步降低成本，为实现供应链的敏捷性、精细化运作提供了基础性保障。

对信息跟踪能力的提高，使供应链物流过程更加透明化，也为实时控制物流过程提供了条件。在传统的物流系统中，许多企业有能力跟踪企业内部的物流过程，但没有能力跟踪企业之外的物流过程，这是因为没有共享的信息系统和信息反馈机制。

合作性与协调性是供应链管理的一个重要特点，但如果没有物流系统的无缝连接，运输的货物逾期未到，顾客的需要不能得到及时满足，采购的物资常常在途受阻，都会使供应链的合作性大打折扣，因此，无缝连接的供应链物流系统是使供应链获得协调运作的前提条件。

灵活多样的物流服务，提高了用户的满意度。通过制造商和运输部门的实时信息交换，及时地把用户关于运输、包装和装卸方面的要求反映给相关部门，提高了供应链管理系统对用户个性化响应的能力。归纳起来，供应链环境下物流管理的特点可以用如下几个术语简要概括：

a. 信息——共享

b. 过程——同步

c. 合作——互利

d. 交货——准时

e. 响应——敏捷

f. 服务——满意

四、供应链环境下物流资源的有效配置

物流管理的作用就是通过有效的资源配置，使供应链各企业之间的物料得到最充分的利用，保证供应链实时的物料供应、同步化的运作。

资料库

美国许多跨国公司都有完备的物流网络系统，其物流系统能快速地把世界各地的资源最充分地利用起来，有很强的竞争力，企业也有很高的敏捷性和柔性，十分有利于实现全球跨国经营。

供应链管理的目的是要通过合作与协调实现资源的共享和最佳资源搭配，使各成员企业实现资源最充分的利用。比如台湾的电脑业所推行的全球运筹式产销模式，就充分利用

了物流网络的资源配置功能，实现全球资源的有效配置。这种模式的思想就是按客户订单组织生产，生产采用分散的模式，将全球的电脑资源利用起来。采取外包的形式，将电脑中的各种零配件、元器件、芯片外包给世界各地的制造商去生产，通过全球物流网络发往同一配送中心组装，再由配送中心将组装好的电脑发送给用户。供应链的物流系统能否实现有效的资源配置取决于物流信息系统的完备性和合作企业合作性。

知识检验

一、填空题

1. 狭义的物流管理是指物资的_____、_____、_____、_____等活动，是企业之间的一种物资流通活动。

2. 一般认为，供应链是_____、_____、_____三个流的统一。

二、选择题

1. （　　）与协调性是供应链管理的一个重要特点。

  A. 柔性   B. 传递性   C. 独立性   D. 合作性

2. 物流管理的作用就是通过有效的资源配置，使供应链各企业之间的（　　）得到最充分的利用，保证供应链实时的物料供应、同步化的运作。

  A. 信息   B. 物料   C. 技术   D. 资金

三、简答题

1. 供应链环境下物流管理面临哪些主要问题？

2. 传统物流管理的主要特点表现在哪些方面？

课题二　供应链采购管理及方法

采购管理是物流管理的重点内容之一，它在供应链企业之间原材料和半成品生产合作交流方面架起一座桥梁，沟通生产需求与物资供应的联系。为使供应链系统能够实现无缝连接，并提高供应链企业的同步化运作效率，就必须加强采购管理。

> **资料库**
>
> 英国采购学者贝雷依据采购职能的范围和目标以及采购职能在组织目标中的重要性将采购分为商业领域采购、公共领域采购和制造业采购。其中，商业领域采购是为了转售而进行采购和储存货物；公共领域包括中央和地方政府以及其他公共服务部门，是为了向公众提供公共服务而采购；而制造业是为了制造、加工货物或材料进行采购和销售。

在供应链管理模式下，采购工作要做到五个恰当：恰当的数量、恰当的时间、恰当的地点、恰当的价格、恰当的来源。

一、采购与采购管理

采购是一个简单而又复杂的概念，它基本上是随着私有制的出现而同时诞生的，有着很长的历史渊源。对于"什么是采购"这个问题，不同的人有不同的回答。随着经济的不断发展，采购行为的发生频率也越来越高，人们对采购的认识也在不断深化。特别是随着资本主义自由竞争时期以后，采购已经成为一种经常性的行为。

一般地认为，采购是指采购人或者采购实体基于生产、转售、消费等目的，购买商品或劳务的交易行为。

另一种经常的分类方法则是依据采购主体的不同而进行的分类，按这种方法，可将采购分为私人采购或商业采购和公共采购或政府采购。政府采购是以政府机构为主体而进行的采购；而私人采购则是以私有企业、家庭、个人为主体的采购。

二、供应链环境下的采购管理

采购管理是物流管理的重点内容之一，它在供应链企业之间原材料和半成品生产合作交流方面架起一座桥梁，沟通生产需求与物资供应的联系。为使供应链系统能够实现无缝连接，并提高供应链企业的同步化运作效率，就必须加强采购管理。

在供应链管理模式下，采购工作应做到五个恰当：恰当的数量、恰当的时间、恰当的地点、恰当的价格、恰当的来源。

三、供应链采购模式与传统采购模式的区别

在供应链管理的环境下，企业的采购方式和传统的采购方式有所不同。这些差异主要体现在如下几个方面：

1. 从为库存而采购到为订单而采购的转变

在传统的采购模式中，采购的目的很简单，就是为了补充库存，即为库存而采购。采购部门并不关心企业的生产过程，不了解生产的进度和产品需求的变化，因此采购过程缺乏主动性，采购部门制定的采购计划很难适应制造需求的变化。在供应链管理模式下，采购活动是以订单驱动方式进行的，制造订单的产生是在用户需求订单的驱动下产生的，然后，制造订单驱动采购订单，采购订单再驱动供应商。这种准时化的订单驱动模式，使供应链系统得以准时响应用户的需求，从而降低了库存成本，提高了物流的速度和库存周转率。订单驱动的采购方式有如下特点：

1）由于供应商与制造商建立了战略合作伙伴关系，签订供应合同的手续大大简化，不再需要双方的询盘和报盘的反复协商，交易成本也因此大为降低。

2）在同步化供应链计划的协调下，制造计划、采购计划、供应计划能够并行进行，缩短了用户响应时间，实现了供应链的同步化运作。采购与供应的重点在于协调各种计划的执行。

3）采购物资直接进入制造部门，减少采购部门的工作压力和不增加价值的活动过程，实现供应链精细化运作。

4）信息传递方式发生了变化。在传统采购方式中，供应商对制造过程的信息不了解，也无须关心制造商的生产活动。但在供应链管理环境下，供应商能共享制造部门的信息，提高了供应商应变能力，减少信息失真。同时在订货过程中不断进行信息反馈，修正订货计划，使订货与需求保持同步。

5）实现了面向过程的作业管理模式的转变。订单驱动的采购方式简化了采购工作流程，采购部门的作用主要是沟通供应与制造部门之间的联系，协调供应与制造的关系，为实现精细采购提供基础保障。

2. 从采购管理向外部资源管理转变

在建筑行业中，当采用工程业务承包时，为了对承包业务的进度与工程质量进行监控，负责工程项目的部门会派出有关人员深入到承包工地，对承包工程进行实时监管。这种方法也可以适用于制造企业的采购业务活动，这是将事后把关转变为事中控制的有效途径——供应管理或者叫外部资源管理。

那么，为什么要进行外部资源管理，以及如何进行有效的外部资源管理？正如前面所指出的，传统采购管理的不足之处，就是与供应商之间缺乏合作，缺乏柔性和对需求快速响应的能力。准时化思想出现以后，对企业的物流管理提出了严峻的挑战，需要改变传统的单纯为库存而采购的管理模式，提高采购的柔性和市场响应能力，增加和供应商的信息联系和相互之间的合作，建立新的供需合作模式。

一方面，在传统的采购模式中，供应商对采购部门的要求不能得到实时的响应，另一方面，关于产品的质量控制也只能进行事后把关，不能进行实时控制，这些缺陷使供应链企业无法实现同步化运作。为此，供应链管理采购模式的第二特点就是实施有效的外部资源管理。实施外部资源管理也是实施精细化生产、零库存生产的要求。

供应链管理中一个重要思想，是在生产控制中采用基于订单流的准时化生产模式，使供应链企业的业务流程朝着精细化生产努力，即实现生产过程的几个"零"化管理：零缺陷、零库存、零交货期、零故障、零（无）纸文书、零废料、零事故、零人力资源浪费。

供应链管理思想就是系统性、协调性、集成性、同步性，外部资源管理是实现供应链管理的上述思想的一个重要步骤——企业集成。从供应链企业集成的过程来看，它是供应链企业从内部集成走向外部集成的重要一步。要实现有效的外部资源管理，制造商的采购活动应从以下几个方面着手进行改进：

1）和供应商建立一种长期的、互惠互利的合作关系。这种合作关系保证了供需双方能够有合作的诚意和参与双方共同解决问题的积极性。

2）通过提供信息反馈和教育培训支持，在供应商之间促进质量改善和质量保证。传统采购管理的不足在于没有给予供应商在有关产品质量保证方面的技术支持和信息反馈。在顾客化需求的今天，产品的质量是由顾客的要求决定的，而不是简单地通过事后把关所能解决的。因此在这样的情况下，质量管理的工作需要下游企业提供相关质量要求的同时，应及时把供应商的产品质量问题及时反馈给供应商，以便其及时改进。对个性化的产品质量要提供有关技术培训，使供应商能够按照要求提供合格的产品和服务。

3）参与供应商的产品设计和产品质量控制过程。同步化运营是供应链管理的一个重要思想。通过同步化的供应链计划使供应链各企业在响应需求方面取得一致性的行动，增加供应链的敏捷性。实现同步化运营的措施是并行工程。制造商企业应该参与供应商的产品设计和质量控制过程，共同制定有关产品质量标准等，使需求信息能很好地在供应商的业务活动中体现出来。

4）协调供应商的计划。一个供应商有可能同时参与多条供应链的业务活动，在资源有限的情况下必然会造成多方需求争夺供应商资源的局面。在这种情况下，下游企业的采购部门应主动参与供应商的协调计划。在资源共享的前提下，保证供应商不至于因为资源分配不公或出现供应商抬杠的矛盾，保证供应链的正常供应关系，维护企业的利益。

5）建立一种新的、有不同层次的供应商网络，并通过逐步减少供应商的数量，致力于与供应商建立合作伙伴关系。在供应商的数量方面，一般而言，供应商越少越有利于双方的合作。但是，企业的产品对零部件或原材料的需求是多样的，因此不同的企业供应商的数目不同，企业应该根据自己的情况选择适当数量的供应商，建立供应商网络，并逐步减少供应商的数量，致力于和少数供应商建立战略伙伴关系。

外部资源管理并不是采购一方（下游企业）的单方面努力就能取得成效的，需要供应商的配合与支持，为此，供应商也应该从以下几个方面提供协作：

1）帮助拓展用户（下游企业）的多种战略。

2）保证高质量的售后服务。

3）对下游企业的问题做出快速反应。

4）及时报告所发现的可能影响用户服务的内部问题。

5）基于用户的需求，不断改进产品和服务质量。

6）在满足自己的能力需求的前提下提供一部分能力给下游企业——能力外援。

3. 从一般买卖关系向战略协作伙伴关系转变

供应链管理模式下采购管理的第三个特点，是供应与需求的关系从简单的买卖关系向双方建立战略协作伙伴关系转变。

在传统的采购模式中，供应商与需求企业之间是一种简单的买卖关系，因此无法解决一些涉及全局性、战略性的供应链问题，而基于战略伙伴关系的采购方式为解决这些问题创造了条件。这些问题是：

1）库存问题。在传统的采购模式下，供应链的各级企业都无法共享库存信息，各级节点企业都独立地采用订货点技术进行库存决策，不可避免地产生需求信息的扭曲现象，因此供应链的整体效率得不到充分提高。但在供应链管理模式下，通过双方的合作伙伴关系，供应与需求双方可以共享库存数据，因此采购的决策过程变得透明多了，减少了需求信息的失真现象。

动脑筋

传统的采购过程有什么优点？

2）风险问题。供需双方通过战略性合作关系，可以降低由于不可预测的需求变化带来的风险，比如运输过程的风险、信用的风险、产品质量的风险等。

3）通过合作伙伴关系可以为双方共同解决问题提供便利的条件，通过合作伙伴关系，双方可以为制定战略性的采购供应计划共同协商，不必要为日常琐事消耗时间与精力。

4）降低采购成本问题。通过合作伙伴关系，供需双方都从降低交易成本中获得好处。由于避免了许多不必要的手续和谈判过程，信息的共享避免了信息不对称决策可能造成的成本损失。

5）战略性的伙伴关系消除了供应过程的组织障碍，为实现准时化采购创造了条件。

四、供应链采购模式的观念转变

传统的采购过程有三个缺点。第一，比较重视价格的比较，备份供应商等点或面上的事情。虽然质量、交货期也是采购过程中重要的因素，但通常通过事后把关来控制。第二，存在信息不对称问题。买卖双方都保留各自的信息，唯恐自己的利益受到损害。第三，买卖双方的合作关系是临时的或短暂的，一旦供需关系不平衡时，合作体也分解，联盟体很脆弱。

而供应链管理思想将从两个方面影响传统的采购模式。第一，从内部采购管理向外部资源管理转变；从一般买卖关系向战略协作伙伴关系转变。供应链管理对大多数中国的采购人来说，是一个新概念。现阶段，需要做大量的宣传工作，让大家了解这一先进的企业管理思想。

知识检验

一、填空题

1. 一般地认为，采购是指采购人或者采购实体基于_____、_____、_____等目的，购买商品或劳务的交易行为。

2. 供应链管理思想就是_____、_____、_____、_____。

二、选择题

1. 制造商应与供应商建立一种（　　）、互惠互利的合作关系。

    A. 短期的　　　　　B. 间隔性　　　　　C. 长期的　　　　　D. 随意性

2. 外部资源管理并不是（　　）的单方面努力就能取得成效的。

    A. 供应商　　　　　B. 上游企业　　　　　C. 中间商　　　　　D. 下游企业

三、简答题

1. 供应链采购模式与传统采购模式相比有什么区别？

2. 制造商的采购活动应从哪些方面进行改进？

课题三　供应商管理

供应商管理是供应链采购管理中一个很重要的问题，它在实现准时化采购中有很重要的作用。

在物流与采购中提出客户关系管理并不是什么新概念，在传统的市场营销管理中早就提出了关系营销的思想，但是，在供应链环境下的客户关系和传统的客户关系有很大的不同。在市场营销中的客户指的是最终产品的用户，而这里客户是指供应商，不是最终用户。另外，从供应商与客户关系的特征来看，传统企

> **知识卡**
>
> 准时采购也叫 JIT 采购法，是一种先进的采购模式，是一种管理哲理。它的基本思想是：在恰当的时间、恰当的地点、以恰当的数量、恰当的质量提供恰当的物品。

业的关系表现为三种：竞争性关系、合同性关系（法律性关系）、合作性关系，而且企业之间的竞争多于合作，是非合作性竞争。供应链环管理环境下的客户关系是一种战略性合作关系，提倡一种双赢（Win-Win）机制。从传统的非合作性竞争走向合作性竞争、合作与竞争并存是当今企业关系发展的一个趋势。

供应商管理的重要性早在 20 世纪 40 年代就受到发达国家的重视，70 多年来，随着经济环境的变化，不断地出现新的内容，现在供应商管理已经有了很多优秀的理论和实践成果。从传统的供应商管理发展到供应链供应商管理，企业在供应商管理方面有了很大的创意。供应商管理是供应链管理中一个极其重要的问题，这在实施准时化采购中有很重要的作用。供应商管理最主要的两个领域就是供应商的选择和供应商的关系管理。

一、供应商管理的目标及战略

供应商管理的目标具体有 5 个：

1）获得符合企业质量和数量要求的产品或服务。

2）以最低的成本获得产品或服务。

3）确保供应商提供最优的服务和及时的送货。

4）发展和维持良好的供应商关系。

5）开发潜在的供应商。

供应商管理的战略有 3 个：

1）设计一种能最大限度地降低风险的合理的供应结构。

2）采用一种能使采购总成本最小的采购方法。

3）与供应商建立一种能促使供应商不断降低成本、提高质量的长期合作关系。

二、供应商的评估和选择

供应商的选择是供应链管理中的一个重要决策，一个好的供应商是指拥有制造高质量产品的加工技术，拥有足够的生产能力，以及能够在获得利润的同时提供有竞争力的产品。同一产品在市场上的供应商数目越多，供应商的多样性更使得选择变得复杂，需要一个规范的程序来操作。

1. 供应链管理下供应商选择的步骤

（1）成立供应商评估和选择小组　供应商选择绝不是个人的事，而是一个集体的决策，需要企业各部门有关的人员共同参与、共同决定，获得各个部门的认可，包括采购部门的决策者和其他部门的决策影响者。

供应商的选择涉及企业的生产、技术、计划、财务、物流、市场部门等。对于技术要求高、重要的采购项目特别需要设立跨职能部门的供应商选择工作小组。供应商选择小组应由

知识卡

在传统的采购模式中，供应商是通过价格竞争而选择的，供应商与用户的关系是短期的合作关系，当发现供应商不合适时，可以通过市场竞标的方式重新选择供应商。

各部门有关人员组成，包括研究与开发部、技术支持部、采购部、物流管理部、市场部、计划部等。

（2）确定全部的供应商名单　通过供应商信息数据库，以及采购人员、销售人员或行业杂志渠道了解市场上能提供所需物品的供应商。

（3）列出评估指标并确定权重　确定代表供应商服务水平的有关因素，据此提出评估指标。评估指标和权重对于不同行业和产品的供应商是不尽相同的。

（4）逐项评估每个供应商的履行能力　为了保证评估的可靠，应该对供应商进行调查。在调查时一方面听取供应商提供的情况，另一方面尽量对供应商进行实地考察。考查小组由各部门有关人员组成，技术部门进行技术考查。对企业的设备、技术人员进行分析，考虑将来质量是否能够保证，以及是否能够跟上企业所需技术的发展，满足企业变动的要求；生产部门考查生产制造系统，了解人员素质、设备配置水平、生产能力、生产稳定性等；财务部门进行财务考核，了解供应商的历史背景和发展前景，审计供应商并购、被收购的可能，了解供应商经营状况，信用状况，分析价格是否合理，以及能否获得优先权。

（5）综合评分并确定供应商　在综合考虑多方面的重要因素之后就可以给每个供应商打出综合评分，选择合格的供应商。

2. 对供应商评估与选择的方法

对供应商的评估与选择是一个多对象、多因素（指标）的综合评价问题，有关此类问题的决策已经建立了几种数学模型。它们的基本思路是相似的，先对各个评估指标确定权重，权重可用数字1~10之间的某个数值表示，可以是小数（也可取0~1的某个数值，并且规定全部的权重之和为1）；然后对每个评估指标评分，可用1~10之间的某个数表示（或0~1的数值）；再用所得分数乘以该指标的权重，进行综合处理后得到一个数值；最后根据每个供应商的总得分进行排序、比较和选择。

3. 供应商选择的评估要素

> **资料库**
>
> 在选择供应商时，需要对供应商进行综合的评估。在评价供应商时，价格不是主要的因素，质量是最重要的标准，这种质量不单指产品的质量，还包括工作质量、交货质量、技术质量等多方面内容。高质量的供应商有利于建立长期的合作关系。

对供应商评估的最基本指标应该包括以下几项：

1）技术水平。技术水平是指供应商提供商品的技术参数是否达到要求。供应商拥有一支技术队伍有能力去制造或供应所需的产品吗？供应商有产品开发和改进项目能力吗？供应商能够帮助改进产品吗？这些问题都很重要。选择具有高技术水准的供应商，对企业的长远发展是有好处的。

2）产品质量。供应商提供的产品质量是否可靠，是一个很重要的评估指标。供应商的产品必须能够持续稳定地达到产品说明书的要求，供应商必须有一个良好的质量控制体系。对供应商提供的产品除了在工厂内做质量检验外，还要考虑实际使用效果，即检查在实际环境中使用的质量情况。

3）供应能力。即供应商的生产能力，企业需要核准供应商是否具有相当的生产规模与发展潜力，这意味着供应商的制造设备必须能够在数量上达到一定的规模，能够保证供应所需数量的产品。

4）价格。供应商应该能够提供有竞争力的价格，这并不意味着必须是最低的价格。这个价格是考虑了要求供应商按照所需的时间，所需的数量、质量和服务后确定的。供应商还应该有能力向购买方提供改进产品成本的方案。

5）地理位置。供应商的地理位置对库存量有相当大的影响，如果物品单价较高，需求量又大，距离近的供应商有利于管理。购买方总是期望供应商离自己近一些，或至少要求供应商在当地建立库存，地理位置近送货时间就短，意味着紧急缺货时，可以快速送到。

6）可靠性。可靠性是指供应商的信誉，在选择供应商时，应该选择一家有较高声誉的、批营稳定的以及财务状况良好的供应商。同时，双方应该相互信任，讲究信誉，并能把这种关系保持下去。

7）售后服务。良好的售后服务是建立和维护供需双方的战略合作伙伴关系的关键，同时，也能使供需双方对产品质量等其他方面的信息交流提供条件。

8）提前期。为了应付一些紧急缺货情况的发生，不论在传统条件下还是在供应链管理条件下，供应商的供货都应当有一个合理的提前期，而在供应链管理的环境下，这种供货的提前期大大缩短了。

9）交货准确率。由于供应双方间的信息沟通的及时、战略伙伴关系的建立，所以供应商供应的商品的返退率也比以往大幅度降低，交货的准确率大幅度提高。

10）快速响应能力。随着信息技术在供应链管理中的应用，供应商对客户的需求信息的响应力比传统管理下的供应商的响应力要高许多倍，从而大大提高了供应商对客户需求变化的适应能力，所以供应商对客户信息的响应能力如何是评价供应商的一项重要因素。

三、供应商关系的管理

目前，全球经济一体化，企业经营全球化以及高度竞争造成的高度个性化与迅速改变的客户需求，令企业在提高产品质量，降低产品成本，快速响应全球市场需求变化方面，面临来自市场层面持续不断的压力。而大多数企业由于相当依赖于对外采购产品与服务，所以其对供应商的依赖性非常之大。这样一来，如何全面地管理与供应商之间的关系，以此减少成本、增加利润，便成为企业相当重要的一个环节。

正如当今流行的客户关系管理（CRM）是用来改善与客户的关系一样，供应商关系管理（SRM）是用来改善与供应链上游供应商的关系的，它是一种致力于实现与供应商建立和维持长久、紧密伙伴关系的管理思想和软件技术解决方案，旨在改善企业与供应商之间关系的新型管理机制。它通过对双方资源和竞争优势的整合来共同开拓市场，扩大市场需求和份额，降低产品前期的高额成本，实现双赢；同时它又是以多种信息技术为支持和手段的一套先进的管理软件和技术，它将先进的电子商务、数据挖掘、协同技术等信息技术紧密集成在一起，为企业产品的策略性设计、资源的策略性获取、合同的有效洽谈、产品内容的统一管理等过程提供了一个优化的解决方案。实际上，它是一种以"扩展协作互助的伙伴关系、共同开拓和扩大市场份额、实现双赢"为导向的企业资源获取管理的系统工程。

1. 供应商关系的分类

从供应商与客户间的关系特征来看，传统企业的关系表现为三种：竞争性关系、合同性关系（法律性关系）、合作性关系，而且企业间的竞争多于合作，是非合作性竞争。供应链管理下的供需关系是一种战略性合作关系，提倡一种双赢（Win-Win）机制。具体而言，供应链管理下的供需关系有以下几种主要类型：即短期目标型、长期目标型、渗透型、联盟型、纵向集成型。

（1）短期目标型　这种类型的最主要特征是双方之间的关系是交易关系，即买卖关系。希望能保持长期的买卖关系，获得稳定的供应，但是双方所做的努力只是在短期的交易合同上。各自关注的是如何谈判，如何提高自己的谈判技巧，不使自己吃亏，而不是如何改善自己的工作，使双方都获利。供应一方最多提供标准化的产品或服务，以保证每笔交易的信誉，当买卖完成时，关系也终止了，双方只有供销人员有联系，其他部门人员一般不参与双方之间的业务活动，也很少有什么业务活动。

（2）长期目标型　与供应商保持长期的关系是有好处的，双方有可能为了共同利益对改进各自的工作感兴趣，并在此基础上建立起超越买卖关系的合作。长期目标型的特征是建立一种合作伙伴关系，双方的工作重点是从长远利益出发，相互配合，不断改进产品质量与服务质量，共同降低成本，提高供应链的竞争力。合作的范围遍及各公司内的多个部门。例如，由于是长期合作，对供应商提出新的技术要求，而供应商目前还没有能力，在这种情况下，可以对供应商提供技术资金等方面的支持。供应商的技术创新和发展也会促进企业产品改进，所以对供应商进行技术支持与鼓励是有利于企业长期利益的。

（3）渗透型　这种关系形式是在长期目标型基础上发展起来的。其管理思想把对对方的关心程度又大大提高了。为了能够参与对方的活动，有时会在产权关系上采取适当的措施，如互相投资、参股等，保证双方派员加入对方的有关业务活动。这样做的优点是可以更好地了解对方的情况，供方可以了解自己的产品在对方是怎样起作用的，容易发现改进的方向，同时购方可以知道供应方是如何制造的，也可以提出改进的要求。

（4）联盟型　联盟型是从供应链的角度提出的。它的特点是从更长的纵向链条上管理成员之间的关系，难度提高了，要求也更高。由于成员增加，往往需要一个处于供应链上核心地位的企业出面协调成员之间的关系，称为盟主。

（5）纵向集成型　这种形式被认为是最复杂的关系型，即把供应链上的成员整合起来，像一个企业一样，但各成员是完全独立的企业，决策权属于自己。在这种关系中，要求每个企业在充分了解供应链的目标、要求，以及充分掌握信息的条件下，能做出有利于供应链整体利益的决策。有关这方面的知识，更多的是停留在学术上的讨论，实践中的案例很少。

2. 双赢供应关系的管理

（1）两种供应关系模式 传统的供需双方间的竞争关系与供应链管理下的双赢关系模式的采购特征有很大的不同，主要表现在以下几个方面：

竞争关系是价格驱动的，这种关系的采购策略表现为：

1）买方同时向多个供应商购货，通过供应商之间的价格竞争获得价格好处，同时也保证供应链的连续性。

2）买方通过在供应商之间分配采购数量对供应商加以控制。

3）买方与供应商保持的是一种短期合同关系。

双赢关系模式是一种供应商和生产商之间共同分享信息，通过合作和协商的相互行为。

1）制造商对供应商给予协助，帮助供应商降低成本、改进质量、加快产品开发进度。

2）通过建立相互信任的关系提高效率。

3）长期的信任合作取代短期的合同。

4）比较多的信息交流。

（2）双赢关系对准时化采购的意义 供应商与制造商的合作关系对于准时化采购的实施是非常重要的，只有建立良好的供需合作关系，准时化采购策略才能得以彻底贯彻落实，并取得预期的效果。从供应商的角度来说，如果不实施准时化采购，由于缺乏和制造商的合作，存、交货批量都比较大，而且在质量、需求方面都无法获得有效控制。通过建立准时化采购策略，把制造商的 JIT 思想扩展到供应商，加强了供需之间的联系与合作。在开放性的动态信息交互下，面对商场需求的变化，供应商能够做出快速反应，提高了供应商的应变能力。对制造商来说，通过和供应商建立合作关系，实施准时化采购，管理水平得到提高，制造过程与产品质量得到有效的控制，成本降低了，制造的敏捷性与柔性增加了。

概括起来，双赢关系对于采购中供需双方的作用表现在：

1）增加对整个供应链业务活动的共同责任感和利益的分享。

2）增加对未来需求的可预见性和可控能力，长期的合同关系使供应计划更加稳定。

3）成功的客户有助于供应商的成功。

4）高质量的产品增强了供应商的竞争力。

5）增加对采购业务的控制能力。

6）通过长期的、有信任保证的订货合同保证了满足采购的要求。

7）减少和消除了不必要的对购进产品的检查活动。

建立互惠互利的合同是巩固和发展供需合作关系的根本保证。互惠互利包括了双方的承诺、信任、持久性。信守诺言，是商业活动成功的一个重要原则，没有信任的供应商，或没有信任的采购客户都不可能产生长期的合作关系，即使建立起合作关系也是暂时的。持久性是保持合作关系的保证，没有长期的合作，双方就没有诚意做出更多改进和付出。机会主义和短期行为对供需合作关系将产生极大的破坏作用。

（3）双赢供应关系的管理　双赢关系已经成为供应链企业间合作的典范，因此，要在采购管理中体现供应链的思想，对供应商的管理就应集中在如何和供应商建立双赢关系以及维护和保持双赢关系上。

1）信息交流与共享机制。信息交流有助于减少投机行为，有助于促进重要生产信息的自由流动。为加强供应商与制造商的信息交流，可以从以下几个方面着手：

① 在制造商与供应商之间经常进行有关成本、作业计划、质量控制信息的交流与沟通，保持信息的一致性和准确性。

② 实施并行工程。制造商在产品设计阶段让供应商参与进来，这样供应商可以在原材料和零部件的性能和功能方面提供有关信息，为实施 QFD（质量功能配置）的产品开发方法创造条件，把用户的价值需求及时地转化为供应商的原材料和零部件的质量与功能需求。

③ 建立联合的任务小组解决共同关心的问题。在供应商与制造商之间应建立一种基于团队的工作小组，双方的有关人员共同解决供应过程中以及制造过程中遇到的各种问题。

④ 供应商与制造商经常互访。供应商与制造商采购部门应经常性地互访，及时发现和解决各自在合作活动过程中出现的问题和困难，建立良好的合作气氛。

⑤ 使用电子数据交换（EDI）和因特网技术进行快速的数据传输。

2）激励机制。要保持长期的双赢关系，对供应商的激励是非常重要的，没有有效的激励机制，就不可能维持良好的供应关系。在激励机制的设计上，要体现公平、一致的原则。给予供应商价格折扣和柔性合同，以及采用赠送股权等，使供应商和制造商分享成功，同时也使供应商从合作中体会到双赢机制的好处。

3）合理的评价方法和手段。要实施供应商的激励机制，就必须对供应商的业绩进行评价，使供应商不断改进。没有合理的评价方法，就不可能对供应商的合作效果进行评价，将大大挫伤供应商的合作积极性和合作的稳定性。对供应商的评价要抓住主要指标和问题，比如交货质量是否改变了，提前期是否缩短了，交货的准时率是否提高了等。通过评价，把结果反馈给供应商，和供应商一起共同探讨问题产生的根源，并采取相应的措施予以解决。

知识检验

一、填空题

1. 从供应商与客户关系的特征来看，传统企业的关系表现为三种：＿＿＿＿＿＿＿，＿＿＿＿＿＿＿，＿＿＿＿＿＿＿。

2. 技术水平是指供应商提供商品的＿＿＿＿＿＿＿是否达到要求。

二、选择题

1. （　　　）最主要特征是双方之间的关系是交易关系，即买卖关系。

　　A. 短期目标型　　　B. 渗透型　　　C. 联盟型　　　D. 长期目标型

2. 建立（　　　）的合同是巩固和发展供需合作关系的根本保证。

    A. 长期合作　　　　B. 互惠互利　　　　C. 短期合作

三、简答题

1. 选择供应商要考虑的因素有哪些？

2. 简要说明供应链管理下供应商选择的步骤。

课题四　技 能 训 练

任务描述

　　要求每位学生了解一个行业的供应状况，包括供应、生产聚集地及其在商业中心的具体位置。在了解行业供应状况的基础上，每位学生运用课程所学的相关知识选择合适的某行业供应市场上的供应商（主要是产品的供应商），并与其进行谈判，最后撰写实训报告。

任务准备

1）确定所选择的行业。

2）确定所选择的商铺。

3）了解该商铺在商业中心的具体位置。

4）了解该行业的供应商在国内乃至全球的分布情况。

任务实施

1）针对具体产品，向供应商询价，要求有供应商的名片。

2）缩小供应商范围，与比较合适的供应商进行谈判。

3）最终选择 1~2 家供应商，说明理由。

4）总结与分析：

① 你是怎样选定供应商的？

② 经过实训，你认为与供应商谈判时应注意什么问题？

③ 通过这次实训，你学到了什么？

任务评价

项目(或任务)编号				学时		学生姓名		得分	
类别	序号	评价项目	评价内容及要求	评价标准	配分	学生自评	学生互评	教师评价	得分
岗位技能评价	1	质量控制	能按要求完成任务，实训报告内容充实	不能完成无分，内容不充实减分	20				

（续）

项目(或任务)编号			学时			学生姓名			得分	
类别	序号	评价项目	评价内容及要求	评价标准	配分	学生自评	学生互评	教师评价	得分	
岗位技能评价	2	方法技巧运用	能运用谈判、沟通技巧	不能运用无分	20					
	3	运用知识能力	能正确评估和选择供应商	评估不准确减分	20					
	4	完成时间	按时完成任务	不按时完成无分	10					
职业素质评价	5	应变能力	处理问题果断迅速	处理不果断减分	10					
	6	沟通交流	积极主动性强	不积极沟通减分	10					
	7	团队合作	合作参与意识好	合作不好减分	10					

注：按学生自评占20%、学生互评占30%、教师评价占50%计算总分。

任务小结

授课班级		授课时间		授课地点	
授课教师			任务名称		
学生表现					
存在问题及改进方法措施					

任务拓展

香港利丰集团——采购业的沃尔玛

很多欧美消费者从没听说过香港利丰集团，却在生活中对其依赖至深。这家没有厂房、没有工人的香港公司，调动起全世界的"血汗工厂"，生产着他们最熟悉的廉价时尚品牌。

如果一家欧洲服装零售商想订几千件服装，最优分工可能是选择韩国的纱、中国台湾的面料、日资工厂在广东省生产的拉链，最后在泰国完成剪裁缝纫。

除了香港利丰，没有哪一家公司有足够强大的物流资源和信用保证，能将这一切保质保量地按时"无缝衔接"。

作为全世界最大的采购和物流公司，利丰在穷国的工厂和富国的卖家之间，扮演着牵线搭桥的角色。希尔斯、梅西百货、彭尼百货、科尔士等美国典型商场中，有近1/3的零售商委托利丰替他们寻找廉价工人，讨价还价，并负责物流事务。

通过不同区域的资源配置将成本最小化，是利丰集团的生财之道。这家没有服装厂、缝纫机或布料厂的香港公司，拥有遍布全球60多个国家的1.5万家供应商，形成巨大的网络。

过去50万件泡泡裙订单从设计到上架需6个月，现在却只需6周，而且价钱便宜得多。

"找到世界上符合客户需求的任何一个工厂"的能力和低廉的劳动成本，让这家最早于1906年在广州成立、专注于出口瓷器的老牌家族企业，有了与日俱增的全球影响力。

"2012年我们赚了200亿美元，一些大制造商在我们的平台上挣了4亿美元。"利丰的CEO乐裕民告诉澳大利亚广播公司，"如果我们拥有自己的工厂，将有200万名工人为我们工作，根本不可能完成管理。所以我们安排了供应链，我们称之为'虚拟整合'。"

这一行业的进入门槛并不高，达到一定规模却需要长时间的积累，而且很容易实现垄断。因此，利丰很难找到什么竞争对手。

"如果全球化是一场工资最低才是赢家的'向下竞争'，"美国劳工联合会－产业工会联合会的国际事务总监凯西·法因戈尔德告诉美国《纽约时报》，"利丰就是那个引导企业，以最快捷径沿着斜坡下滑的带路人。"

"它被认为是采购行业的沃尔玛。"《采购期刊》的出版人爱德华·赫茨曼如是说。

缅甸、泰国、柬埔寨、孟加拉国、土耳其、巴基斯坦都是利丰重要的供应商所在国。在这些地方，它可以指引服装卖家找到那些愿意为了每天几美元而缝制衣服的工人。

🔍问题讨论：

为什么说香港利丰集团是采购业的沃尔玛？

单元四　供应链生产管理

课题一　供应链生产计划管理

供应链管理思想对企业的最直接和最深刻的影响是企业家决策思维方式的转变：从传统、封闭的纵向思维方式向横向、开放思维方式转变。生产计划与控制是企业管理主要内容之一，供应链管理思想无疑会对此带来很大的影响。与传统的企业生产计划与控制方法相比，在信息来源、信息的集成方法、计划的决策模式、计划的运行环境、生产控制的手段等许多方面，供应链管理模式下的生产计划与控制方法都有显著不同。我国传统的生产管理模式，是在20世纪50年代学习苏联的基础上创立发展起来的，并且至今没有实质性的变化，与美、日等发达国家的先进生产管理模式相比，我国的生产管理观念、生产方式、管理方式是落后的。加上我国工业基础（设备、资金、工艺、专业化生产、产业结构等）薄弱，导致我国工业企业与美、日相比存在着极大的差距。面对挑战，面对严酷的现实，给我国工业企业带来了极大的压力和从未有过的困境。然而，面对困境，我们也应该清楚地看到，这又是一次很好的契机。如果我们能抓住这个机遇，彻底改变我们传统的生产及管理观念，采用先进的生产方式，构造出新的、适合中国国情的生产管理模式，"跳越"过"第一次生产方式革命"的阶段，直接迎接"第二次生产方式革命"的挑战。那么，我国的制造业必然会产生翻天覆地根本性的质变，必然会带动整个国民经济的腾飞。所以，振兴制造业，构造新的生产管理模式，将是我们刻不容缓的使命和任务。

一、传统生产计划

1. 生产计划和传统生产计划

企业生产计划是关于生产系统总体方面的计划。它所反映的是企业在计划期应达到的产品品种、质量、产量和产值等生产方面的指标、生产进度及相应的布置，是指导企业计划期生产活动的纲领性方案。生产计划工作是指生产计划的具体编制工作。它将通过一系列综合平衡工作，完成生产计划的确定。我们设计生产计划系统，就是要通过努力，不断提高生产计划工作水平，为工业企业生产系统的运行提供一个优化的生产计划。

　　传统的企业生产计划是以某个企业的物料需求为中心展开的，缺乏和供应商的协调，企业的计划制订没有考虑供应商以及分销商的实际情况，不确定性对库存和服务水平影响较大，库存控制策略也难以发挥作用。供应链上任何一个企业的生产和库存决策都会影响供应链上其他企业的决策，或者说，一个企业的生产计划与库存优化控制不但要考虑某企业内部的业务流程，更要从供应链的整体出发，进行全面的优化控制，跳出以某个企业物料需求为中心的生产管理界限，充分了解用户需求并与供应商在经营上协调一致，实现信息的共享与集成，以顾客化的需求驱动顾客化的生产计划，获得柔性敏捷的市场响应能力。

2. 传统的生产计划和控制模式与供应链管理思想的差距

　　主要表现在如下几个方面：

　　（1）决策信息来源的差距（多源信息）生产计划的制订要依据一定的决策信息，即基础数据。在传统的生产计划决策模式中，计划决策的信息来自两个方面，一方面是需求信息，另一方面是资源信息。需求信息又来自两个方面，一个是用户订单，另一个是需求预测。通过对这两方面信息的综合，得到制订生产计划所需要的需求信息。资源信息则是指生

> **知识卡**
>
> **资源**（Resource）
> 　　企业资源这一概念由局限于企业内部扩展到企业外部，分为内部资源和外部资源，因而资源优化的空间也由企业内部扩展到企业外部，即从供应链整体的角度进行优化配置。

产计划决策的约束条件。在以后的讨论中，我们将看到供应链管理环境下需求信息和企业资源的概念与传统概念是不同的。信息多源化是供应链管理环境下的主要特征，多源信息是供应链环境下生产计划的特点。另外，在供应链环境下资源信息不仅仅来自企业内部，还来自供应商、分销商和用户。约束条件放宽了，资源的扩展使生产计划的优化空间扩大了。

　　（2）决策模式的差距（决策群体性、分布性）　传统的生产计划决策模式是一种集中式决策，而供应链管理环境下的决策模式是分布式的、群体决策过程。基于多代理的供应链系统是立体的网络，各个节点企业具有相同的地位，有本地数据库和领域知识库，在形成供应链时，各节点企业拥有暂时性的监视权和决策权，每个节点企业的生产计划决策都受到其他企业生产计划决策的影响，需要一种协调机制和冲突解决机制。当一个企业的生产计划发生改变时需要其他企业的计划也做出相应的改变，这样供应链才能获得同步化的响应。

　　（3）信息反馈机制的差距（递阶、链式反馈与并行、网络反馈）　企业的计划能否得到很好的贯彻执行，需要有效的监督控制机制作为保证。要进行有效的监督控制必须建立一种信息反馈机制。传统的企业生产计划的信息反馈机制是一种链式反馈机制，也就是

说，信息反馈是企业内部从一个部门到另一个部门的直线性的传递，由于递阶组织结构的特点，信息的传递一般是从底层向高层信息处理中心（权力中心）反馈，形成和组织结构平行的信息递阶的传递模式。

供应链管理环境下企业信息的传递模式和传统企业的信息传递模式不同。以团队工作为特征的多代理组织模式使供应链具有网络化结构特征，因此供应链管理模式不是递阶管理，也不是矩阵管理，而是网络化管理。生产计划信息的传递不是沿着企业内部的递阶结构（权力结构），而是沿着供应链不同的节点方向（网络结构）传递。为了做到供应链的同步化运作，供应链企业之间信息的交互频率也比传统企业信息传递的频率大得多，因此应采用并行化信息传递模式。

（4）计划运行环境的差异（不确定性、动态性）　供应链管理的目的是使企业能够适应剧烈多变的市场环境需要。复杂多变的环境，增加了企业生产计划运行的不确定性和动态性因素。供应链管理环境下的生产计划是在不稳定的运行环境下进行的，因此要求生产计划与控制系统具有更高的柔性和敏捷性，比如提前期的柔性，生产批量的柔性等。传统的MRPⅡ就缺乏柔性，因为它以固定的环境约束变量应付不确定的市场环境，这显然是不行的。供应链管理环境下的生产计划涉及的多是订单化生产，这种生产模式动态性更强。因此生产计划与控制要更多地考虑不确定性和动态性因素，使生产计划具有更高的柔性和敏捷性，使企业能对市场变化做出快速反应。

二、供应链生产计划

供应链是一个跨越多厂家、多部门的网络化组织，一个有效的供应链企业计划系统必须保证企业能快速响应市场需求。有效的供应链计划系统集成企业所有的计划和决策业务，包括需求预测、库存计划、资源配置、设备管理、渠道优化、生产作业计划、物料需求与采购计划等。供应链是由不同的企业组成的企业网络，有紧密型的联合体成员，有协作型的伙伴企业，有动态联盟型的战略伙伴。这是供应链企业计划的最根本的目的和要求。

1. 供应链企业计划工作需要考虑的问题

1）供应链企业计划的方法与工具。供应链企业计划的方法与工具主要有：MRPⅡ，JIT，DRP/LRP。

2）供应链企业计划的优化方法。供应链企业计划的优化方法可以采用：TOC（Theory of Constraint）理论；线性规划、非线性及混合规划方法；随机库存理论与网络计划模型。

3）供应链企业的计划类型。根据供应链企业计划对象和优化状态空间，有全局供应链计划和局部供应链计划。

4）供应链企业计划层次性：根据供应链企业计划的决策空间，分为战略供应链计划、战术供应链计划和运作供应链计划三个层次。

2. 供应链管理环境下制订生产计划主要面临的问题

供应链管理环境下的生产计划与传统生产计划有显著不同，是因为在供应链管理下，与企业具有战略伙伴关系的企业的资源通过物资流、信息流和资金流的紧密合作而成为企业制造资源的拓展。在制订生产计划的过程中，主要面临以下三方面的问题。

（1）柔性约束 柔性实际上是对承诺的一种完善。承诺是企业对合作伙伴的保证，只有在这基础上企业间才能具有基本的信任，合作伙伴也因此获得了相对稳定的需求信息。然而，由于承诺的下达在时间上超前于承诺本身付诸实施的时间，因此，尽管承诺方一般来讲都尽力使承诺与未来的实际情况接近，误差却是难以避免。柔性的提出为承诺方缓解了这一矛盾，使承诺方有可能修正原有的承诺。可见，承诺与柔性是供应合同签订的关键要素。对生产计划而言，柔性具有多重含义：

1）显而易见，如果仅仅根据承诺的数量来制订计划是容易的。但是，柔性的存在使这一过程变得复杂了。柔性是双方共同制订的一个合同要素，对于需方而言，它代表着对未来变化的预期；而对供方而言，它是对自身所能承受的需求波动的估计。本质上供应合同使用有限的可预知的需求波动代替了可以预测但不可控制的需求波动。

2）下游企业的柔性对企业的计划产量造成的影响在于：企业必须选择一个在已知的需求波动下最为合理的产量。企业的产量不可能覆盖整个需求的变化区域，否则会造成不可避免的库存费用。在库存费用与缺货费用之间取得一个均衡点是确定产量的一个标准。

3）供应链是首尾相通的，企业在确定生产计划时还必须考虑上游企业的利益。在与上游企业的供应合同之中，上游企业表达的含义除了对自身所能承受的需求波动的估计外，还表达了对自身生产能力的权衡。可以认为，上游企业合同中反映的是相对于该下游企业的最优产量。之所以提出是相对于该下游企业，是因为上游企业可能同时为多家企业提供产品。因此，下游企业在制订生产计划时应该尽量使需求与合同的承诺量接近，帮助供应企业达到最优产量。

知识卡

战略伙伴

以核心企业为龙头，把各个参与供应链的企业有效地组织起来，优化整个供应链的资源，以最低的成本和最快的速度生产最好的产品，最快地满足用户需求。以达到快速响应市场和用户需求的目的。

（2）生产进度 在供应链管理环境下，生产进度计划属于可共享的信息。这一信息的作用在于：

1）供应链上游企业通过了解对方的生产进度情况实现准时供应。企业的生产计划是在对未来需求做出的预测的基础上制订的，它与生产过程的实际进度一般是不同的，生产计划信息不可能实时反映物流的运动状态。供应链企业可以借助现代网络技术，使实时的生产进度信息能为合作方所共享。上游企业可以通过

知识卡

生产进度

生产进度信息是企业检查生产计划执行状况的重要依据，也是滚动制订生产计划过程中用于修正原有计划和制订新计划的重要信息。

网络和双方通用的软件了解下游企业真实需求信息，并准时提供物资。这种情况下，下游企业可以避免不必要的库存，而上游企业可以灵活主动地安排生产和调拨物资。

2）原材料和零部件的供应是企业进行生产的首要条件之一，供应链上游企业修正原有计划时应该考虑到下游企业的生产状况。在供应链管理下，企业可以了解到上游企业的

生产进度，然后适当调节生产计划，使供应链上的各个环节紧密地衔接在一起。其意义在于可以避免企业与企业之间出现供需脱节的现象，从而保证了供应链上的整体利益。

（3）生产能力　企业完成一份订单不能脱离上游企业的支持，因此，在编制生产计划时要尽可能借助外部资源，有必要考虑如何利用上游企业的生产能力。任何企业在现有的技术水平和组织条件下都具有一个最大的生产能力，但最大的生产能力并不等于最优生产负荷。在上下游企业间稳定的供应关系形成后，上游企业从自身利益出发，更希望所有与之相关的下游企业在同一时期的总需求与自身的生产能力相匹配。上游企业的这种对生产负荷量的期望可以通过合同、协议等形式反映出来，即上游企业提供给每一个相关下游企业一定的生产能力，并允许一定程度上的浮动。这样，在下游企业编制生产计划时就必须考虑到上游企业的这一能力上的约束。

知识卡

纵向和横向的信息

　　这里的纵向指供应链由下游向上游的信息集成，而横向指生产相同或类似产品的企业之间的信息共享。

三、供应链生产计划的制订

在供应链管理下，企业的生产计划编制过程有了较大的变动，在原有的生产计划制订过程的基础上增添了新的特点。

1. 具有纵向和横向的信息集成过程

在生产计划过程中上游企业的生产能力信息在生产计划的能力分析中独立发挥作用。通过在主生产计划和投入出产计划中分别进行的粗、细能力平衡，上游企业承接订单的能力和意愿都反映到了下游企业的生产计划中。同时，上游企业的生产进度信息也和下游企业的生产进度信息一道作为滚动编制计划的依据，其目的在于保持上下游企业间生产活动的同步。

外包决策和外包生产进度分析是集中体现供应链横向集成的环节。在外包中所涉及的企业都能够生产相同或类似的产品，或者说在供应链网络上是属于同一产品级别的企业。企业在编制主生产计划时所面临的订单，在两种情况下可能转向外包：一是企业本身或其上游企业的生产能力无法承受需求波动所带来的负荷；二是所承接的订单通过外包所获得利润大于企业自己进行生产的利润。无论在何种情况下，都需要承接外包企业的基本数据来支持企业的获利分析，以确定是否外包。同时，由于企业对该订单的客户有着直接的责任，因此也需要承接外包企业的生产进度信息来确保对客户的供应。

2. 丰富了能力平衡在计划中的作用

想一想

　　什么叫外包呢？企业为什么要把业务进行外包？

在通常的概念中，能力平衡只是一种分析生产任务与生产能力之间差距的手段，再根据能力平衡的结果对计划进行修正。在供应链管理下制订生产计划过程中，能力平衡发挥了以下作用：

1）为修正主生产计划和投入出产计划提供依据，这也是能力平衡的传统作用。

2）能力平衡是进行外包决策和零部件（原材料）急件外购的决策依据。

3）在主生产计划和投入出产计划中所使用的上游企业能力数据，反映了其在合作中所愿意承担的生产负荷，可以为供应链管理的高效运作提供保证。

4）在信息技术的支持下，对本企业和上游企业的能力状态的实时更新使生产计划具有较高的可行性。

3. 计划的循环过程突破了企业的限制

在企业独立运行生产计划系统时，一般有三个信息流的闭环，而且都在企业内部：

1）主生产计划—粗能力平衡—主生产计划。

2）投入出产计划—能力需求分析（细能力平衡）—投入出产计划。

3）投入出产计划—车间作业计划—生产进度状态—投入出产计划。

在供应链管理下生产计划的信息流跨越了企业，从而增添了新的内容：

1）主生产计划—供应链企业粗能力平衡—主生产计划。

2）主生产计划—外包工程计划—外包工程进度—主生产计划。

3）外包工程计划—主生产计划—供应链企业生产能力平衡—外包工程计划。

4）投入出产计划—供应链企业能力需求分析（细能力平衡）—投入出产计划。

5）投入出产计划—上游企业生产进度分析—投入出产计划。

6）投入出产计划—车间作业计划—生产进度状态—投入出产计划。

需要说明的是，以上各循环中的信息流都只是各自循环所必需的信息流的一部分，但可对计划的某个方面起决定性的作用。

知识检验

一、判断题

1. 传统的企业生产计划是以某个企业的物料需求为中心展开的，缺乏和供应商的协调。（　　　）

2. 企业的计划能否得到很好的贯彻执行，需要有效的监督控制机制作为保证。（　　　）

3. 供应链是一个跨越多厂家、多部门的网络化组织，一个有效的供应链企业计划系统必须保证企业能快速响应市场需求。（　　　）

4. 外包决策和外包生产进度分析是集中体现供应链纵向集成的环节。（　　　）

5. 任何企业在现有的技术水平和组织条件下都具有一个最大的生产能力，但最大的生产能力就是最优生产负荷。（　　　）

二、填空题

1. 在库存费用与缺货费用之间取得一个均衡点是确定_____的一个标准。

2. 作为供应链的整体，以_____为龙头，把各个参与供应链的企业有效地组织起来，优化整个供应链的_____，以最低的成本和最快的速度生产最好的产品，最快地满足用户需求，以达到快速响应市场和用户需求的目的，这是_____的最根本的目的和要求。

3. 传统的生产计划决策模式是一种_____决策，而供应链管理环境下的决策模式是_____、_____决策过程。

三、选择题

1. 供应链管理环境下制订生产计划主要面临的问题有（　　　）。

　　A. 柔性约束　　　　　B. 生产进度　　　　　C. 生产能力　　　　　D. 生产量

2. 传统的生产计划和控制模式与供应链管理思想的差距主要表现在（　　　）。

    A. 决策信息来源的差距   B. 决策模式的差距

    C. 信息反馈机制的差距   D. 计划运行环境的差异

课题二　供应链生产控制

一、传统生产控制

生产控制的对象是生产过程，是经济控制系统中微观层次的一个分支。它的经济活动要素主要包括人、物资、设备、资金和信息。这些要素一方面分布在企业的所有部门各个环节，另一方面每时每刻处于变动之中，所以企业的生产计划与控制体系是企业经营的核心活动。

1. 生产计划与控制在传统和供应链管理环境下的区别

1）传统的生产计划与控制只涉及单个企业；而在供应链管理环境下，企业的生产计划不再只是围绕企业内部，而是扩展开来，涉及上下游企业，如供应商、分销商、零售商等。

2）传统的生产计划与控制针对企业内部资源的优化配置；而在新的环境中，企业的生产计划与控制不能再只着眼企业内部资源的有效利用，而要将其他上下游相关企业的资源包括进来。

3）传统的生产计划与控制对于信息的共享程度非常低，先前企业的信息主要涉及企业内部，各个信息都是分散的，企业与企业之间往往是一个个"信息孤岛"，没有将信息资源充分利用。举一个简单的例子，比如一个生产型企业，销售部门应该有自己的销售计划，车间则应该依据这个销售计划并结合库房的存货

> **知识卡**
>
> **长鞭效应**
>
> "长鞭效应"是对需求信息扭曲在供应链中传递的一种形象的描述。由于这种需求放大效应的影响，供应方往往维持比需求方更高的库存水平或者说是生产准备计划。

制订自己的生产计划，采购部门则应根据车间的生产计划和库房原材料的库存制订自己的采购计划。而在很多企业里面这个流程是不顺畅甚至是不通的，销售部门制订销售计划不考虑车间的生产能力，车间生产不考虑市场的消化能力，采购部门也不依据车间的计划而自作主张盲目采购。最后造成库房库存大量积压或者造成严重的断货事故。在这种情况下，这种企业里面的各个部门就是一个个孤立的信息孤岛。而在如今激烈的竞争环境下，这种情况是非常危险的，企业不但要将内部的信息共享，甚至要将整个供应链上的企业实现信息资源全方位共享。

4）传统的生产计划与客户需求的偏离较大，信息传递的长鞭效应（Bullwhip Effect）使企业的生产计划与客户需求之间存在了较大的差异，常常呈现很大的波动性。"长鞭效应"在如今的供应链管理中无疑是表现得最为突出的了。1998 年，在英国举办的供应链管理专题会议上，一位与会者提及，在他的欧洲日杂公司，生产、供应环节发生着这样的

现象：从渔场码头得到原材料，经过加工、配送到产品的最终销售需要 150 天时间，虽然消费者得到这样的商品没有感觉到不好，而且所有的中间环节也都是按照他们原本的最优效率运转着，但是这位管理者做了一个数据对比后，感到非常惊愕，他的产品加工的整个过程仅仅占用了 150 天中的 45min。为什么供应链条被拖得这么长，而真正最有价值的只有 45min，大部分时间如何浪费掉了呢？

5）传统的生产计划是一种基于"控制权"的集中式决策，是在单一企业内进行的生产决策，决策的方案以及相应的计划是带有指令性的，是必须按照执行的；而在供应链环境下，各个企业是相互独立的，是不能直接控制的，而企业之间需要更多的协商机制来进行企业的生产计划。

6）传统的生产计划与控制的信息反馈机制是一种线性反馈机制，信息是由一个部门到另一个部门的反馈传递，由底层向高层的反馈；供应链管理是一种网络化管理，生产计划信息的传递不只是沿着企业内部传递，而且还沿着供应链上的不同节点传递。

2. 传统生产控制式的弊端

1）生产计划与作业计划相脱节，计划、控制力弱。传统生产管理模式在生产计划的编制过程中，是以产品为单位进行的，但又由于各生产阶段内部的"物流"和"信息流"是以零件为单位的，因此，作为厂一级的生产计划只能以产品为单位，按台份下达到各生产阶段，即有关车间，而不能下达到生产车间内部。生产车间内部则根据厂级生产计划，以零件为单位自行编制本车间的生产作业计划，由

> **知识卡**
>
> **多动力源的推进方式**
>
> 　　所谓"多动力源的推进方式"，是指各个零部件生产阶段，各自都以自己的生产能力、生产速度生产零部件，而后堆到下一个阶段，由此逐级下推形成"串联"，平行下推形成"并联"，直至推到最后的总装配，构成了多级驱动的推进方式。

于各生产车间的生产工艺、对象和生产作业计划的特殊性和独立性，致使各生产车间产量进度不尽相同。而厂级生产计划是以产品为单位编制的，对各车间以零件为单位的生产作业计划不可能起到控制作用。这样一来，协调全厂各车间生产，组织全厂零部件配套的任务便落在了厂一级的生产调度部门身上。因此，生产调度对于全厂的生产组织和控制起到了十分重要的作用。由于生产调度的工作多数是为零部件配套而进行的"救火式的工作"，全凭现场管理人员用非正规的方法来进行调度。

2）"多动力源的推进方式"使库存大量增加。由于生产是"多动力源"的多级驱动，加上没有严格有效的计划控制和全厂的同步化均衡生产的协调，各生产阶段的产量必然会形成"长线"和"短线"。长线零部件"宣泄不畅"进入库存；短线零部件影响配套装配，形成短缺件，要下达紧急订货指令生产。由此原因使得传统生产管理模式在生产布局上形成星罗棋布的"湖泊"，即仓库。各种零部件从上游生产阶段流出，进入"湖泊"，再进入下游生产阶段，最后进入总装配生产线。虽然各种零部件的"湖泊"就其功能来说是起调节作用的，"存丰补欠"保证总装的配套生产。但是，由于上述原因，往往是"长线"越长，"短线"越短，致使各种库存不但不能起到协调生产、保证生产连续性的作用，反而适得其反，给产品的质量管理、成本管理、劳动生产率、对市场的反应能力等方

面带来极其不利的影响。

3）生产缺乏柔性，对市场反应能力低，由于传统生产管理模式是以产品为单位，按台份编制生产计划的。投入一个产品与调整一个产品对整个计划影响较大，再加上生产系统转产速度慢，调整费用高等原因，给计划的修改和调整带来了很大的困难。在这种情况下，如果为适应市场需求，频繁调整生产计划，其后果更不堪设想，往往会使整个生产陷入混乱状态，使本来计划控制力就很弱的缺陷暴露无遗。

二、供应链生产控制

供应链环境下的企业生产控制和传统的企业生产控制模式不同。前者需要更多的协调机制（企业内部和企业之间的协调），体现了供应链的战略伙伴关系原则。供应链环境下的生产协调控制包括如下几个方面的内容。

1. 生产进度控制

生产进度控制的目的在于依据生产作业计划，检查零部件的投入和出产数量、出产时间和配套性，保证产品能准时装配出厂。供应链环境下的进度控制与传统生产模式的进度控制不同，因为许多产品是协作生产的和转包的业务，和传统的企业内部的进度控制比较来说，其控制的难度更大，必须建立一种有效的跟踪机制进行生产进度信息的跟踪和反馈。生产进

> **知识卡**
>
> **提前期**
>
> 提前期(Lead Time)是生产计划中一个关乎上、下游工序间相互衔接的重要变量和参数，在供应链管理环境下，最重要的是准时交货，即强调准时：准时采购、准时生产、准时配送；而对于提前期，并不强调。

度控制在供应链管理中有重要作用，因此必须研究解决供应链企业之间的信息跟踪机制和快速反应机制。

2. 供应链的生产节奏控制

供应链的同步化计划需要解决供应链企业之间的生产同步化问题，只有各供应链企业之间以及企业内部各部门之间保持步调一致时，供应链的同步化才能实现。供应链形成的准时生产系统，要求上游企业准时为下游企业提供必需的零部件。如果供应链中任何一个企业不能准时交货，都会导致供应链不稳定或中断，导致供应链对用户的响应性下降，因此严格控制供应链的生产节奏对供应链的敏捷性是十分重要的。

3. 提前期管理

基于时间的竞争是 20 世纪 90 年代一种新的竞争策略，具体到企业的运作层，主要体现为提前期的管理，这是实现 QCR、ECR 策略的重要内容。供应链环境下的生产控制中，提前期管理是实现快速响应用户需求的有效途径。缩小提前期，提高交货期的准时性是保证供应链获得柔性和敏捷性的关键。缺乏对供应商不确定性有效控制是供应链提前期管理中一大难点，因此，建立有效的供应提前期的管理模式和交货期的设置系统是供应链提前期管理中值得研究的问题。

4. 库存控制和在制品管理

库存在应付需求不确定性时有其积极的作用，但是库存又是一种资源浪费。在供应链

管理模式下，实施多级、多点、多方管理库存的策略，对提高供应链环境下的库存管理水平、降低制造成本有着重要意义。这种库存管理模式涉及的部门不仅仅是企业内部。基于JIT的供应与采购、VMI、联合库存（Pooling）管理等是供应链库存管理的新方法，对降低库存都有重要作用。因此，建立供应链管理环境下的库存控制体系和运作模式对提高供应链的库存管理水平有重要作用，是供应链企业生产控制的重要手段。

三、供应链管理环境下生产管理组织模式

供应链管理条件下生产管理是开放性的，以团队工作为组织单元的多代理制。在供应链联盟中，企业之间是合作生产的战略伙伴，生产决策信息通过供应链信息集成平台实时地在供应链联盟中由成员企业间协商决定。通过供应链协议，供应链成员企业内应建立行为规则：如信托规则、激励规则、自勉规则、最佳伙伴规则等，共同遵守。

在每一个成员企业内部也是基于多代理制的团队工作模式，由团队主管负责团队与团队之间的协调。供应链管理的协调内容主要有：供应—生产协调，生产—分销协调，库存—销售协调。

生产管理组织模式如图 4-1 所示：

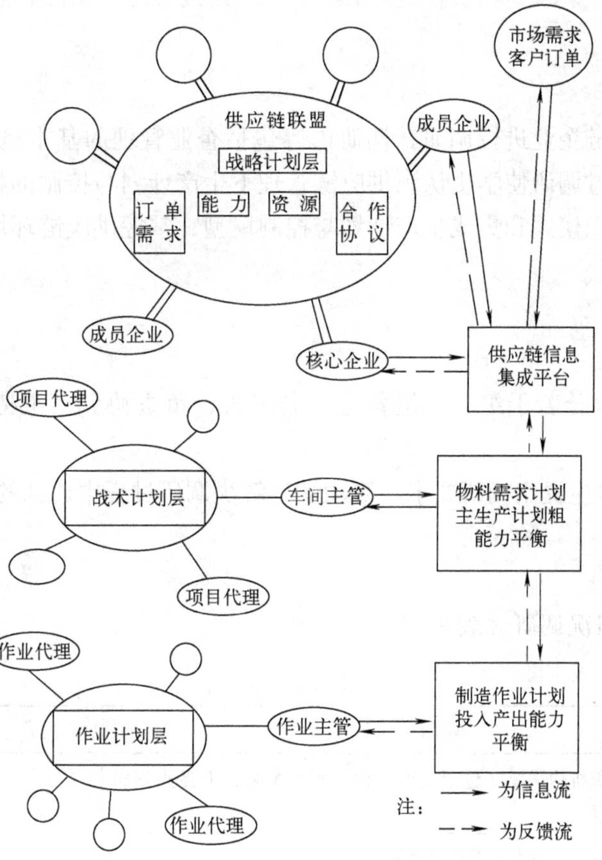

图 4-1 生产管理组织模式

知识检验

一、填空题

1. 传统生产管理模式在生产计划的编制过程中，是以_____为单位进行的，又由于各生产阶段内部的"物流"和"信息流"是以_____为单位的。

2. 供应链环境下的生产控制中，_____是实现快速响应用户需求的有效途径。

二、选择题

1. 供应链环境下的生产协调控制包括的内容有（　　）。

　　A. 生产进度控制　　　B. 生产节奏控制　　　C. 提前期管理　　　D. 库存控制

2. 通过供应链协议，供应链成员企业内应建立的行为规则有（　　）。

　　A. 信托规则　　　　　B. 激励规则　　　　　C. 自勉规则　　　　D. 最佳伙伴规则

三、简答题

1. 传统生产控制式产生的弊端有哪些？

2. 供应链环境下的生产协调控制包括有哪些内容？

课题三　技能训练

任务描述

　　选择某一供应链企业进行调研，调研内容包括企业管理的基本概况、生产计划管理、车间生产管理。通过调研使学生认识供应链管理下生产计划与控制的特点，理解供应链管理下的生产管理组织模式和集成生产计划与控制模型，掌握供应链环境下生产系统的协调机制。

任务准备

　　1）视班级人数分若干组，每组各选一名组长，负责协调、主持本组顺利完成调研任务。

　　2）由老师向学生提出调研要求，协助学生解决调研过程中遇到的问题。

任务实施

　　1）企业基本概况调研（表4-1）。

表4-1　企业基本概况调研表

序　号	调研项目	调研结果
1	企业的组织机构情况（包括企业名称、所属关系、主要业务部门及职责划分）	
2	企业主要经营范围及主要产品系列	
3	企业规模	

（续）

序　号	调研项目	调研结果
4	企业发展目标（近期、长期）	
5	企业主要业务部门之间的业务流程	

2）生产计划管理状况调研（表4-2）。

表4-2　生产计划管理状况调研表

序　号	调研项目	调研结果
1	目前采用何种生产计划方法	
2	对同一产品，有几种预测？预测至何种程度（产品大类、产品、客户、产品发往地）	
3	企业生产能力的瓶颈在哪些地方	
4	如何管理计划过程（如是否按"预测－销售－MDS主需求计划－MPS－MRP－采购－加工"的标准进行，如何确认计划）	
5	针对多约束条件（如设备、人力瓶颈）如何进行能力平衡	
6	企业的生产模式是按工作订单组织生产还是重复性生产（生产线生产）	
7	基于MRP，是否自动向供应商下达计划（通过Internet或电子商务）	
8	时间紧迫的订单，如何调整计划并安排生产	
9	如何获得计划的例外信息，如计划的变更、紧急采购或延迟采购等	
10	如何考查计划的执行率	

3）车间生产管理状况调研（表4-3）。

表4-3　车间生产管理状况调研表

序　号	调研项目	调研结果
1	经车间加工生产的产品种类	
2	如何定义、管理生产线	
3	生产过程及周期	
4	请提供加工单样张；每张加工单的覆盖天数	
5	加工过程的物料管理方式（拉式、推式）	
6	加工备料及入库依据（加工单号、存货号销售订单等）是什么	
7	车间领料是按批准的需求领料或按批准包装领料	
8	是否需要外协加工，处理流程如何，物料如何管理	
9	加工过程的质量控制（记录报废、返工原因等）	
10	报废、返工处理流程	
11	加工对工程变更的响应过程	
12	车间的库存管理（物料、在制品等）	

（续）

序　号	调 研 项 目	调 研 结 果
13	与外部（如生产控制系统等）的接口需求	
14	是否限额发料或限额送料	
15	车间现场是否设置车间仓库	
16	领料单的格式	
17	半成品是否入库	
18	生产过程中是否需要检验，如何检验，结果如何处理	
19	是否按批号管理或按批号跟踪，是否按序列号管理或按序列号跟踪	
20	领料时，是否进行库存可用量查询	
21	车间计划的执行率如何	
22	车间部门有哪些管理报表，请提供	

任务评价

项目（或任务）编号			学时			学生姓名		总分		
类别	序号	评价项目	评价内容及要求	评价标准	配分	学生自评	学生互评	教师评价	得分	
岗位技能评价	1	质量控制	能完成调研项目	按完成情况给分	20					
	2	运用知识能力	熟练供应链生产管理运营	根据熟练程度给分	20					
	3	完成时间	按时完成任务	不按时完成无分	10					
职业素质评价	4	资源整合	资源丰富	资源不丰富减分	20					
	5	应变能力	处理问题果断迅速	处理不果断减分	10					
	6	沟通交流	积极主动性强	不积极沟通减分	10					
	7	团队合作	合作参与意识好	合作不好减分	10					

注：按学生自评占20%、学生互评占30%、教师评价占50%计算总分。

任务小结

授课班级		授课时间		授课地点	
授课教师			任务名称		
学生表现					
存在问题及改进方法措施					

任务拓展

SCM 环境下戴尔的生产计划与控制体系

近年来，在全球电脑市场不景气的大环境下，戴尔却始终保持着较高的收益，并且不断增加市场份额。戴尔的成功源于其将先进的管理思想用信息技术在企业中的实现。

戴尔有一套较完善的 i2 Trade matrix 套件，它包括供应商关系管理、供应链管理、客户关系管理几个特殊应用模块，而供应链管理中的工厂生产计划更是发挥了很大的作用，它使戴尔的市场反应很快，能够每 3 天就做一个计划，并能实现自己基于直销方式的及时生产（JIT）。

戴尔公司在进行供应链管理中，体现了协调合作的思想，他们几乎每天都要与上游主要供应商分别交互一次或多次。在生产运营中，客户的需求有所变动时，戴尔也能很快反应，通过与供应商的协调合作进行调整。由于戴尔与供应商之间没有中间商的阻隔，所有来自于客户的最新的消息都被以最快的速度及时反馈给供应商，以便供应商据此调整自己的生产计划。从接到订单开始，戴尔就快速反应，根据订单制订生产进度计划，并将物料需求信息传达给自己的供应商或者是自己的后勤供应中心，并给工厂下达基于供应商的生产进度计划表，而供应商和后勤供应中心在指定的时间准时将材料运送到工厂中去，从而实现自己的实时生产。

戴尔的生产计划信息模块在最初就集成了五个方面的应用，并体现了企业对信息的实时跟踪与反馈。通过企业的工程材料加工和成本跟踪（EMPACT）的应用，跟踪企业的小批量订单，并将信息传入企业的运行数据仓库（ODS），它实时地支持生产决策，这主要是因为库中汇集了各种数据，并集成了历史数据用以预测分析。而同时，企业的订单管理系统将订单信息发给加工工厂，而加工进度跟踪编码系统会创建一个唯一的标签号，用以对订单的完成情况进行实时追踪。运行数据仓库与加工进度跟踪系统之间也不断进行信息数据的交换，两者也将生产的报告传至工厂的管理部，而他们同时会将调整的生产计划传回加工进度跟踪系统中。在整个信息系统中能够实现对订单的实时跟踪反馈，使企业的生产更符合最终客户的需要，从而使生产更加有效。

生产流程的规范性与信息技术的有效使用，使得戴尔的生产计划更贴近市场的需求，从而减少库存，提高企业的竞争力。

🔍问题讨论：

试评价一下戴尔的生产计划与控制体系。

单元五　供应链库存管理

▎知识目标

1. 了解库存管理的作用。
2. 掌握库存管理的策略。
3. 掌握供应链环境下库存控制的目标。
4. 掌握供应链库存管理的方法。

▎技能目标

1. 能够应用供应商管理库存、联合管理库存等优化控制方法，改进供应链企业的库存管理，实现供应链的整体优化。
2. 具有良好的职业岗位适应能力。

课题一　供应链环境下的库存控制

一、库存管理的作用

"库存"，顾名思义，就是仓库里的存货。中华人民共和国国家标准《物流术语》（GB/T 18354—2006）对库存的解释是：储存作为今后按预定的目的使用而处于闲置或非生产状态的物品。广义的库存还包括处于制造加工状态和运输状态的物品。一般情况下，人们设置库存的目的是防止短缺，就像水库里储存的水一样。另外，它还具有保持生产过程连续性、分摊订货费用、快速满足用户订货需求的作用。在企业生产中，尽管库存是出于种种经济考虑而存在，但是库存也是一种无奈的选择。它是因为人们无法预测未来的需求变化，才不得已采取的应付外界变化的手段；也是因为人们无法使所有的工作都做得尽善尽美，才产生一些人们并不想要的囤积。

尽管在物流管理中企业十分重视零库存对降低生产成本的重要意义，但库存对经济运行仍然有着重要的作用。它使企业供、产、销系统的各环节分离，使每个环节得以独立工作，减少需求预测误差的冲击，并在市场变化引起需求发生波动时，使资源得以有效的利用。库存中的存货是一种重要的流动资产，已经成为企业物流的重要组成部分。对存货实施科学的管理，可以降低企业平均资金的占用水平，提高存货的流转速度和总资产周转率，从而提高企业的经营效益。同时，对存货实施科学的管理，以及在此基础上的决策，也是降低企业生产成本的一个十分重要的环节。企业传统的库存功能主要是对供、产、销过程起着一种缓冲的作用。然而，当存货增加时，由于期间成本不变，会使销售利润减少。因此，企业的库存策略直接影响成本，并且间接影响收入。表5-1是有关企业的销售量、净利润和存货投资等数据。

从表5-1可以看到，企业的资产与存货有关。随着新产品的增加，存货投资也增加，导致更高的存货资金水平。从资金负担数量和在总资产中的相当大的比率就可以知道，存货成本是企业具有特别重要意义的一个核心成本。往往企业的存货负担下降几个百分点，就能有效地提高利润。

表5-1　有关企业的销售量、净利润和存货投资等数据　　　（单位：万元）

公司	净收入	总资产	存货投资	存货所占资产比例（%）
青岛海尔	36 895.28	737 270.63	60 200.12	8.17
上海佳化	5 579.33	19 831.17	159 892.01	12.40
杭州钢厂	53 162.55	464 754.14	82 414.36	17.73
清华同方	7 668.01	629 750.54	144 530.71	22.95
海信电器	1 261.01	367 264.16	129 298.83	35.21

总之，库存管理对企业和社会经济都具有重要的作用：

1）能满足市场需求和社会发展的需要。

2）能保证企业的生产经营活动的顺利进行。

3）能有效地配置资源。

4）能降低采购成本，提高企业的经济效益。

5）能通过保值防止通货膨胀和价格变化。

二、库存管理的策略

在库存理论中，人们一般根据物品需求的重复程度分为单周期库存和多周期库存。单周期需求也叫一次性订货，这种需求的特征是偶发性和物品生命周期较短，因而很少重复订货。例如报纸，没有人会订过期的报纸来看。人们也不会在农历八月十六预订中秋月饼，因为中秋节时间很短，而中间的间隔期很长。这些都是单周期需求。多周期需求是在长时间内需求反复发生，库存需要不断补充，在实际生活中，这种需求现象较为多见。例如一般的生活用品如粮食、衣服等。

多周期需求又分为独立需求与相关需求两种属性。所谓独立需求是指需求变化独立于人们的主观控制能力之外，因而其数量与出现的概率是随机的、不确定的、模糊的。相关需求的需求数量和需求时间与其他的变量存在一定的相互关系，可以通过一定的数学关系推算得出。对于一个相对独立的企业而言，它的产品是独立的需求变量，因为其需求的数量与需求时间对于企业管理者而言，一般是无法预先精确确定的，只能通过一定的预测方法得出。而生产过程中的在制品以及需要的原材料，则可以通过产品的结构关系和一定的生产比例关系准确确定，这就是相关需求。因此，对企业而言，需要对不同的需求制订相应的库存管理策略。

常见的库存管理策略有下列四种：

1. 连续性检查的固定订货量、固定订货点策略，即（Q，R）策略

该策略的基本思想是：对库存进行连续性检查，当库存降低到订货点水平 R 时，即发出一个订货，每次的订货量保持不变，都为固定值 Q。该策略适用于需求量大、缺货费用较高、需求波动性很大的情形。

2. 连续性检查的固定订货点、最大库存策略，即（R，S）策略

该策略和（Q，R）策略一样，都是连续性检查类型的策略，也就是要随时检查库存状态，当发现库存降低到订货点水平 R 时，开始订货，订货后使最大库存保持不变，即为常量 S，若发出订单时库存量为 I，则其订货量即为（S−I）。该策略和（Q，R）策略的不同之处在于其订货量是按实际库存而定，因而订货量是可变的。

3. 周期性检查的库存策略，即（t，S）策略

该策略是每隔一定时期检查一次库存，并发出一次订货，把现有库存补充到最大库存水平 S，如果检查时库存量为 I，则订货量为 S−I。经过固定的检查期 t，发出订货，这时，库存量为 I1，订货量为（S−I1）。经过一定的时间（LT），库存补充（S−I1），库存到达 A 点。再经过一个固定的检查时期 t，又发出一次订货，订货量为（S−I2），经过一定的时间 LT（订货提前期，可以为随机变量），库存有达到新的高度 B。如此周期性检查库存，不断补给。该策略不设订货点，只设固定检查周期和最大库存量。该策略适用于一些不很重要的或使用量不大的物资。

4. 综合库存策略，即（t，R，S）策略

该策略是策略（t，S）和策略（R，S）的综合。这种补给策略有一个固定的检查周期 t、最大库存量 S、固定订货点水平 R。当经过一定的检查周期 t 后，若库存低于订货点，则发出订货，否则，不订货。订货量的大小等于最大库存量减去检查时的库存量。当经过固定的检查时期到达 A 点时，此时库存已降低到订货点水平线 R 之下，因而应发出一次订货，订货量等于最大库存量 S 与当时的库存量 I1 的差（S−I1）。经过一定的订货提前期后在 B 点订货到达，库存补充到 C 点；在第二个检查期到来时，此时库存位置在 D，比订货点水平位置线高，无须订货。第三个检查期到来时，库存点在 E，等于订货点，又发出一次订货，订货量为（S−I3），如此，周期进行下去，实现周期性库存补给。

三、供应链环境下的库存控制

在供应链环境下，库存以原材料、在制品、半成品、成品的形式存在于供应链的各个环节。由于库存费用占库存物品价值的 20% ~40%，因此供应链中的库存控制是十分重要的。库存决策的内容集中于运行的各个方面，包括生产部署策略，如采用推式生产管理还是拉式生产管理；库存的控制策略，如各库存点的最佳订货量、最佳再订货点、安全库存水平的确定等。在传统的库存控制模式下，需求信息沿供应链逆向逐级向上传递。在这种情况下，供应链的各级节点企业之间往往因缺乏协调与合作无法实现信息的共享，各企业都独立地采用订货点技术进行库存决策，不可避免地会产生需求信息的扭曲现象，并因此导致供应链整体运作效率的低下。在供应链管理环境下，供应链上、下游节点之间通过联盟与合作，建立一体化的信息系统，实现供求信息在供应链成员企业之间的实时共享，减少与克服需求信息在传递过程中的失真现象，使供应链成员在整体运作效果最优的思想指导下进行企业协作，统一决策，协调运作，因而可以大大降低供应链的库存水平、改善库存控制状况。供应链管理强调企业间的协作与系统优化。要取得供应链运作效果的整体最优，就必须通过企业合作实现供应链上、下游企业的物流活动的统一。换句话说，这意味着物流活动必须在一个地点协调起来：从供应链角度，这将导致合作和整条供应链的一系列物流活动的有序安排。根据这种思想，就产生了产、销一体化的库存控制新模式。

　　绝大多数制造业供应链是由制造和分销网络组织的，通过原材料的输入转化为中间产品和最终产品，并把它分销给用户。最简单的供应链网络只有一个节点（单一企业）：同时担负制造和分销功能。在复杂的供应链网络中，不同的管理者担负不同的管理任务。不同的供应链节点企业的库存，包括输入的原材料和最终的产品，都有复杂的关系。供应链的库存管理不是简单的需求预测与补给，而是要通过库存管理获得用户服务与利润的优化。其主要内容包括：采用先进的商业建模技术来评价库存策略、提前期和运输变化的准确效果；决定经济订货量时考虑供应链企业各方面的影响；在充分了解库存状态的前提下确定适当的服务水平。

1. 供应链库存问题

　　供应链环境下的库存问题和传统的企业库存问题有许多不同之处，这些不同点体现出供应链管理理论对库存的影响。传统的企业库存管理侧重于优化单一的库存成本，从存储成本和订货成本出发确定经济订货量和订货点。从

单一的库存角度看，这种库存管理方法有一定的适用性，但从供应链整体的角度看，单一企业库存管理的方法显然是不够的。然而，由于种种原因，目前供应链库存管理也还存在三大问题，这些问题可综合成以下几个方面的内容。

　　1）缺乏供应链的整体观念。虽然供应链的整体绩效取决于各个供应链节点的绩效，但是各个部门都是各自独立的单元，都有各自独立的目标与利益，有些目标和供应链的整体目标是不相干的，甚至有可能是冲突的。因此，这种各自为政的行为必然导致供应链整体效率的低下。

　　大多数供应链系统都没有建立针对全局供应链的绩效评价指标，这是供应链中普遍存在的问题。有些企业虽然采用了库存周转率作为供应链库存管理的绩效评价指标，但是却没有考虑对客户的反应时间与服务水平。实际上，客户满意度应该始终是供应链绩效评价的一项重要指标。

　　2）对新的需求趋势反应十分迟缓。通常情况下，如果某种商品突然流行起来，并在商店脱销，这时零售商补货订单到达配送中心后，配送中心并未采取更多的行动，而是等到这种商品量降到最低库存水平，才向制造商发出订单。接下来，制造商在其配送中心的库存降到订货点时订货，然后，生产计划部门开始计划新的生产。这样，整个体系将无法

及时抓住此次销售良机。传统体系由于采取沿着供应链向上游逐级转移的订货程序，没有和潜在的消费需求及时沟通，所以，往往无法做到更快地向市场供应产品。

3）工商企业库存周期长、周转慢、库存量过大。传统的供应链管理方式，至少依赖三个间断性的库存缓冲环节来促使生产过程的货流通畅，并对变化的消费需求提供可靠的反应。这种方式的一个重要缺点是需求信息沿着供应链从下游向上游逐级传递。在此过程中，由于"牛鞭效应"的存在，需求波动逐级放大，需求的不稳定性增加，预测准确度降低。制造商和零售商往往发现他们自己淹没在许多物品的库存中，而同时某些物品的缺货现象对他们来说也已是司空见惯了。在我国的一些调查表明：生产企业原材料库存周期为20天左右；生产企业产品平均库存周期约为50天；商业企业商品销售库存周期为34天。可见，我国工业产品库存问题比较严重。

要从根本上解决工业产品库存问题，必须通过实施科学和有效的管理来实现。例如，必须界定工业产品的合理库存量：一是从相当时期的观察结果来看，工业产品库存上升幅度应当与同期工业总产值增长大体同步；二是从资金角度看，产成品资金占流动资金比重在11%左右比较合理，超出这一比例，表明产成品占用资金过大，流动资金沉淀；三是产品库存可供销售天数一般在35天左右。如果超出上述指标，则可认为存在产品积压。需要指出的是，以上三项界定标准，是对工业库存总体情况而言的。不同的行业、不同的产品应该区别对待。

4）对客户服务的理解不正确。供应链管理的绩效好坏应该由客户来评价，或者用对客户的反应能力来评价。但是，由于对客户服务水平内涵理解上的差异，导致客户服务水平的差异。许多企业采用订货满足率来评估客户服务水平，这是一种比较好的客户服务考核指标。但是订货满足率本身并不能保证运营问题。例如，一家计算机工作站的制造商要满足一份包含多产品的订单需求，产品来自各个不同的供应商，客户要求一次性交货，而制造商却要将各个供应商的产品都到齐后才能一次性装运给客户。这时，应用总的订货满足率来评价制造商的客户服务水平是恰当的。但是，这种评价指标并不能帮助制造商发现是哪家供应商的交货迟了或早了。传统的订货满足率评价指标也不能评价订货的延迟水平。两家都具有90%的订货满足率的供应链，在如何迅速补给余下的10%订货要求方面差别是很大的。除了订货满足率之外，其他的服务指标也不容忽视，如总订货周转时间、平均再订货率、平均延迟时间、提前或延迟交货时间等。

5）缺乏准确的交货状态信息。当顾客下订单时，他们总是希望知道什么时候能交货。在等待交货过程中，特别是当交货被延迟以后，也可能会对订单交货状态进行修改。一次性交货非常重要，但是必须看到，许多企业并没有及时而准确地将推迟的订单所引起交货延迟的信息提供给客户，这当然会导致客户的不满和再订货率的下降。

6）低效率的信息传递系统。在供应链中，各个供应链节点企业之间的需求预测、库存状态、生产计划等都是供应链管理的重要数据。这些数据分布在不同的供应链节点企业之间，要实现快速有效地响应客户需求，必须实时传递这些数据。为此，需要改善供应链信息系统模型，通过系统集成的方法，使供应链中的库存数据能够实时、快速地传递。但是，目前许多企业的信息系统并没有实现集成，当供应商需要了解客户需求信息时，常常获得的是延迟的信息和不准确的信息。由于信息延迟而引起的需求预测的误差和对库存量精确度的影响，都会给短期生产计划的实施带来困难。例如，企业为了制订一个生产计划，需要获得关于需求预测、当前库存状态、供应商的运输能力、生产能力等信息。这些信息需要从不同的供应链节点企业数据库中获得，数据调用的工作量很大。数据整理完后制订出生产计划，然后运用相关管理系统软件制订物料需求计划，这样一个过程一般需要很长时间。时间越长，预测误差越大，制造商对最新订货信息的有效反应能力也就越差，生产出过时的产品和造成过高的库存也就不足为奇了。调查表明，我国大多数企业仍采用手工处理信息方式，企业内部信息系统不健全、数据处理技术落后，即使是对物流信息要求较高的物流服务供应商中，也只有不到40%的企业拥有物流信息系统。另一方面，即便有些企业已经建立了较为先进的物流信息系统，但由于企业之间缺乏必要的合作与协调，没有充分利用 EDI、Internet 等先进技术实现不同企业信息系统之间的有效衔接，需求信息只能沿供应链逐级向上传递，造成信息的延迟与失真。

7）忽略不确定性对库存的影响。供应链运营过程中存在诸多的不确定因素，如订货的前置时间、货物的运输状况、原材料的质量、生产过程的时间、运输时间、需求的变化等。为减少不确定性对供应链的影响，首先应了解不确定性的来源和影响程度。很多企业并没有认真研究和确定不确定性的来源和影响，错误估计供应链中物料的流动时间，造成有的物品库存增加，而有的物品库存不足的现象。

8）缺乏合作与协调性。供应链是一个整体，需要协调各节点企业的活动，才能获得最满意的运营效果。协调的目的是使满足一定服务质量要求的信息可以流畅地在供应链中传递，从而使供应链能够实时响应客户的需求，形成更为合理的供需关系，适应复杂多变的市场环境。供应链的各节点企业为了应对不确定性的因素，都设有一定的安全库存作为应急措施。问题是在供应链体系中，组织的协调涉及更多的利益群体，相互之间缺乏信任和信息透明度。为了应付市场的波动，企业不得不维持一个较高的安全库存，付出更高的代价。

而且，供应链各组织之间存在的障碍有可能使库存控制变得更加困难。因为各自都有不同的目标、绩效评价尺度，谁也不愿意去帮助其他部门共享资源。在分布式的组织体系中，组织之间的障碍对库存集中控制的阻力更大。

要进行有效的合作与协调，组织之间需要建立一种有效的合作激励机制和信任机制。信任风险的存在更加深了问题的严重性。缺乏诚信、缺乏有效的监督机制和激励机制是供应链节点企业之间合作不稳固的主要原因。

9）库存控制策略简单化。无论是生产企业还是物流企业，库存控制的目的都是为了保证供应链运行的连续性和应付不确定性需求。在了解和跟踪不确定性状态因素的前提下，利用跟踪到的信息制订相应的库存控制策略。库存控制策略制订的过程是一个动态的过程，而且在库存控制策略中应该反映不确定性动态变化的特性。这在实际工作中存在着两大问题：过量库存和产品短缺与紧急事件的损失。

针对这两个问题，目前供应链库存管理面临以下两方面的挑战：

① 多节点、多连接的库房分布结构使得运输管理的复杂性提高；库存费用占用的时

间长；全球化网络使得物流信息由一地流动向异地乃至全球间流动，不同的地理政治区域造成的各异市场结构等都是库存管理所面临的紧迫问题。

② 供应链上各企业不同的管理文化，使得相互间的信息传递容易扭曲；由于运输的延时，信息的延迟及供应复杂性提高等原因造成的牛鞭效应，随着链中成员的不断增加和时间的推移，会使得需求与订货之间的差异越来越大。

许多企业对所有的物资采用统一的库存控制策略，物资的分类没有反映供应与需求的不确定性。在传统的库存控制策略中，多数是面向单一企业的，采用的信息基本上来自企业内部，库存控制策略没有体现供应链管理的思想。因此，如何建立有效的库存控制模式，并能体现供应链管理思想，是供应链库存管理的重要内容。

10）忽略了产品流程设计的影响。现代产品设计与先进制造技术的出现，使产品的生产效率大幅度提高，而且具有较高的节约成本效益，但却因为忽视供应链库存的复杂性，结果常常产生所有节省下来的成本都被供应链上的分销与库存抵消了的现象。同时，在引进新产品时，如果不进行供应链的规划，也会产生诸如运输时间过长、库存成本过高等现象而无法获得利润。

例如，美国的一家计算机外围设备制造商，为世界各国分销商生产打印机，打印机有一些具有销售所在国特色的配件，如电源、说明书等。美国工厂按需求预测生产，但是随着时间的推移，当打印机到达各地区分销中心时，需求已经发生了改变。因为打印机是为特定国家而生产的，分销商没有办法来应付需求的变化。也就是说，这样的供应链缺乏柔性，其结果是造成产品积压，产生了高库存。后来，重新设计了供应链结构，主要对打印机的装配过程进行了改变，工厂只生产打印机的通用组件，让分销中心再根据所在国家的需求特点加入相应的特色组件，这样大量的库存就减少了，同时供应链也具有了柔性。这就是"产品为供应链管理而设计"的思想。在这里，分销中心参与了产品装配设计这样的设计活动，这里面涉及组织之间的协调与合作问题，因此合作关系很重要。

另一方面，在供应链的结构设计中，同样需要考虑库存的影响。要在一条供应链中增加或关闭一个工厂或分销中心，一般是先考虑固定成本与相关的物流成本，至于网络变化对运作的影响因素，如库存投资、订单的响应时间等常常是放在第二位的。但是这些因素对供应链的影响是不可低估的。如美国一家IC芯片制造商的供应链结构是这样的：在美国加工晶片后运到新加坡检验，再运回美国生产地作最后的测试，包装后运到用户手中。供应链所以这样设计是因为考虑了新加坡的检验技术先进、劳动力素质高和税收低等因素。但是这样显然对库存和周转时间的考虑是欠缺的，因为从美国到新加坡来回至少要两周，而且还有海关手续时间，这就延长了制造周期，增加了库存成本。

2. 供应链的不确定性与库存管理

供应链运行中的两种不确定性对供应链库存有很大的影响：即衔接不确定性与运作不确定性。

1）衔接不确定性对库存的影响。传统的供应链的衔接不确定性普遍存在，集中表现在

> **动脑筋**
> 对供应链库存有很大影响的两种不确定性是什么？

企业之间的独立信息体系（信息孤岛）现象。为了竞争，企业总是为了各自的利益而进行资源的自我封闭（包括物质资源和信息资源），企业之间的合作仅仅是贸易上的短时性合作。这就人为地增加了企业之间的信息壁垒和沟通的障碍，企业为此不得不为应付不测而多建立库存，库存的存在实际上也是信息的堵塞与封闭的结果。虽然企业各个部门和企业之间都有信息的交流与沟通，但这远远不够。企业的信息交流更多的是在企业内部而非企业之间进行交流。信息共享程度差是传统的供应链不确定性增加的一个主要原因。

传统的供应链中信息是逐级传递的，即上游供应链企业依据下游供应链企业的需求信息，来做出生产或供应的决策。在集成的供应链系统中，每个供应链企业都能够共享顾客的需求信息，信息不再是线性的传递过程而是网络的传递过程和多信息源的反馈过程。建立合作伙伴关系的新型的企业合作模式，以及跨组织的信息系统，这为供应链的各个合作企业提供了共同的需求信息，有利于推动企业之间的信息交流与沟通。企业有了确定的需求信息，在制订生产计划时，就可以减少为了吸收需求波动而设立的库存，使生产计划更加精确、可行。对于下游企业而言，合作性伙伴关系的供应链或供应链联盟，可为企业提供综合的、稳定的供应信息，无论上游企业能否按期交货，下游企业都能预先得到相关信息而采取相应的措施，这样企业无须过多设立库存。

2）运作不确定性对库存的影响。供应链企业之间的衔接不确定性，可以通过建立战略伙伴关系的供应链联盟或供应链协作体而得以消减。同样，这种合作关系也可以消除运作不确定性对库存的影响。当企业之间的合作关系得以改善时，企业的内部生产管理也会大大得以改善。因为企业之间的衔接不确定性因素减少时，企业的生产控制系统就能摆脱这种不确定性因素的影响，使生产系统的控制达到适时、准确。也只有在供应链的条件下，企业才能获得对生产系统有效控制的有利条件，消除生产过程中不必要的库存现象。

在传统的企业生产决策过程中，因为供应商或分销商的信息是生产决策的外在变量，所以，决策时无法预见到外在需求或供应的变化信息，或者是延迟的信息。同时，库存管理的策略也是考虑独立的库存点而不是采用共享的信息，从而库存成了维系生产正常运行的必要条件。当生产系统形成网络时，不确定性就像瘟疫一样在生产网络中传播，几乎所有的生产者都希望拥有库存来应付生产系统内外的不测变化，因为无法预测不确定性的大小和影响程度，人们只好按照保守的方法设立库存来对付不确定性。在不确定性较大的情形下，为了维护一定的用户服务水平，企业也常常维持一定的库存，以提高服务水平。在不确定性存在的情况下，高服务水平必然带来高库存水平。

分析了不确定性对库存的影响后，可以得出这样的结论：为了减少企业的库存水平，需要增加企业之间的信息交流与共享，减少不确定性因素对库存的影响，增加库存决策信息的透明性和可靠性、实时性。所有这些，需要企业之间的协调。供应链管理模式下的库存管理就是要实现供应链企业的无缝连接，实现协调库存管理与零库存管理，消除供应链企业之间的高库存现象。

3. 供应链环境下库存控制目标

1）传统的库存控制缺陷。从上面的分析可以看出，在传统的库存管理模式中，高的客户满意度和低的库存成本是一对冲突的目标，库存管理部门和其他部门的目标也存在冲突。例如，库存管理部门力求保持最低的库存水平以减少资金的占用，节约成本；销售部门却愿意保持较高的库存水平和尽可能备齐各种商品来避免发生缺货现象，以提高客户满意度；采购部门为了降低单位购买价格往往利用数量折扣的优惠，通过一次采购大量的物资来实现最低的单位购买价格，而这不可避免会增大库存水平；制造部门愿意对同一产品进行长时间的大量生产，这样可以降低单位产品的固定费用，然而这样往往会增加库存水平；运输部门倾向于大批量运输，利用规模经济来降低单位运输成本，也同样会增加每次运输过程中的库存水平。

与此同时，各节点企业的库存管理是各自为政的，物流渠道中的每一个部门都各自管理着自己的库存。零售商有自己的库存，批发商有自己的库存，供应商也有自己的库存。另外，供应链上各节点企业都有自己的库存控制策略，它们的库存控制策略不同而且相互封闭。传统企业中库存管理是静态的、单级的，库存控制决策没有与供应商联系起来，无法利用供应链上的资源。制造商得到的仅仅是顾客的订货，并不知道顾客的需求预测、存量和库存策略，供应商与制造商之间也是一样的。这是一种缺乏信息共享，缺乏合作与协调的供应链管理方式，因此不可避免地产生需求扭曲现象。企业为规避无法预测的市场风险，都会保留大量的库存来应付需求的波动。由于库存过剩经常应用资金的占用成本来衡量，几乎不考虑超过最优解部分的管理成本。在预定的库存能力未饱和之前，再增加库存所增加的管理边际成本几乎为零。由于某一环节的缺货可能会导致后继生产过程被迫停工，引发一系列连锁反应，因而管理者为逃避风险，就会付出一定的可预计损失换得对缺货不确定性的"保险"。研究表明，进行产品的库存决策，越是处于产业链前端，越具有"保险"动机。

供应链上存在的不确定性，增加了供应链体系中的整体库存，也给供应链节点企业带来了不必要的成本负担。因此，为了避免需求与供给不确定性造成的"牛鞭效应"，应该改进传统的库存策略，通过信息共享、契约机制和业务集成等策略改善供应链模式下的库存水平，增强供应链体系的竞争力。

2）供应链管理环境下的库存控制目标和控制模式。在传统的库存控制模式下，需求信息沿供应链逆向逐级向上传递。在这种情况下，供应链的各级节点企业之间往往因缺乏协调与合作无法实现信息的共享，各企业都独立地采用订货点技术进行库存决策，不可避免地会产生需求信息的扭曲现象，并因此导致供应链整体运作效率的低下。在供应链管理环境下，供应链上、下游节点之间通过联盟与合作，建立一体化的信息系统，实现供求信息在供应链成员企业之间的实时共享，减少与克服需求信息在传递过程中的失真现象，使供应链成员在整体运作效果最优的思想指导下进行企业协作，统一决策，协调运作，因而可以大大降低供应链的库存水平、改善库存控制状况。

供应链管理强调企业间的协作与系统优化，以克服传统库存控制模式的缺陷，取得供应链运作效果的整体最优，达到最好的库存控制目标：最低的安全库存；最高的客户满意度；最佳的订货点；最优的库存状况；最少的库存成本；最好的经济效益等。

要达到上述供应链管理环境下的库存控制目标，就必须通过企业合作实现供应链上、下游企业的物流活动的统一。从供应链角度，这必然要求合作和达到整条供应链的一系列物流活动的有序安排。基于这种思想，就产生了产、销一体化的库存控制新模式。其一体化的库存控制模式如图 5-1 所示。

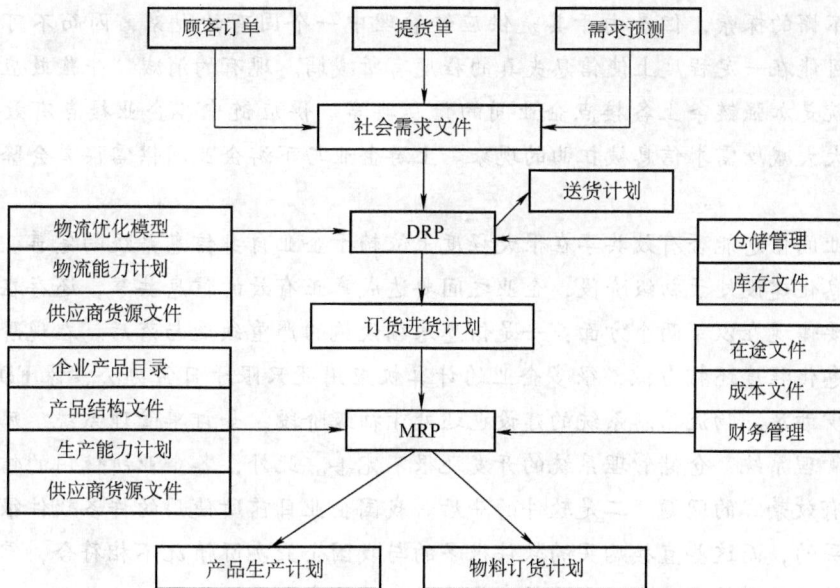

图 5-1　供应链管理下的一体化库存控制模式

这种库存控制模式，实际上是一种建立在企业协作与统一决策基础上的产、销大联合。在传统的方式下，流通领域以 DRP 为核心独立运作，生产领域则围绕 MRP 开展工作，产、销基本上是相互独立、彼此分离的两个环节。一体化的库存控制模式将原来独立运作的两个系统统一起来了。一方面，企业在做库存控制决策的时候，将不再仅仅依靠其相邻企业传递的信息，它同时还可以从供应链中的其他企业那里获取共享信息，这也就意味着供应链中的任何一个企业，都可以快速、准确地掌握最终用户的需求信息。信息共享的实现，有效地提高了供应链的透明度，需求预测的准确性得到了革命性的提高。另一方面，通过供应链成员企业之间的协作，实现了统一决策、统一运作，使供应链的库存管理活动趋于一致化、整体化，从而克服了各自为政情况下的次优化问题。一体化的库存控制模式可以从根本上消除"牛鞭效应"带来的负面影响，因而可以大大降低供应链的库存水平、改善库存控制状况，达到最优的库存控制目标。

信息失真与牛鞭效应（阅读资料一）

1989 年美国麻省理工学院斯特曼教授在库存管理研究中通过著名的"啤酒实验"提出了"牛鞭效应"，即当处于供应链下游节点的企业或消费者的需求发生微小变动时，在信息的传递中处于供应链上游节点的企业做出的生产决策会产生与实际相差很大的波动。国外许多跨国大公司如宝洁、惠普、康柏等均在各自的生产经营中也不同程度地发现了类似的结论。牛鞭效应产生的原因是需求信息在沿着供应链向上传递的过程中被不断的曲解。企业的产品配送成为被零售商所夸大的订单的牺牲品，反过来它又进一步夸大了对供应商的订单。造成这种现象的原因有以下几方面：需求预测发生变动；批量订购；价格波动；限量供给与短缺博弈。

目前，有许多学者从不同角度对解决供应链管理过程中的信息失真即"牛鞭效应"问题进行了不懈的探索，但是由于其是供应链管理中一个固有的现象，因而不可能有效根除，而只可能在一定程度上使信息失真的程度有所减弱。现有的消减"牛鞭效应"的一个有效途径就是加强链条上各接点企业间的信息共享。供应链中各企业接点有效的信息共享，将会大大减少需求信息被扭曲的现象。上游企业与下游企业间供需误差会降低至最小程度。

而企业间信息能否有效共享在很大程度上依赖于企业自身信息系统的完善。由于目前我国的信息化建设处于初级阶段，企业之间要达成真正有效的信息共享，还存在许多的障碍。这主要体现在以下两个方面：一是信息基础设施的严重缺乏与落后。在现阶段，我国企业的信息化程度还相当低，很多企业的计算机应用还只限于日常办公，像 EDI、GIS 等技术还很少涉足。物流信息系统的建设也还处于初级阶段，如订单管理系统、库存管理系统、运输管理系统、仓储管理系统的开发还很不完善。此外，各企业所使用的信息系统还存在不能有效兼容的问题。二是软件的滞后。我国企业目前所使用的许多软件很多是从国外直接购买的，而这些直接购买的软件很多的与我国企业实际情况不相符合，需要进一步的改进。软件的滞后成为我国企业信息化建设中的一个瓶颈。

综上所述，我们可以看出由供应链中"牛鞭效应"所引起的信息共享问题成为制约我国企业供应链构筑的障碍因素之一。

供应链上的牛鞭效应（阅读资料二）

"牛鞭效应"是供应链上的一种需求变异放大（方差放大）现象，是信息流从最终客户端向原始供应商端传递时，无法有效地实现信息的共享，使得信息扭曲而逐级放大，导致了需求信息出现越来越大的波动。这种信息扭曲的放大作用在图形显示上很像一根甩起的赶牛鞭，因此被形象地称为牛鞭效应。最下游的客户端相当于鞭子的根部，而最上游的供应商端相当于鞭子的梢部，在根部的一端只要有一个轻微的抖动，传递到末梢端就会出现很大的波动。在供应链上，这种效应越往上游，变化就越大，距终端客户越远，影响就越大。如果这种信息扭曲和企业制造过程中的不确定因素叠加在一起，将会导致巨大经济损失。

1. 牛鞭效应产生的主要原因

在供应链上，常会遇到尽管某种产品的末端市场需求变动不大，但上游的需求波动却很大的情况。例如，宝洁公司在研究"尿不湿"的市场需求时发现，该产品的零售数量相当稳定，波动性并不大。但在考察分销中心的订货情况时，却发现其订单的变动程度比零售数量的波动要大得多，而分销中心是根据销售商订货需求量的汇总进行订货的。通过进一步研究发现，零售商为了能够应付客户需求增加的变化，往往在历史和现实销售情况的预测订货量上，作一定放大后再向批发商订货，而批发商也出于同样的考虑，进行加量订货。这样，虽然客户需求波动不大，但层层加量订货就将实际需求逐级放大了。例如，某零售商销售某产品的历史最高月纪录为 100 件，为应付即将到来重大节日的销售不断货，他会在此基础上增加 X 件，订货量为 $(1 + X\%) \times 100$ 件；他的上一级批发商同样也会在其订货基础上增加 Y 件，因此，向生产商订货的数量就变成了 $(1 + X\% + Y\%) \times 100$ 件；生产商为了保证供货，必须要按大于该订货的数量进行生产，这样一层层地增加，就导致"牛鞭效应"。

产生牛鞭效应的原因主要来自 8 个方面：

1）需求预测修正。供应链上成员采用不同的预测模型作各自的预测，所采用的数据仅限于下游客户的直接订单，对未来的掌握度低，因而常在预测值上加上一个修正增量作为订货数量，产生了需求的虚增。

2）价格波动。零售商和分销商面对价格波动剧烈、促销与打折活动、供不应求、通货膨胀、自然灾害等情况，往往会采取加大库存量的做法，使订货量远远大于实际的需求量。

3）订货批量。企业订货常采用最大库存策略，在一个周期或者汇总到一定数量后再向供应商整批订货，这使其上游供应商看到的是一个不真实的需求量。

4）环境变异。这是由于政策和社会等环境的变化所产生的不确定性，造成了订货需求放大。一般应付它最主要的手段是持有高库存，且不确定性因素越大，库存就越高，但这种高库存所代表的并不是真实的需求。

5）短缺博弈。当市场上某些产品的需求增大时，使零售商和分销会怀疑这些商品将出现短缺情况，这引发他们扩大订货量。但当需求降温或短缺结束后，大的订货量又突然消失，造成了需求预测和判断的失误，导致了牛鞭效应。

6）库存失衡。传统的营销一般是由供应商将商品送交销售商，其库存责任仍然归供应商，待销售完成后再进行结算，但商品却由分销商掌握和调度。这就导致了销售商普遍倾向于加大订货量掌握库存控制权，因而加剧了订货需求加大，导致了牛鞭效应。

7）缺少协作。由于缺少信息交流和共享，企业无法掌握下游的真正需求和上游的供货能力，只好自行多储货物。同时，供应链上无法实现存货互通有无和转运调拨，只能各自持有高额库存，这也会导致牛鞭效应。

8）提前期。需求的变动随提前期的增长而增大，且提前期越长，需求变动引起的订货量就越大，企业由于对交货的准确时间心中无数，往往希望对交货日期留有一定的余地，因而持有较长的提前期，因此逐级的提前期拉长也造成了牛鞭效应。

2. 牛鞭效应的消除

由于牛鞭效应是从下游客户端逐级向上游转嫁风险的结果，因而它会危害整个供应链的运作，导致总库存增加、生产无序和失衡，业务流程阻塞，资源浪费、市场混乱和风险增大。为此，必须运用先进的管理技术和信息技术对它加以妥善解决，消除需求信息的扭曲和失真现象。

有效消除牛鞭效应的方法主要有以下 8 种：

1）提高预测的精确度。这需要考虑历史资料、定价、季节、促销和销售额等因素，有些数据掌握在零售商和分销商手中，必须与它们保持良好的沟通，及时获得这些数据，采取上下游间分享预测数据并使用相似的预测方法进行协作预测，来提高预测的准确性。

2）实现信息共享。这是减小牛鞭效应最有效的措施之一。供应链成员间通 Internet/EDI 来实现实时交流和共享信息，减少和消除信息的不对称性，准确把握下游的实际需求。

3）业务集成。供应链成员间实现业务紧密集成，形成顺畅的业务流，这既能减少下游的需求变动，又能掌握上游的供货能力、安心享受供给保障，不再虚增需求。

4）订货分级管理。根据"二八定律"划分分销商，对他们进行分别对待，实行订货分级管理，通过管住关键销售商和重要销售商来减少变异概率。

5）合理分担库存。供应商、分销商和零售商采用联合库存的方式合理地分担库存，一旦某处出现库存短缺，可立即从其他地点调拨转运来保证供货。这既防止了需求变异的放大，又体现了共担风险，降低了整体库存，有效地抑制了牛鞭效应。

6）缩短提前期。一般来说，订货提前期越短，订货量越准确。根据沃尔玛的调查，如果提前26周进货，需求预测误差为40%；提前16周进货，需求预测的误差为20%；而在销售时节开始时进货，则需求预测的误差为10%。因此，缩短提前期能够显著地减小牛鞭效应。

7）采用业务外包。外包服务也可以抑制牛鞭效应，例如，采用第三方物流策略可以缩短提前期和实现小批量订货，无须再向一个供应商一次性大批订货，又减少了运输风险。

8）建立伙伴关系。通过实施供应链战略伙伴关系可以消除牛鞭效应。供需双方在战略联盟中相互信任，公开业务数据，共享信息和业务集成。这样，相互都了解对方的供需情况和能力，避免了短缺情况下的博弈行为，从而降低了产生牛鞭效应的机会。

3. 信息技术是否能够消除"牛鞭效应"

总体来说，信息技术是可用来消除牛鞭效应的，如在企业内部采用 ERP 和 APS 系统，在企业间采用供应链管理 SCM 系统，运用 Internet/EDI 技术，开展电子商务，对各信息系统进行集成，实现企业间的业务数据集成和信息共享，应用供应链协同技术使供应链上下游企业间业务流程整合，共同协作开展业务，都能有效地消除牛鞭效应。例如：

1）采用 SCM 系统中的联合预测、协同计划、预测与补货 CPFR、供应商管理库存 VMI 和 JIT Ⅱ等技术，就能实时地获得下游的真实需求信息，及时准确地进行订货，消除预测不准和批量订货等造成的牛鞭效应。

2）采用 Internet/EDI、电子商务和企业应用集成 EAI 等技术，能实现业务信息的及时传递与共享、上下游间业务过程的整合与紧密衔接，能有效消除由价格补货、环境变异和短缺博弈等造成的牛鞭效应。

3）运用供应链协同、分销商一体化 DI 和 VIM 等技术，能够减少库存失衡和企业间实现库存共享与转运调拨，使它们无须再各自持有高额库存。

4）运用 APS 管理系统、第三方物流 3PL 和第四方物流 4PL 技术，通过计划的优化与准确性或业务外包来缩短采购的提前期，消除牛鞭效应，等等。由此可见，信息技术对消除牛鞭效应起到了不可替代的作用。

然而，任何先进的系统都是按照人的指令去运行的，任何先进的技术也是为人服务的，如果没有正确的方针策略，只有先进的技术和系统，也无法真正消除牛鞭效应。因此，消除牛鞭效应最重要的因素是上下游企业间建立紧密的伙伴关系，只有在供需双方相互信任，利益共享和风险共担的基础上，才能公开各自的业务数据，共享信息和业务过程，也只有在企业达成这种伙伴关系的前提下，利用先进的信息技术和信息管理系统，才能有效地消除各种因素的影响，真正地消除牛鞭效应。

这里，我们再给出一个利用信息管理技术来消除牛鞭效应的实例。雀巢公司与家乐福公司在确立了亲密合作伙伴关系的基础上，采用各种信息技术，由雀巢为家乐福管理它所生产产品的库存（供应商管理库存）。雀巢为此专门引进了一套 VMI 信息管理系统，家乐福也及时为雀巢提供其产品销售的 POS 数据和库存情况，通过集成双方的管理信息系统，经由 Internet/EDI 交换信息，就能及时掌握客户的真实需求。为此，家乐福的订货业务情况为：每天 9:30 以前，家乐福把货物售出与现有库存的信息用电子形式传送给雀巢公司；在 9:30 ~ 10:30，雀巢公司将收到的数据合并至供应链管理 SCM 系统中，并产生预估的订货需求，系统将此需求量传输到后端的 APS/ERP 系统中，依实际库存量计算出可行的订货量，产生建议订单；在 10:30，雀巢公司再将该建议订单用电子形式传送给家乐福；然后在 10:30 ~ 11:00，家乐福公司确认订单并对数量与产品项目进行必要的修改之后回传至雀巢公司；最后在 11:00 ~ 11:30，雀巢公司依照确认后的订单进行拣货与出货，并按照订单规定的时间交货。这样，由于及时地共享了信息，上游供应商对下游客户的需求了如指掌，无须再放大订货量，有效地消除了牛鞭效应。

知识检验

一、选择题

1. 供应链节点企业之间合作不稳固的主要原因有（   ）。

    A. 缺乏诚信　　　　　B. 缺乏有效的监督机制　　C. 缺乏资金　　　　　D. 缺乏激励机制

2. 供应链管理强调企业间的协作与系统优化，以取得供应链运作效果的整体最优，能够实现以下目标：（   ）。

    A. 最低的安全库存　　B. 最高的客户满意度　　C. 最佳的订货点

    D. 最优的库存状况　　E. 零库存状况　　　　　F. 最少的库存成本

3. 在供应链运行中，对供应链库存有很大影响的两种不确定性是指（   ）。

    A. 衔接不确定性　　　B. 运作不确定性　　　　C. 配送不确定性

4. 多周期需求的特点是（   ）。

    A. 在长时间内需求反复发生　　　　　　　B. 库存需要不断补充

    C. 生活中这种需求现象多见　　　　　　　D. 需要经常订货

5. 供应链管理模式下的库存控制问题主要有（   ）。

    A. 信息类问题　　　　B. 供应链运营问题　　　C. 供应链的战略与规划问题

二、判断题

1. 企业的库存策略直接影响成本，并间接影响收入。（   ）

2. 当企业的存货下降时，企业利润就能得到有效地提高。（   ）

3. 单周期需求是偶发性的，物品生命周期较短，因而容易重复订货。（　　）

4. 库存是指储存作为今后按预定的目的使用而处于闲置或非生产状态的物品。（　　）

5. 周期性检查的库存策略，即（t, S）策略适用于一些使用量很大的物资。（　　）

三、简答题

1. 库存管理对企业和社会经济具有哪些作用？

2. 当前库存控制有哪些问题？产生的根源是什么？

3. 供应链库存控制的方法有哪些？

4. 你认为供应链库存管理目前存在的问题是什么？如何解决？

课题二　供应链库存管理策略与方法

一、VMI 系统

1. VMI（供应商管理库存）的定义

供应商管理库存（Vendor Managed Inventory，VMI）系统，有时也称为"供应商补充库存系统"，是指按照双方达成的协议，由供应链的上游企业根据下游企业的物料需求计划、销售信息和库存量，主动对下游企业的库存进行管理和控制的库存管理方式。

在采用 VMI 的情况下，供应商在与零售商达成自动补货协议（如库存水平、运输成本等）的基础上，为零售商管理其商品的订单、送货和库存等工作，取代零售商烦琐的日常补货工作，并取得良好的效果。由于供应商更了解自己商品的情况、供应能力、促销计划、新品计划，这就增强了供应链体系的竞争力。

VMI 的另一种定义，是以供应商和客户等供应链上的合作伙伴获得最低成本为目的，在一个共同的协议下由供应商管理库存，并不断监督协议执行情况，修正协议的内容，使库存管理得到持续改进的合作性策略。从本质上看，VMI 模式的管理理念源于产品的市场全过程管理思想，即只要有一个产品没有被最终消费者购买并得到满意的消费，那么这个产品就不能算是已销售，并构成供应商的一种潜在风险，供应商同样负有监控该产品的流通状况的责任，而不管该产品的产权归属是怎样的。

有的学者认为 VMI 是在集成的供应链环境下，一种以信息系统为支持，在供应链核心企业与相关合作伙伴之间的协议商定的框架下，由作为供应方的企业管理库存，决定库存水平，从而达到提高顾客服务水平和库存周转期、改善整个供应链的库存状况、降低系统总成本目的的库存管理方法。

将以上定义归纳起来，VMI 系统的主要特点有如下 4 个方面：

1）合作精神（合作性原则）。在实施该策略时，相互信任与沟通信息是很重要的，供应商和用户（零售商）都要有较好的合作精神，才能够相互保持较好的合作。

2）使双方成本最小（互惠原则）。VMI 不是关于成本如何分配或谁来支付的问题，而是关于减少成本的问题。通过该策略使双方的成本都得到降低，从而共同获得利益。

3）框架协议（目标一致性原则）。双方都明白各自的责任，理念上形成一致的目标。

如库存地点、空间，支付的时间，管理费的确定等各种问题都应得到确认，并且体现在协议中。

4）连续改进原则。使供需双方能共享利益和消除浪费。

2. VMI 的基本理念

在传统库存实际管理中，库存是由库存拥有者管理的。因为市场情况的变化无法确切知道用户需求与供应的相应匹配状态，所以需要库存。库存设置与管理是由同一组织完成的，而这并不说明这种库存管理模式是最优的。例如，一个供应商用库存来应付不可预测的或某

> **知识卡**
>
> **VMI 理念**
> VMI 的主要理念是供应商在用户的允许下设立库存，确定库存水平和补给策略，拥有库存控制权。

一用户不稳定的（这里的用户不是指最终用户，而是分销商或批发商）需求，用户也设立库存来应付不稳定的内部需求或供应链的不确定性。供应链中每一个组织都会独立地寻求保护其各自在供应链的利益不受意外干扰，而这样做的结果影响了供应链的优化运行。供应链的各个不同组织根据各自的需要独立运作，导致重复建立库存，因而无法达到供应链全局的最低成本，整个供应链系统的库存会随着供应链长度的增加而发生需求扭曲。VMI库存管理系统就是要突破传统的条块分割的库存管理模式，以系统的、集成的管理思想进行库存管理，使供应链系统能够获得同步化的运作。

精心设计与开发的 VMI 系统，不仅可以降低供应链的库存水平，降低成本。而且用户还可获得高水平的服务，改善资金流，与供应商共享需求变化的透明性和获得高的用户信任度。

3. VMI 的主要方式

在建立了双方共同确定的订单处理标准模式（如 EDI 标准报文）的基础上，供应商与用户的库存信息必须达到互相沟通，这样就可以采取相应的 VMI 方式：

1）供应商提供包括所有产品的软件进行存货决策，用户使用软件执行存货决策，用户拥有存货所有权，管理存货。在这种方式下，供应商对库存的管理和控制力有限，所以供应商受到用户的制约比较多一些，实质上不是完全意义上的供应商管理库存。

2）供应商在用户的所在地，代表用户执行存货决策，管理存货，但是存货的所有权归用户。信息技术不是很发达的时候，由供应商在用户所在地直接管理存货，同时供应商也可以了解到充分的存货信息，但是由于存货的所有权不属于供应商，所以供应商在进行存货决策时的"话语权"有限。

3）供应商在用户的所在地，代表用户执行存货决策管理存货，拥有存货所有权。这样的方式下，供应商几乎承担了所有责任，他们的活动也很少受到用户的监督或干涉，是一种完整意义上的供应商管理库存方式。供应商可以十分清楚地了解到自己产品的销售情况，供应商也可以直接参与销售。

4）供应商不在用户的所在地，但是定期派人代表用户执行存货决策，管理存货，供应商拥有存货的所有权。供应商在拥有存货所有权的状况下，采取在用户地或是在分销中心保存库存，以求根据需要及时快速地补充，库存的水平由供应商决定。

4. VMI 的实施步骤

在确定了处理订单标准模式后，库存状态透明性（对供应商）是实施供应商管理用户库存的关键。供应商能够随时跟踪和检查到销售商的库存状态，从而快速地响应市场的需求变化，对企业的生产（供应）状态做出相应的调整。为此需要建立一种能够使供应商和用户（分销、批发商）的库存信息系统透明连接的方法。

供应商管理库存的策略可以分如下几个步骤实施。

1) 建立顾客情报信息系统。要有效地管理销售库存，供应商必须能够获得顾客的有关信息。通过建立顾客的信息库，供应商就能掌握需求变化的有关情况，并把由顾客（如批发商、分销商）进行的需求预测与分析功能集成到供应商的系统中来。

2) 建立销售网络管理系统。供应商要很好地管理库存，必须建立起完善的销售网络管理系统，保证自己的产品需求信息和物流畅通。应当做到：保证自己产品条形码的可读性和唯一性；解决产品分类、编码的标准化问题；解决商品存储运输过程中的识别问题。

3) 建立供应商与分销商（批发商）的合作框架协议。供应商和销售商（批发商）一起通过协商，确定处理订单的业务流程以及库存控制的有关参数（再订货点、最低库存水平等），库存信息的传递方式（如 EDI 或 Internet），建立订单处理的标准模式（如 EDI 标准报文），将订货、交货以及票据处理等业务功能集成在供应商一边。

4) 组织机构的变革。因为 VMI 策略改变了供应商的组织模式，过去一般由会计经理处理与用户有关的事情，引入 VMI 策略后，在订货部门产生了一个新的职能，负责用户库存的控制、库存补给和服务水平。因此，必须建立相应的组织机构。

一般来说，具有下面的情况应可以实施 VMI 策略：零售商或批发商没有 IT 系统或基础设施来有效管理它们的库存；供应商实力雄厚并且比零售商获得较大的市场信息量；供应商有较高的直接存储交货水平，因而能够有效地规划运输。

5. 实施 VMI 的优点及注意问题

VMI 是建立在零售商——供应商伙伴关系基础上的供应链库存管理方法，它突破了传统的"库存是由库存拥有者管理"的模式，不仅可以降低供应链的库存水平，降低成本，还能为用户提供更高水平的服务，加速资金和物资周转，使供需双方能共享利益，实现双赢。VMI 的特点是：一方面信息共享，零售商帮助供应商更有效地做出计划，供应商从零售商处获得销售点数据并使用该数据来协调其生产、库存活动及零售商的实际销售活动；另一方面供应商完全管理和拥有库存，直到零售商将其售出为止，但是零售商对库存有看管义务，并对库存物品的损伤或损坏负责。实施 VMI 有很多优点。首先，供应商拥有库存，对于零售商来说，可以省去多余的订货部门，使人工任务自动化，可以从过程中去除不必要的控制步骤，使库存成本更低，服务水平更高；其次，供应商拥有库存，供应商会对库存考虑更多，并尽可能进行更为有效的管理，通过协调对多个零售商的生产与配送，进一步降低总成本；第三，供应商能按照销售时点的数据，对需求做出预测，能更准确地确定客货批量，减少预测的不确定性，从而减少安全库存量，使存储与供货成本更小。同时，供应商能更快响应用户需求，提高服务水平，使得用户的库存水平也降低。

在实际操作过程中，实施 VMI 应注意以下几个问题：

（1）信任问题 这种合作需要一定的信任，否则就会失败。零售商要信任供应商，不要干预供应商对发货的监控，供应商也要多做工作，使零售商相信他们不仅能管好自己的库存，也能管好零售商的库存。只有相互信任，通过交流和合作才能解决存在的问题。

（2）技术问题 只有采用先进的信息技术，才能保证数据传递的及时性和准确性，而这些技术往往价格昂贵。应当利用 EDI 技术将销售点信息和配送信息分别传输给供应商和零售商，利用条码技术和扫描技术来确保数据的准确性，并且库存与产品的控制和计划系统都必须是在线的和准确的。

（3）存货所有权问题 在以前传统的管理中，零售商收到货物时，所有权也同时转移了；实施 VMI 条件下，现在变为寄售关系，供应商拥有库存直到货物被售出。同时，由于供应商管理责任增大，成本增加了，双方要对条款进行洽谈，使零售商与供应商共享系统整体库存下降。

（4）资金支付问题 过去，零售商通常在收到货物 1 ~ 3 个月以后才支付货款，现在可能不得不在货物售出后就要支付货款，付款期限缩短了，零售商要适应这种变化。

二、联合库存管理

1. 联合库存的基本理念

联合库存是供应链成员企业共同制订库存计划，并实施库存控制的供应链库存管理方式，是建立在经销商一体化基础之上的一种风险分担的库存管理模式。它与 VMI 不同，它强调双方同时参与，共同制订库存控制计划，使供需双方能相互协调，使库存管理成为供需双方连接的桥梁和纽带。

传统的经销方法是，每个经销商根据市场需求预测直接向制造商订货。由于存在提前期，需要经过一段时间产品才能送到经销商手中，而顾客不愿意等这么久，因此，各个经销商不得不以库存来应付。同时，制造商为了缩短提前期也不得不保存库存来尽快满足客户要求。无论是经销商还是制造商，对于一个突然到来的订单只有通过增加库存和人员来满足客户需求。但是，由于有些产品的配件价格昂贵，费用较大，库存过多，会使经销商负担不起。例如：假设有一个 4S 店每年销售平均价值 10 万元的轿车 1 000 辆，每年总价值 1 亿元，则库存费用据估计为车价值的 22% 即 2 200 万元。这将大大地沉淀资金，降低效率。同时，对制造商也是不经济的。所以，不能通过增加库存的方法来满足每一个客户的需求，必须寻找一种新的解决办法。现在借助现代信息系统技术，通过建立经销商一体化的战略联盟，把各个经销商的库存联合在一起，实现联合库存管理就可以很好地解决这一问题。

联合库存管理是由制造商安装一个基于计算机的信息系统，把各个经销商的库存通过该系统连接起来，每个经销商可以通过该系统查看其他经销商的库存，寻找配件并进行交换。同时，经销商们在制造商的协调下达成协议，承诺在一定条件下交换配件并支付一定报酬。这样，就可以使每个经销商的库存降低，服务水平提高。实行联合库存管理有很多优点。对于经销商来说，可以建立覆盖整个经销网络的库存池，一体化的物流系统不仅能使经销商的库存更低，使整个供应链的库存更低，而且还能快速响应用户需求，更有效快速地运输配件，减少了因缺货而使经销商失去销售机会的情况，提高了服务水平；对于制造商来说，经销商比制造商更接近客户，能更好地对客户要求做出更快的响应，并为购买产品安排融资和提供良好的售后服务，使制造商能集中精力，搞好生产，提高产品质量。

2. 联合库存管理的实施工作

实施联合库存管理必须做好下列工作：

1）协商一致，确定共同的合作目标。要建立联合库存管理模式，首先必须保证供需双方目标一致。为此，合作的双方必须认清市场目标的一致点与冲突点，通过交流与协商，本着求同存异、互惠互利的原则形成共同的目标。

2）确定协调控制的基本内容。联合库存管理中心担负连接供需、协调双方利益的作用，是供应链中的协调中心。它的高效运作取决于双方的明确分工与相互配合。因此，事先必须确定库存控制的基本内容，包括库存如何在多个需求商之间调节与分配、库存的最大量与最低库存水平、安全库存、需求的预测、订货点与订货量的确定等。

3）建立信息共享与沟通的体系。通过供需成员企业间信息共享，可以扩大供应链的透明度、降低供应链运作中的不确定性，从而降低供应链的整体库存水平，提高物流运作效率。为此，必须将条形码技术、扫描技术、POS 系统和 EDI 集成起来，并且充分利用 Internet 的优势，建立先进科学的物流信息系统。此外，还要在供应方与需求方之间建立联合工作小组，双方的相关人员要经常进行有关成本、作业计划、管理与控制信息的交流与沟通，共同参与、协商解决库存控制过程中遇到的各种问题。

4）建立合理的利益分配机制与有效的激励机制。成功实施联合库存管理，必须建立一种公平的利益分配制度，将通过联合库存管理实现的利益在供需成员企业之间合理地进行分配。除此之外，还要建立有效的激励机制，对参与协调库存中心管理的各个企业（供应商、制造商、分销商或批发商、零售商等）进行有效的激励，防止出现"逆向选择"、"败德行为"等机会主义行为，增强供应链运作的一致性与协调性。

联合库存管理系统把供应链系统管理进一步集成为——上游和下游两个协调管理中心，从而部分消除了由于供应链不同节点之间的不确定性和需求信息扭曲现象导致的库存波动。通过协调中心，供需双方共享需求信息、共同制订库存决策，可以提高供应链的库存控制效率，降低库存水平。

三、协同式供应链库存管理

实践证明，VMI 确实是一种比较先进的库存管理方法，但它同时也存在不少缺陷。VMI 是单向过程，决策过程中缺乏协商，难免造成失误；决策数据不准确，决策失误较多；财务计划在销售和生产预测之前完成，风险较大；供应链没有实现真正的集成，使得库存水平较高；促销和库存补给项目没有协调起来，订单执行速度慢；当发现供应出现问题（如产品短缺）时，留给供应商解决问题的时间非常有限。随着时代的发展，在克服 VMI 缺点的基础上，推动了新的供应链管理库存模式的发展，产生了协同式供应链库存管理技术。

1. CPFR 的概念及特点

20世纪90年代末出现了一种新的供应链库存管理技术——协同计划、预测和补给（Collaborative Planning，Forecasting and Replenishment，CPFR）。

资料库

CPFR 的定义

是应用一系列的信息处理技术和模型技术，提供覆盖整个供应链的合作过程，通过共同管理业务过程和共享信息来改善零售商和供应商之间的计划协调性，提高预测精度，最终达到提高供应链效率、减少库存和提高客户满意程度为目的的供应链库存管理策略。

1）CPFR 的定义。CPFR 的最大优势是能及时准确地预测由各项促销措施及异常变化带来的销售高峰和波动，从而使销售商和供应商都能做好充分的准备，赢得主动。CPFR 采取了双赢的原则，始终从全局的观点出发，制订统一的管理目标以及实施方案，以库存管理为核心，兼顾供应链上其他方面的管理。因此，CPFR 能在合作伙伴之间实现更加深入广泛的合作。

2）CPFR 的特点。CPFR 应用一系列处理和技术模型，提供覆盖整个供应链的合作过程，通过共同管理业务过程和共享信息，来改善零售商和供应商的伙伴关系，提高预测的准确度，最终达到提高供应链效率、降低库存和提高客户满意度的目的。它具有以下三个特点：

① 面向客户需求的合作组织。在 CPFR 结构中，合作伙伴构成的组织架构及其运行规则，主要依据客户的需求和整个价值链的增值能力。由于供应链节点企业的经营过程、竞争能力和信息来源等都存在差异，无法完全达成一致，在 CPFR 中就设计了许多运营方案供合作企业选择。一个企业可选择多个方案，各方案都确定了核心企业来承担产品的主要生产任务。

② 根据销售预测报告的生产计划。销售商和制造商对市场有着不同的认识。销售商直接和最终消费者见面，它们可根据销售数据来推测消费者的需求，同时销售商也和若干制造商有联系，并可了解它们的市场销售计划。制造商和若干销售商联系，并了解它们的商业计划。根据这些不同，在没有泄露各自商业机密的前提下，销售商和制造商可交换它们的信息和数据，来改善它们的市场预测能力，使最终的预测报告更为准确、可信。供应链节点企业则根据这个预测报告来制订各自的生产计划，从而使供应链的管理得到集成。制造商和销售商集成系统模型如图5-2所示。

③ 供应过程中约束的消除。供应过程的约束主要源于企业的生产柔性不够。通常，销售商的订单所规定的交货日期比制造商生产这些产品的时间要短。在这种情况下，制造商不得不保持一定的产品库存，但是如果能延长订单周期，使之与制造商的生产周期相一致，那么生产商就可真正做到按订单生产及零库存管理。制造商就可以减少甚至去掉库存，大大提高企业的经济效益。另一个有望解决的限制是贯穿于产品制造、运输及分销等过程的企业间资源的优化调度问题。优化供应链库存和改善客户服务，最终为供应链伙伴带来丰厚的收益。

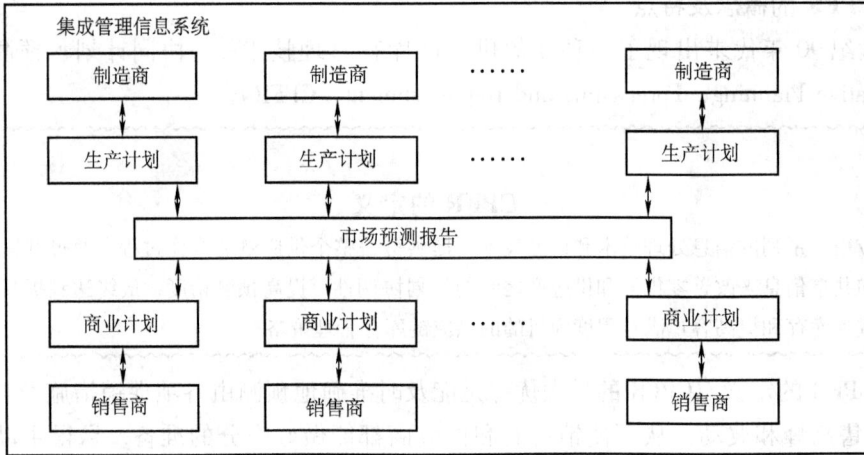

图 5-2 制造商和销售商集成系统模型

2. CPFR 的实施

CPFR 供应链管理策略，强化了信息资源的一致性和实时反馈机制，可以面向不同的供应链管理。CPFR 的组织结构分为 4 个功能层，如图 5-3 所示。

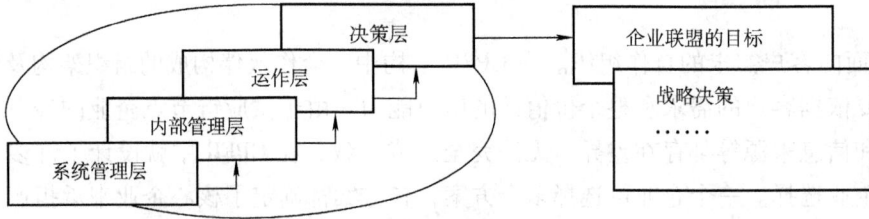

图 5-3 CPFR 的组织结构

1）决策层。主要负责管理合作企业领导层，包括企业联盟组织的目标和战略决策的制订、跨企业的业务流程的建立、企业联盟组织的信息交换和共同决策。

2）运作层。主要负责合作业务的运作，包括制订联合业务计划、建立单一共享需求预测、共担风险和平衡合作企业能力。

3）内部管理层。主要负责企业内部的运作和管理，包括商品或分类管理、库存管理、商店运营、物流、顾客服务、市场营销、制造、销售和分销等。

4）系统管理层。主要负责供应链运营的支撑系统和环境管理及维护 CPFR 的实施步骤。CPFR 可以划分成如图 5-4 所示的 9 个步骤来实现。

① 制订框架协议。框架协议的内容主要包括各方的期望值以及合作的共同目标，为保证成功所需的行动和资源，保密协议、资源使用的授权等，并明确规定各方的职责、绩效评价的方法，说明各方为获得收益而愿意加强合作以及为实现信息交换和风险共担而应当承担的义务等。

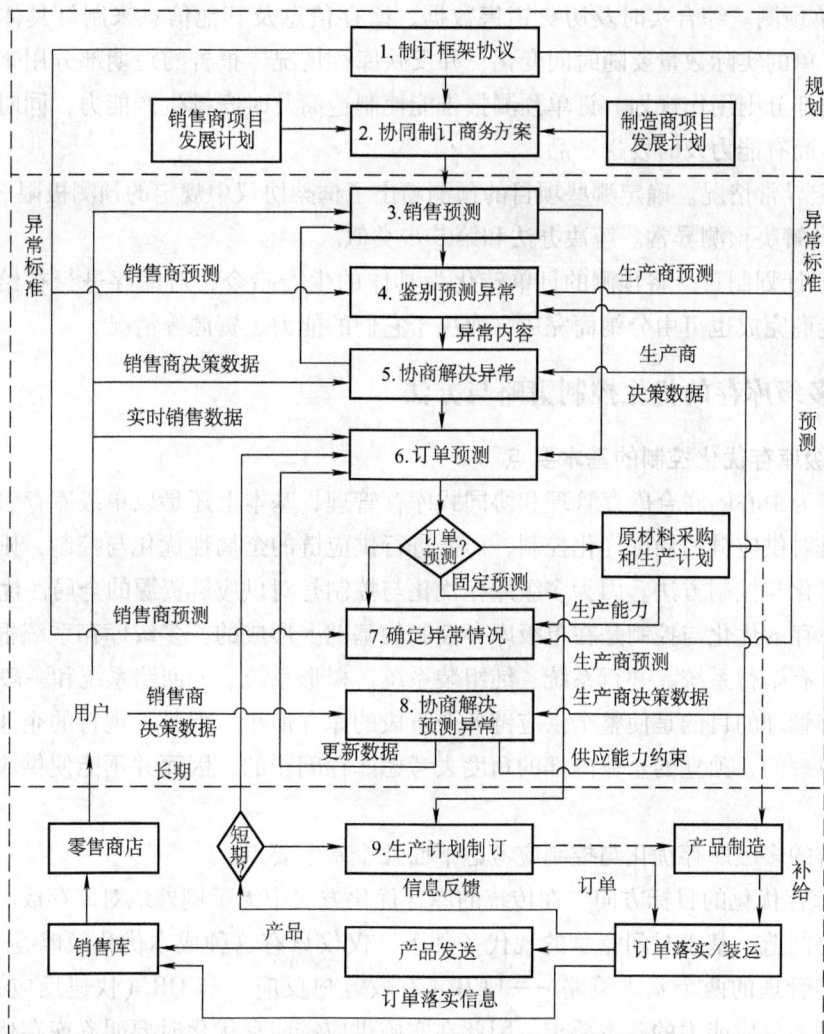

图 5-4 协同式供应链库存管理运营模型

② 协同制订商务方案。销售商和制造商根据各自企业的发展计划交换信息，共同制订商务发展方案。合作各方首先要建立战略伙伴关系，确定好部门责任、目标以及策略。管理方面则包括每份订单的最少产品数、交货提前期等。这个方案是今后工作的基础，利于供应链各部门各组织间的交流与合作。

③ 销售预测。销售商或制造商根据实时销售数据、预计的状况等信息来制订销售预测报告，然后将报告提供给另一方进行协商。双方也可各提出一份报告进行协商。

④ 鉴别预测异常。根据框架协议中规定的异常标准，对预测报告中的每一个项目进行审核，最后得到异常项目表。

⑤ 协商解决异常。通过查询共享信息、电子邮件、电话交谈记录、会议记录等来解决异常情况，并对预测报告做相应变更。这种解决办法不但使预测报告更加准确，减少了风险，而且还加强了合作伙伴间的交流。

⑥ 订单预测。综合实时及历史销售数据、库存信息及其他信息来制订具体的订单预测报告。订单的实际数量要随时间变化，并反映库存情况。报告的短期部分用来制订生产指令，长期部分则用作规划。订单预测报告能使制造商及时安排生产能力，同时也让销售商感到制造商有能力及时发送产品。

⑦ 确定异常情况。确定哪些项目的预测超出了框架协议中规定的预测极限。

⑧ 协商解决预测异常。解决办法和第⑤步类似。

⑨ 生产计划制订。将预测的订单转化为具体的生产指令，对库存进行补给。指令生成可由制造商完成也可由分销商完成，取决于它们的能力、资源等情况。

四、多级库存的优化控制策略与方法

1. 多级库存优化控制的基本要点

以协调为中心的联合库存管理和协同式库存管理，基本上还是以单级库存管理策略为基础的，是对供应链的局部优化控制，而要进行供应链的全局性优化与控制，则必须采用多级库存优化与控制方法。因为多级库存优化与控制是对供应链资源的全局性优化。

多级库存的优化与控制是在单级库存控制的基础上形成的。多级库存系统根据不同的配置方式，有串行系统、并行系统、纯组装系统、树形系统、元回路系统和一般系统。

供应链管理的目的是使整个供应链各个阶段的库存最小。但是，现行的企业库存管理模式是从单一的、独立的企业内部的角度去考虑库存问题的，因而并不能使供应链整体达到最优。

供应链的多级库存优化与控制应考虑下面几个基本要点。

（1）库存优化的目标方向　在传统的库存优化方法中无不例外地对库存成本优化，但在强调敏捷制造、基于时间竞争的现代条件下，仅仅只有这种成本优化策略是否适应呢？而且供应链管理的两个基本策略——ECR（有效客户反应）和 QR（快速反应），都集中体现了对顾客反应能力的基本要求。因此在实施供应链库存优化时要明确库存优化的目标是什么，是成本还是时间？成本是库存控制中必须考虑的重要因素，但是，在现代市场竞争的环境下，仅仅优化成本这样一个因素显然是不够的，应该把时间（库存周转时间）的优化也作为库存优化的主要目标来考虑。

（2）库存优化的边界范围　供应链库存管理的边界或范围，在库存优化中，一定要予以明确。供应链的结构有各种各样的形式，有全局的供应链，包括供应商、制造商、分销商和零售商及各个部门；有局部的供应链，上游供应链或下游供应链。在传统的所谓多级库存优化模型中，绝大多数的库存优化模型是下游供应链，即关于制造商（产品供应商）——分销中心（批发商）——零售商的三级库存优化。很少有关于零部件供应商——制造商之间的库存优化模型，在上游供应链中，主要考虑的问题是关于供应商的选择问题。

（3）多级库存优化的效率　从理论上说，如果所有的相关信息都是可以获取的，并把所有的管理策略都能考虑到目标函数中去，那么中心化的多级库存优化要比基于单级库存优化的策略（非中心化策略）好得多。但是，现实情况未必如此，当把组织与管理问题考虑进去时，管理控制的幅度常常是下放给各个供应链的部门独立进行，因此多级库存控制策略的好处也许会被组织与管理的问题所抵消。所以，简单的多级库存优化并不能真正产生优化的效果，还需要对供应链的组织与管理进行优化。否则，多级库存优化策略效率是低下的。

（4）采用库存控制的策略与方法　在单库存点的控制策略中，一般用的是周期性检查与连续性检查策略。在周期性检查库存策略中主要有（Q，s，R）、（S，R）、（s，S，R）等策略，连续库存控制策略主要有（s，Q）和（s，S）两种策略。这些库存控制策略对于多级库存控制仍然适用。但是，到目前为止，关于多级库存控制，都是基于无限能力假设的单一产品的多级库存，对于有限能力的多产品的库存控制是供应链多级库存控制的难点和有待解决的问题。

2. 多级库存的优化控制策略

我们分别从时间优化和成本优化两方面分别探讨多级库存的优化控制问题。

（1）基于成本优化的多级库存优化　基于成本优化的多级库存控制实际上就是确定库存控制的有关参数：库存检查期、订货点、订货量。

在传统的多级库存优化方法中，主要考虑的供应链模式是生产—分销模式。也就是供应链的下游部分。下面进一步把问题推广到整个供应链的一般性情形，即如图 5-5 所示的供应链多级库存控制模型。

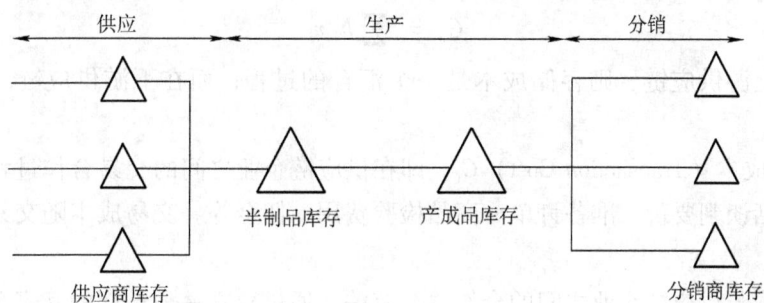

图 5-5 供应链多级库存控制模型

在库存控制中，考虑集中式（中心化）和分布式（非中心化）两种库存控制策略情形。在分析之前，首先确定库存成本结构。

1）供应链的库存成本结构。供应链成本在企业的运行费用中占有很高的比例，在某些行业中，该比例甚至高达75%以上。但是通过有效管理，供应链成本完全有可能降到现有成本的35%左右。供应链成本主要包括财务成本、信息系统建立和运行的成本、制订计划的成本、库存成本、物料购置成本和订货管理成本等。其中，库存成本是供应链成本的重要组成部分之一，一般占总成本的30%以上。库存由于种种原因以原材料、在制品和产成品等形式存在于供应链之中。企业持有库存主要有3个方面的原因：产品寿命周期的不断缩短，新的竞争性产品的不断出现，因而无法准确预测顾客需求的变化；供应的数量和质量、供应商的成本以及交货时间存在很大的不确定性；运输行业提供的规模经济鼓励了企业订购大数量的产品，因而持有大量库存。库存管理对顾客服务水平和供应链系统成本有着重大的影响，因此，研究供应链库存成本控制具有极其重要的现实意义。

供应链库存成本主要包含 3 个部分：存储成本、交易成本、缺货损失成本。

① 存储成本（Holding Cost）C_h。在供应链的每个阶段都维持一定的库存，以保证生产、供应的连续性。这些存储成本包括资金成本、仓库及设备折旧费、税收、保险金等。维持库存费用与库存价值和库存量的大小有关，其沿着供应链从上游到下游有一个累积的过程，如图 5-6 所示。

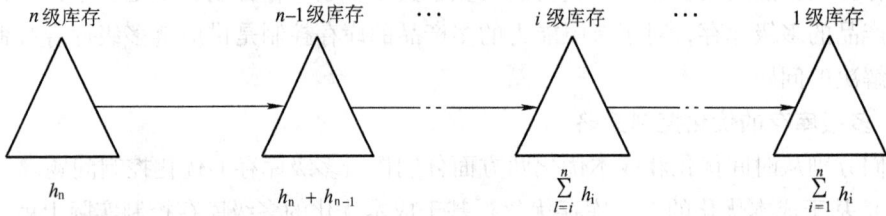

$$h_n \qquad h_n + h_{n-1} \qquad \sum_{l=i}^{n} h_i \qquad \sum_{i=1}^{n} h_i$$

图 5-6　供应链存储成本的累计

设：h_i 为单位周期内单位产品（零件）的存储成本。如果 v_i 表示 i 级库存量，那么，整个供应链的存储成本为

$$C_h = \sum h_i v_i$$

如果是上游供应链，则存储成本是一个汇合的过程；而在下游供应链，则是分散的过程。

② 交易成本（Transaction Cost）C_t。即在供应链企业之间的交易合作过程中产生的各种费用，包括谈判要价、准备订单、商品检验费用、佣金等。交易成本随交易量的增加而减少。

交易成本与供应链企业之间的合作关系有关，通过建立一种长期的互惠合作关系有利于降低交易成本，战略伙伴关系的供应链企业之间交易成本是最低的。

③ 缺货损失成本（Shortage Cost）C_s。缺货损失成本是由于供不应求，即库存量为零的时候，造成市场机会损失以及用户罚款等。

缺货损失成本与库存大小有关。库存量大，缺货损失成本小，反之，缺货损失成本高。为了减少缺货损失成本，维持一定量的库存是必要的，但是库存过多将增加存储成本。

在多级供应链中，提高信息的共享程度、增加供需双方的协调与沟通有利于减少缺货带来的损失。

总的库存成本为

$$C = C_h + C_t + C_s$$

多级库存控制的目标就是优化总的库存成本 C，使其达到最小。

2）库存控制策略。多级库存的控制策略分为中心化控制策略和非中心化策略，以下分别加以说明。

① 中心化库存控制。采用中心化库存控制的优势在于能够对整个供应链系统的运行有一个较全面的掌握，能够协调各个节点企业的库存活动。中心化库存控制是将控制中心放在核心企业上，由核心企业对供应链系统的库存进行控制，调节上游与下游企业的库存活动。这样核心企业也就成了供应链上的数据中心（数据仓库），担负着数据的集成、协调功能，如图5-7所示。

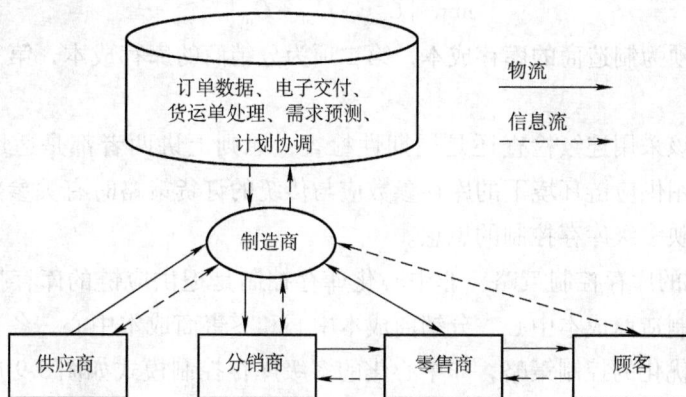

图5-7 供应链中心化库存控制模型

中心化库存优化控制的目标是使供应链上总的库存成本最低。

理论上讲，供应链的层次是可以无限的，即从用户到原材料供应商，整个供应链是 n 个层次的供应链网络模型，分一级供应商、二级供应商……、K 级供应商，然后到核心企业（组装厂）；分销商也可以是多层次的，分一级分销商、二级分销商、三级分销商等，最后才到用户。但是，现实的供应链的层次并不是越多越好，而是越少越好，因此实际供应链的层次并不很长，采用供应—生产—分销这样的典型三层模型足够说明供应链的运作问题。如图5-8所示为三级库存控制的供应链模型。

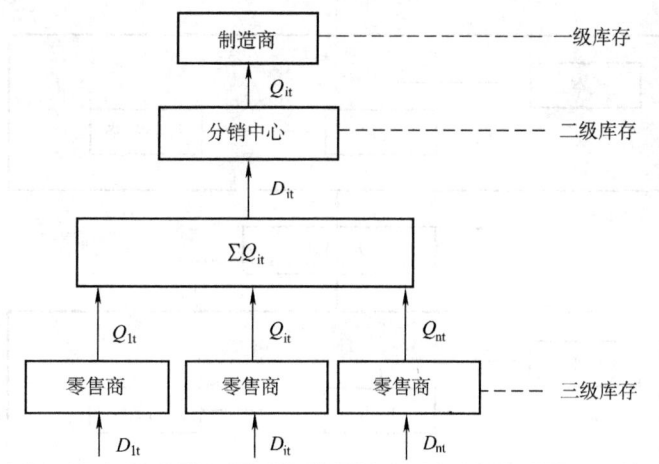

图5-8 三级库存控制的供应链模型

各个零售商的需求 D_{it} 是独立的，根据需求的变化做出的订货量为 Q_{it}，各个零售商总的订货汇总到分销中心，分销中心产生一个订货单给制造商，制造商根据订单决定生产计划，同时对上游供应商产生物料需求。整个供应链在制造商、分销商、零售商三个地方存在三个库存，这就是三级库存。这里假设各零售商的需求为独立需求，需求率 d_i 与提前期 LT_i 为同一分布的随机变量，同时系统销售同一产品，即为单一产品供应链。这样一个三级库存控制系统是一个串行与并行相结合的混合型供应链模型，建立如下的控制模型。

$$\min \ \{ C_{mfg} + C_{cd} + C_{rd} \}$$

这里，第一项为制造商的库存成本，第二项为分销商的库存成本，第三项为零售商的库存成本。

订货策略应该采用连续检查还是周期性检查，原则上讲两者都是适用的，但各有特点。问题在于采用供应链环境下的库存参数应与传统的订货策略时有关参数的确定有所不同，否则不能反映多级库存控制的思想。

② 非中心化的库存控制策略。非中心化库存控制是把供应链的库存控制分为三个成本归结中心，即制造商成本中心、分销商成本中心和零售商成本中心，各自根据自己的库存成本优化做出优化的控制策略，非中心化的多级库存控制模式如图 5-9 所示。非中心化的库存控制要取得整体的供应链优化效果，需要增加供应链的信息共享程度，使供应链的各个部门都共享统一的市场信息。非中心化多级库存控制策略能够使企业根据自己的实际情况独立做出快速决策，有利于发挥企业自己的独立自主性和灵活机动性。

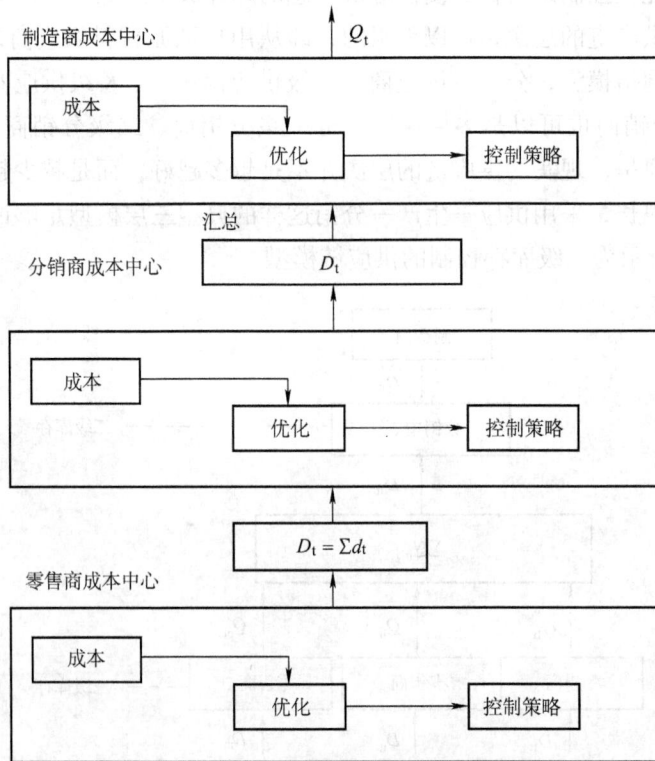

图 5-9　非中心化的多级库存控制模式

非中心化库存订货点的确定，可完全按照单点库存的订货策略进行，即每个库存点根据库存的变化，独立地决定库存控制策略。非中心化的多级库存优化策略，需要企业之间的协调性比较好，如果协调性差，有可能导致各自为政的局面。

（2）基于时间优化的多级库存控制　基于成本优化的多级库存优化方法，本质还具有传统的库存控制性质。随着市场变化，市场竞争已从成本优先的竞争模式转为时间优先的竞争模式，这就是敏捷制造的思想。因此供应链的库存优化不能简单地仅优化成本，在供应链管理环境下，库存优化还应该考虑对时间的优化，比如库存周转率的优化、供应提前期优化、平均上市时间的优化等。库存时间过长对于产品的竞争力不利，因此供应链系统应从提高用户响应速度的角度提高供应链的库存管理水平。

图 5-10 可以说明时间优化在供应链库存控制中的作用。

图 5-10 为零售商库存水平与供应提前期的关系，显示了随着时间的推移，一个零售商从供应商获得的库存水平与变化的提前期的关系。可以看出，随着提前期的增加，库存量变大而且摆动更大。缩短提前期不但能维持更少的库存而且有利于库存控制。

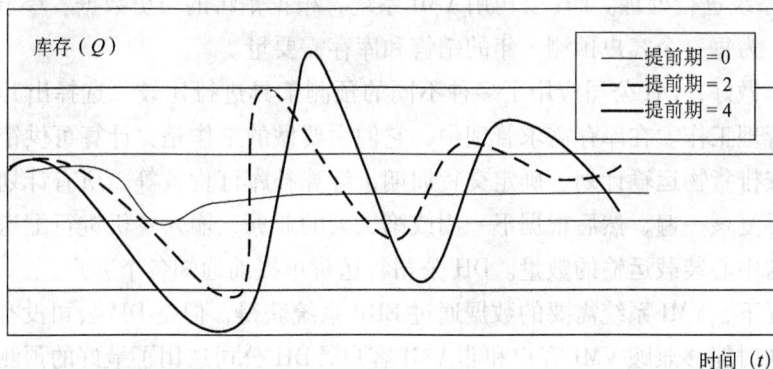

图 5-10　零售商库存水平与供应提前期的关系

五、成功案例

美国达可海德（DH）服装公司的 VMI 系统

美国达可海德（DH）服装公司把供应链管理的 VMI 库存看作增加销售量、提高服务水平、减少成本、保持竞争力和加强与客户联系的战略性措施。在实施 VMI 过程中，DH 公司发现有些客户希望采用 EDI 先进技术并且形成一个紧密的双方互惠、信任和信息共享的关系。

为对其客户实施 VMI，DH 公司选择了 STS 公司的 MMS 系统，以及基于客户的 JR 服务器的 V9dI 管理软件。DH 公司采用 Windows NT，用 PC 做服务器，带有 5 个用户终端。在 STS 公司的帮助下，对员工进行了培训，设置了必要的基本参数和使用规则。技术人员为主机系统的数据和 EDI 业务管理编制了特定的程序。

在起步阶段，DH 公司选择了分销商的几家主要客户作为试点单位。分销商的参数、配置、交货周期、运输计划、销售历史数据以及其他方面的数据被统一输进了计算机系统。经过一段时间的运行，根据 DH 公司信息系统部副总裁的统计，分销商的库存减少了 50%，销售额增加了 23%，取得了较大的成效。

接着 DH 公司将 VMI 系统进行了扩展，并且根据新增客户的特点又采取了多种措施，使原有 VMI 管理软件上增加了许多新的功能。

1）某些客户可能提供总存储量的 EDI 数据，而不是当前现有库存数。为此，DH 公司增加了一个简单的 ED 扩展 VMI 接口程序，计算出客户需要的现有库存数。

2）有些客户没有足够的销售历史数据用来进行销售预测。为了解决这个问题 DH 公司用 VMI 软件中的一种预设的库存模块让这些客户先运行起来，直到积累起足够的销售数据后再切换到正式的系统中去。

3）有些分销商要求提供一个最低的用于展示商品的数量。DH 公司与这些客户一起工作，一起确定他们所需要的商品和数量（因为数量太多影响库存成本），然后用 VMI 中的工具设置好，以备今后使用。

VMI 系统建立起来后，客户每周将销售和库存数据传送到 DH 公司，然后由主机系统和 VMI 接口系统进行处理。DH 公司用 VMI 系统，根据销售的历史数据、季节款式、颜色等不同因素，为每一个客户预测一年的销售和库存需要量。

为把工作做好，DH 公司应用了多种不同的预测工具进行比较，选择出其中最好的方法用于实际管理工作。在库存需求管理中，它们主要做的工作是：计算可供销售的数量和安全库存、安排货物运输计划、确定交货周期、计算补库订货量等。所有计划好的补充库存的数据都要复核一遍，然后根据下一周或第二天的业务，输入主机进行配送优化，最后确定出各配送中心装载运输的数量。DH 公司将送货单提前通知各个客户。

一般情况下，VMI 系统需要的数据通过 ERP 系统获得，但是 DH 公司没有 ERP。为了满足需要，同时能够兼顾 VMI 客户和非 VMI 客户，DH 公司选用了最好的预测软件，并建立了另外的 VMI 系统数据库。公司每周更新数据库中的订货和运输数据，并且用这些数据进行总的销售预测。结果表明，DH 公司和其客户都取得了预期的效益。

知识检验

一、选择题

1. 供应链库存成本主要包含三个部分（　　）。
   A. 存储成本　　　　B. 交易成本　　　　C. 供货损失成本　　　　D. 缺货损失成本
2. 实施联合库存管理必须做好下列工作（　　）。
   A. 协商一致确定合作目标　　　　　　　B. 确定协调控制的基本内容
   C. 确定投资额　　　　　　　　　　　　D. 建立信息共享与沟通的体系
   E. 建立合理的利益分配机制与有效的激励机制
3. 供应链管理环境下常用的几种供应链库存管理方法是（　　）。
   A. 供应商管理库存（VMI）　　B. 联合库存管理　　C. 单一库存管理
   D. 协同式供应链库存管理　　　E. 多级库存优化与控制

二、判断题

1. 传统企业中库存管理是静态的、单级的。（　　）

2. 联合库存管理是建立在经销商一体化基础之上的一种风险分担的库存管理模式。（　　）

3. 多级库存优化与控制是对供应链资源的全局性优化。（　　）

4. 在供应链成员企业之间能够共享供求信息，减少需求信息在传递过程中失真，利于企业协作，统一决策运作，可以大大降低供应链的库存水平、改善库存控制状况。（　　）

三、简答题

1. 什么是 CPFR？它比 VMI 有哪些进步？

2. 多级库存控制策略有哪些？

3. 什么是 VMI，应如何实施？使用 VMI 能给供应商带来哪些好处？中国应用 VMI 应注意的问题及其制约因素。

4. 美国达可海德（DH）服装公司的 VMI 系统采取了哪些具体的实施步骤？

课题三　技能训练

任务描述

啤酒游戏是模拟生产与配销单一品牌啤酒的产销过程。参加游戏的学生各自扮演不同的角色：零售商、批发商和制造商。啤酒由制造商生产出来，先卖给批发商，然后再由批发商卖给零售商，最后在零售商的店里卖给最终消费者。

游戏规则如下

1）每次游戏分轮进行，一轮就代表一个工作日，一次游戏共进行 15 轮。

2）每轮都会有顾客到零售商那里去买啤酒。每轮老师会从扑克牌中抽一张牌，牌的点数在 5～10 之间，这就是最终消费者购买的啤酒罐数。这张牌老师只给零售商看，批发商和制造商是看不到的。当然零售商也要保守秘密，不能告诉其他人，如若违例，取消资格。零售商有一次向批发商订货的机会，进货价是每罐 2 元，以每罐 3 元的价格卖给顾客。如果柜台里的啤酒不够的话，就是缺货，需要当作延迟订单处理。也就是说，如果零售商的库存不足以满足客户的需求，那么零售商可以延迟发货，不过对不足的部分，要对客户做出赔偿，每罐 1 角钱。如果下一轮还是不够货，就继续顺延，等货到以后再发。零售商下的订单当天不会到货，要过 2 天才会收到。就是说零售商第一轮下的订单，要到第三轮才会进入零售商的柜台。还有零售商每次向批发商订货要交手续费、运输费，共折合 2 元一次。

3）批发商的责任就是卖啤酒给零售商，每罐 2 元。批发商有一个仓库，每轮都可以从自己的库存中取出啤酒尽可能满足零售商的订单。同时，每轮有一次向制造商订货的机会，订货价是每罐 1.5 元。不过，所订的货也要过 2 轮才会到达批发商的仓库。同时批发商也需要负担订货成本，每个订单的运输费及手续费 3 元一次。缺货时需要对零售商做出每罐 2 角钱的赔偿。

4）制造商其他一切条件和规则都和上面一样，唯一不同的是，制造商不是向别人订货，而是自己生产啤酒。当然，由于制造啤酒需要很多车间和多道生产工序，所以，每个轮次下的生产订单也要等 2 轮才能完工，进入成品仓库。而且，每次启动生产线都有一个启动成本3元，但是制造商的生产量没有限制，也就是说，不管下多大的生产订单，工厂都会如期生产出来。制造商以每罐1.5元的价格卖给批发商，而制造商自己的生产成本则是每罐1.1元。缺货时需要对批发商做出每罐1角钱的赔偿。

5）仓库里储存啤酒也是有成本的，这个成本包括：资金占用成本、仓库租赁费、管理费、雇员的工资等所有的一切费用。零售商的仓储成本按每天每罐啤酒平均1角计算；批发商因为仓库比较大，有规模效益，每天每罐啤酒2分钱；制造商的厂房在乡下，面积最大，而且资金的机会成本相对较低，每天每罐啤酒1分钱。还有在途的货物，就是那些已经下了订单，但是还没有来得及送到的货物——有2天的反应时间，也作为订货者的存货计算存储成本。当然，其数量不一定就是订货量，可能因为供应商发生缺货，不能全部满足订单，只发了一部分啤酒。

6）游戏开始时每个角色有30罐啤酒的库存，而游戏结束时每个角色也会有结余的库存，记账员要把结余的库存作价50%清算掉，然后把亏损记录到毛利中。游戏参与者必须记录每轮自己的销售库存情况，记账员据此来计算每个角色各自的利润。

总之，所有角色都是独立的企业，目标是使自己的利润最大化，也就是收入和成本的差值最大化。

任务准备

1）角色设置。老师扮演顾客，负责发布购买信息。全班视总人数分为若干队，每队15人。每一队中制造商一组，每组3人；批发商2组，每组2人；零售商8组，每组1人。一组批发商下有4组零售商（图5-11）。

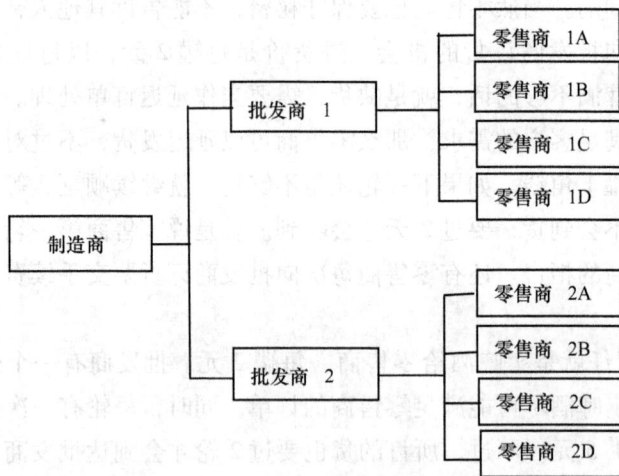

图5-11 啤酒游戏角色结构示意图

2）准备相关表格。

① 零售商的表格（表5-2）。

表5-2　零售商的表格

第　组				第　次			零售商（　）
轮次	客户需求	延迟销售	现有库存	途一	途二	订货量	供应商延迟供货
初始值	0	30	0	0	0	0	0
1							
2							
3							
4							
5							

② 批发商的表格（表5-3）。

表5-3　批发商的表格

第　组				第　次			批发商（　）
轮次	客户需求	延迟销售	现有库存	途一	途二	生产量	供应商延迟供货
初始值	0	30	0	0	0	0	0
1							
2							
3							
4							
5							

③ 制造商的表格（表5-4）。

表5-4　制造商的表格

第　组				第　次		制造商（　）
轮次	客户需求	延迟销售	现有库存	途一	途二	订货量
初始值	0	30	0	0	0	0
1						
2						
3						
4						
5						

④ 游戏成绩计算表格（表5-5）。

表5-5 游戏成绩计算表格

个人成绩（第　组　第　次）　记账员（姓名：　　　　）

姓名	延迟销售	延迟销售赔偿金额	订单次数	订单成本	总计库存	总计库存成本	总订货量	销售总成本	销售总量	销售额	毛利润	净利润

计算说明：

客户需求：零售商的客户需求随机产生；批发商的客户需求是零售商的订货量；制造商的客户需求是批发商的订货量。

客户需求：一个个随机产生的介于5~10之间的数。

延迟销售：max［客户需求－现有库存（上一轮）－途一（上一轮）＋延期销售（上一轮），0］。

现有库存：max［现有库存＋途一（上一轮）－客户需求－延期销售（上一轮），0］。

途一：途二（上一轮）。

途二：订货量＋供应延迟供货（上一轮）。

订货量：自行决定。

供应商延迟供货：供应商未能满足的订货。

延迟销售赔偿金：由于客户的订单没有及时满足而造成的延迟销售。

订单次数（成本）：总计下的订单次数（由于下订单本身而产生的总成本）。

库存（成本）：包括在途和在库的总库存（个、天）及所消耗的成本。

清算成本：剩余库存×买入价。

清算收入：剩余库存×卖出价/2。

销售总成本：销售总量×买入价。

毛利润：销售额＋清算收入－销售总成本－清算成本。

净利润：毛利润－库存成本－订单成本－延迟销售赔偿金总额。

延迟销售赔偿标准：零售商、批发商、制造商为0.1元/罐。

零售商的买入价：2元/罐；零售商的卖出价：3元/罐。

批发商的买入价：1.5元/罐；批发商的卖出价：2元/罐。

制造商的成本价：1.1元/罐；制造商的卖出价：1.5/罐。

零售商的仓储成本：0.1元/（罐·天）。

批发商的仓储成本：0.02元/（罐·天）。

制造商的仓储成本：0.01元/（罐·天）。

零售商的订货成本：2元/次。

批发商的订货成本：3元/次。

制造商的生产成本：3元/次。

任务实施

1）先选择一个小组上台演示整个游戏过程。

顾客的消费量由老师在一副扑克中把所有的 5、6、7、8、9、10 数字牌拿出来用于产生消费数据，即随机抽取其中的一个，并仅给零售商看。进行 15 轮后，游戏结束。

演示完成后，进行必要的讨论。重点是总结出自己的订货策略，如定时订货、定量订货等。

2）鼓励每个参与者自行决定自己的策略（但不要公开），全体人员玩一次游戏。游戏完成后复盘。复盘的重点在于订货策略的讨论。

3）改变消费者的订货随机数的产生（之前的是等概率事件）情况，而更加接近于实际生活中的正态分布。还是 5、6、7、8、9、10，但 7、8 出现的机会最大，6、9 次之，5、10 出现的可能性最小。均值为 7.5，方差为 1，游戏的轮次还是 15。

顾客需求数据：7、9、7、7、8、8、8、7、8、8、8、7、7、8、8。

本次完成，在进行复盘时，重点在分析改进策略后为什么还不能有效改进绩效？方法如下：

将最后这次的 1～3 个小组的数据输入计算机，整理出表格，绘制曲线图，分析出牛鞭效应。

4）用一天的在途，再玩一次。讨论的重点是：不可能再减少提前期了，因为不可能前店后厂。

数据用第一次全体都玩的数据（不让游戏者知道）。

再引导讨论，重点是：信息共享。

5）信息共享后，再玩一次（如果时间有限，可以让一组上台演示）。数据用正态分布的数据：7、9、7、7、8、8、8、7、8、8、8、7、7、8、8。

6）各小组根据游戏过程写出游戏报告，报告内容包括：游戏进程、游戏中的策略、每一次游戏的收获和最后的总结。

任务评价

项目（或任务）编号			学时			学生姓名		总分	
类别	序号	评价项目	评价内容及要求	评价标准	配分	学生自评	学生互评	教师评价	得分
岗位技能评价	1	质量控制	能够完成游戏并写出游戏报告	不能完成无分	20				
	2	方法技巧运用	能够运用搜索引擎等技巧寻求最佳策略	不会用无分	20				
	3	运用知识能力	能够运用知识点进行计算分析	不能运用无分，计算不准确减分	20				
	4	完成时间	按时完成任务	不按时完成无分	10				

（续）

项目（或任务）编号			学时			学生姓名		总分	
类别	序号	评价项目	评价内容及要求	评价标准	配分	学生自评	学生互评	教师评价	得分
职业素质评价	5	决策能力	决策果断迅速	决策不果断减分	10				
	6	沟通交流	积极主动性强	不积极沟通减分	10				
	7	团队合作	合作参与意识好	合作不好减分	10				

注：按学生自评占 20%、学生互评占 30%、教师评价占 50%计算总分。

任务小结

授课班级		授课时间		授课地点	
授课教师			任务名称		
学生表现					
存在问题及改进方法措施					

任务拓展

先锋电子的库存管理和库存控制

许多 CEO 们在制订其战术目标时都希望将企业的库存降低作为一个非常重要的指标，而库存居高不下也经常困扰上市公司的 CEO 们。先锋电子公司是一家总部位于日本东京的年销售收入 642 万亿日元的全球化电子消费品公司。公司在全世界设立了 150 多个分支机构。在激烈的市场竞争中，管理层逐渐地意识到控制公司的库存水平在电子消费品行业中的重要性。因此决定对其整个供应链进行整合，并且确定了明确的战术目标，即：

1）削减库存。

2）库存风险的明细化。

3）降低生产销售计划的周期。

公司通过对需求变动原因的收集和分析，制订高精度的销售计划。同时通过缩短计划和周期，尤其是销售计划和生产的周期来达到削减库存的目的；通过基于客观指标的需求预测模型，依靠统计手法所得的需求预测和反映销售意图的销售计划分离的机制来使库存风险明细化；通过引入预测及销售计划业务的效率化，各业务单位的生产销售计划标准化、共享化，来制订未来销售拓展计划，并进而达到生产销售计划周期的降低。

　　在完成了上述设计之后，更关键的是在组织和流程方面进行全面的重新确定。在组织方面，重新设计和计划决策部门的职能，划分了需求预测和销售计划的职能；在业务流程设计方面，设计能实现每周计划的业务流程，建立了以统计的预测手段为前提的需求预测流程和独立的需求预测流程和销售计划流程。由于有了组织和流程的保证，使得整体的设计得以顺利实现。

　　有了以上的准备工作，先锋电子就开始在系统中构筑新的生产销售流程。公司基于零售实际业绩的预测模型和产品竞争力、季节性、因果要素（需求变动要素）等的统计性预测这两方面的因素，设计了新的预测模型，进而在此基础上，在系统中构筑了新的生产销售流程。这一流程主要基于统计性预测的需求预测系统，实现了需求变动信息的累积功能，以及月、周生产销售精细计划的功能，并可以对需求预测和销售计划之间的差异进行管理，还可以实现批量处理的需求预测、销售计划、生产计划等方案的优化。以上手段结合起来，确保新的生产销售流程的顺利推行。

　　销售计划的预测模型在先锋电子的推行取得了积极的成效，在管理咨询公司的帮助下，先锋电子可以依靠系统制订出综合多方因素的销售计划。并且，通过生产、销售计划编制精度的提高，使得原材料等物料的采购提前期从 4 天减少到 2 天，有效地实现了库存管理和库存控制。

🔍问题讨论：

1. 先锋电子公司供应链整合的战术目标是什么？
2. 先锋电子公司的供应链整合有哪些具体措施？
3. 结合本案例，谈谈库存管理和控制对供应链管理的意义。

单元六 供应链企业的组织结构与业务流程再造

课题一 概 述

一、传统企业的组织结构与运作模式

1. 在传统经济中常见的企业组织结构形式

（1）直线制组织结构 直线制组织结构取得显著地位的原因是它符合工业时代的许多需求。直线制组织结构创造了一种制度，这种制度能够有效地管理大量投资、劳动分工和资本主义大规模机械化生产。专业化分工使组织的每一项任务，都能得到一个有效的工作方法。直线制组织结构的组织通过一贯性的书面规则和政策来管理，这些规则和政策由公司董事会和管理部门制订。在直线制组织结构中，上司负责其管辖范围内所有雇员的行动，并且有权下达雇员无条件服从的命令。雇员的首要职责是立即按照顶头上司的命令去做，而不该去考虑什么是正确的或者什么需要做。通过组织劳动分工、制度管理决策以及制订一种程序和一套规则使各类专家可以齐心协力地为一个共同目标努力。直线制组织结构极大地拓宽了组织所能达到的知识广度和深度。直线制组织结构的形式如同一个金字塔，处于最极端的是一名有绝对权威的老板，他将组织的总任务分成许多块，然后分配给下一级负责，而这些下一级负责人员又将自己的任务进一步细分后分配给更下一级，这样沿着一根不间断的链条一直延伸到每一位雇员。20世

> **知识卡**
>
> 直线制组织结构具有4大特征：一条指挥的等级链；职能的专业化分工；权利和责任的一贯性政策；工作的标准化。

纪80年代，在通用汽车、IBM和美国政府这样的巨型组织中，最高领导层与工人之间竟有多达12级管理层。事实证明这样的管理层数太多了。

（2）职能制组织结构　在职能制组织结构中，组织从上至下按照相同职能将各种活动组织起来。职能制组织结构有时候也被称作职能部门化组织结构，因为其组织结构设计的基本依据就是组织内部业务活动的相似性。当企业组织的外部环境相对稳定，而且组织内部不需要进行太多跨越职能的协调时，这种组织结构模式对企业组织而言是最为有效的。对于只生产一种或少数几种产品的中小企业组织而言，职能式组织结构不失为一种最佳的选择。

（3）直线—职能制组织结构　直线—职能制组织形式是以直线制为基础，在各级行政领导下设置相应的职能部门。即在直线制组织统一指挥的原则下，增加了参谋机构。目前，直线—职能制仍被我国绝大多数企业采用。直线—职能制组织结构模式适合于复杂但相对来说比较稳定的企业组织，尤其是规模较大的企业组织。复杂性要求企业的管理者有能力识别关键变量、评价它们对企业经营业绩的影响，并且充分考虑到它们之间的相互关系。如果这些因素是相对稳定的，而且对经营的影响也是可以预知的，直线—职能制组织结构模式则是相对有效的。直线—职能制组织结构模式与直线制组织结构模式相比，其最大的区别在于更为注重参谋人员在企业管理中的作用。直线—职能制组织结构模式既保留了直线制组织结构模式的集权特征，同时又吸收了职能制组织结构模式的职能部门化的优点。

（4）事业部制组织结构　事业部制是欧洲、美洲、日本大型企业所采用的典型的组织形式，因为它是一种分权制的组织形式。在企业组织的具体运作中，事业部制又可以根据企业组织在构造事业部时所依据的基础的不同分为地区事业部制、产品事业部制等类型，通过这种组织结构可以针对某个单一产品、服务、产品组合、主要工程或项目、地理分布、商务或利润中心来组织事业部。地区事业部制按照企业组织的市场区域为基础来构建企业组织内部相对具有较大自主权的事业部门；而产品事业部制则依据企业组织所经营的产品的相似性对产品进行分类管理，并以产品大类为基础构建企业组织的事业部门。

（5）分权制组织结构　分权制组织包括联邦分权制结构与模拟分权制结构两种类型的组织结构形式。联邦分权制组织是在公司之下有一群独立的经营单位，每一单位都自行负责本身的绩效、成果以及对公司的贡献，每一单位具有自身的管理层。联邦分权制组织的业务虽然是独立的，但公司的行政管理却是集权化的。模拟分权制组织是指组织结构中的组成单

> **知识卡**
>
> **分权制组织的优点**
>
> 在于可以降低集权化程度，弱化直线制组织结构的不利影响，提高下属部门管理者的责任心，促进权责的结合，提高组织的绩效，减少高层管理者的管理决策工作，提高高层管理者的管理效率。

位并不是真正的事业部门，而组织在管理上却将其视之为一个独立的事业部，这些事业部具有较大的自主权，相互之间存在有供销关系等联系。联邦分权制组织要求有一个强有力的"核心管理层"，该核心管理层只负责对重大事务的决策。联邦分权制形式如果运用得当，则可以减轻高层管理者的决策负担，使高层管理层能够集中精力于方向、筹划与目标。模拟分权制组织虽然具有一定的优点，但并不满足所有的组织设计规范。一般而言，

模拟分权制组织适用于化学工业与材料工业领域，此外，电子信息工业也可以采用模拟分权制形式，IBM 就可以看作是该领域中一个典型的模拟分权制组织的案例。对模拟分权组织而言，雇员的高度自律是必要的。

（6）矩阵制组织结构　矩阵制组织结构是在直线—职能制垂直形态组织系统的基础上，再增加一种横向的领导系统。矩阵制组织也可以称为非长期固定性组织。矩阵制组织结构模式的独特之处在于事业部制与职能制组织结构特征的同时实现。矩阵制组织的高级形态是全球性矩阵制组织结构，目前这一组织结构模式已在全球性大企业，如 ABB、杜邦、雀巢、菲利普、莫里斯等组织中进行运作。ABB 的前身 ASEA，是一家瑞典公司，1979 年巴纳维克出任 ASEA 总经理时，着手对公司的组织结构进行改革。首先，他把公司扁平化，并在公司拓展国际业务是将公司再造为全球矩阵制组织。ABB 成功之处在于其全球性矩阵制组织结构的战略与执行，依战略管理学家查理士·希尔及葛利士·约翰的观点，这种组织结构方式可以使公司因为提高效率而降低成本，同时，也因较好创新与顾客响应，而使其经营具有差异化特征。这种组织结构除了具有高度的弹性外，其在各地区的全球主管可以接触各地的大量信息。它为全球主管提供了许多面对面沟通的机会，有助于公司的规范与价值转移，因而可以促进全球企业文化的建设。矩阵制的优点是：加强了横向联系，专业设备和人员得到了充分利用；具有较大的机动性；促进各种专业人员互相帮助，互相激发，相得益彰。矩阵制的缺点是成员位置不固定，有临时观念，有时责任心不够强；人员受双重领导，有时不易分清责任。

在工业经济社会，上述组织结构模式理论的提出都有其特殊的经济理由与依据，同样，这些组织结构模式被企业管理者所分别采用，更是说明了每一种组织结构模式存在与发展完善的经济合理性。各种传统的企业组织结构理论虽然都共同体现了工业经济的特有属性，但在实践操作中，每一种组织结构模式则是按照自身的独特性来构建企业内部的管理框架。在不同的组织结构模式企业中，管理权的分配，管理的层次与幅度，组织内部不同部门之间的关系等均有所不同。考虑到各种组织结构的特性，它们在各种类型企业中的有效性也不同，也就是说，不同的组织结构模式适用于不同的企业。通过对传统组织结构的主要类型进行比较分析，可以得到如下比较分析结果：直线制组织结构虽然是因为工业化大生产的需要而提出，但它却并不适合运用在大型组织的管理结构设计中，而且直线制组织结构对组织的发展带来明显的阻碍性影响。而其他组织结构理论的提出则是在很大程度上是为了弥补直线制组织结构理论的不足，以及为了更好地适应工业化大生产的需要，建立与完善适应于大型与特大型组织管理结构构建所需要的组织结构理论。

2. 企业的传统运作模式

不同类型企业的运作模式是有差别的，本节以制造企业为例简单介绍一下企业的传统运作模式。

（1）一般制造型企业的组织结构　图 6-1 所示为职能型组织结构图。

（2）各职能部门的职责

1）研发部：项目立项；开发与设计；样品制作和测试；文件归档与产品交付。

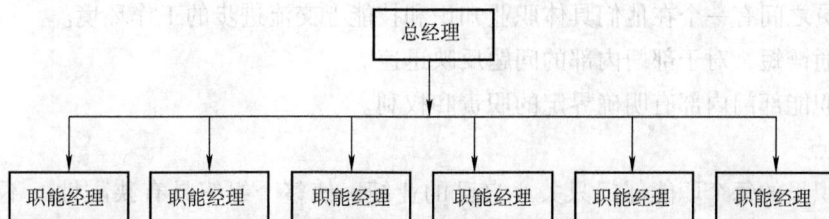

图 6-1　职能型组织结构

2）工程部：工艺流程设计；工装夹具设计制作；作业标准建立；生产线平衡；制程问题分析。

3）品质部：来料检验；制程管制；成品管制；质量工程；协力厂辅导。

4）PMC（项目管理承包）部：协调出货计划；物料需求分析；采购管理；仓库管理。

5）生产部：人员管理、教育训练；生产进度控制；效率改善；质量改善；安全管理；整理整顿。

（3）产品制造的运作流程　图 6-2 所示为产品制造的运作流程图。

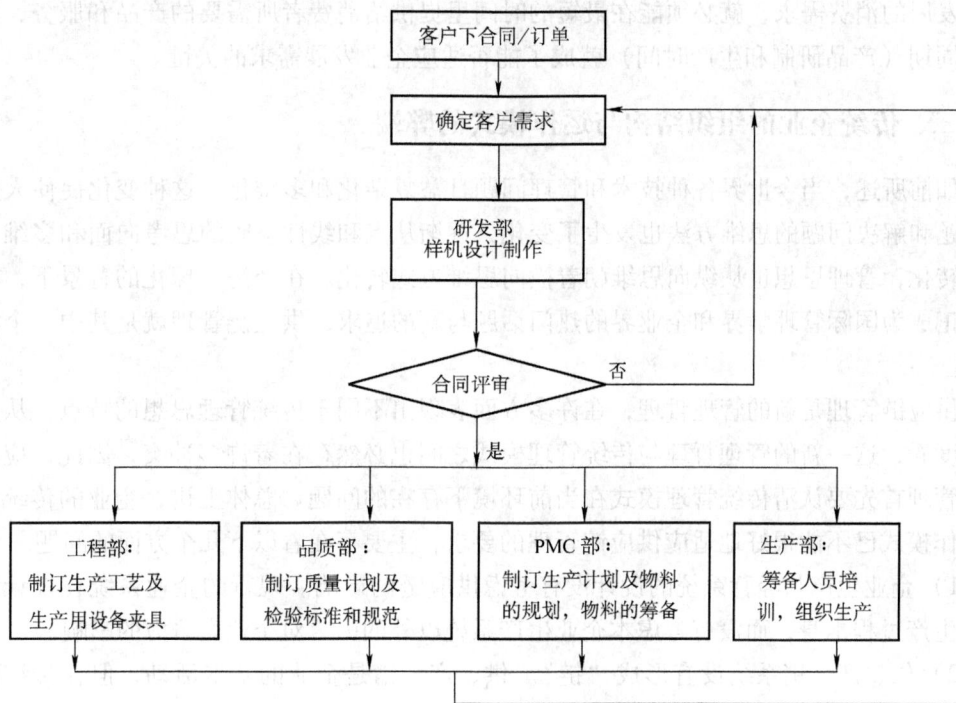

图 6-2　产品制造的运作流程图

（4）职能型组织优缺点分析

1）优点

① 在同一个组织里把具有相同职业特点的专业人员组织在一起，减少了重复工作。

② 成员之间有一个在他们具体职业知识和技能上交流进步的工作环境。

③ 沟通链短，对于部门内部的问题反映迅速。

④ 在职能部门内部有明确界定的职责和权利。

2）缺点

① 组织里的每个职能部门只关心自己的业绩，使整个组织具有狭隘性，不注重与其他部门的团队协作，很少有相互有益的沟通。

② 等级结构多，解决问题及制订决策进展缓慢，容易引起问题的相互推诿和投诉，影响整个组织的工作气氛。

③ 部门之间没有正式的沟通链，职能部门间的竞争和冲突会妨碍信息流动。

④ 项目范围从一个部门移到另一个部门，故不容易进行整体综合管理。

因此，企业的生存和发展，需要一种更为先进的管理模式，把企业中的人、财、物和信息等资源，高质量、低成本、快速及时地转换为市场所需要的产品和服务。因为质量是企业的立足之本，成本是企业的生存之道，而时间则是企业的发展之源。没有好的质量，就无法得到消费者的认可，企业所提供的产品和服务就无法在市场上立足；没有低成本，企业就没有实力进行价格竞争，无法获得再生产所需要的资金而难以为继；而企业要适应不断发展的消费需求，就必须能在最短的时间里提供给消费者所需要的产品和服务，因此生产周期（产品研制和生产时间）就成了能否适应企业发展需求的关键。

二、传统企业的组织结构与运作模式的弊端

如前所述，当今世界各种技术和管理问题日益复杂化和多维化，这种变化促使人们认识问题和解决问题的思维方法也发生了变化，逐渐从点和线性空间的思考向面和多维空间思考转化，管理思想也从纵向思维朝着横向思维方式转化。在经济全球化的背景下，横向思维正成为国际管理学界和企业界的热门话题与新的追求，供应链管理就是其中一个典型代表。

供应链管理是新的管理哲理，在许多方面表现出不同于传统管理思想的特点。从另一个角度看，这一新的管理哲理与传统管理模式之间也必然存在着许多冲突，因此，应用供应链管理首先要认清传统管理模式在当前环境下存在的问题。总体上讲，企业的传统管理与运作模式已不能很好地适应供应链管理的要求，主要存在着以下几个方面的问题。

1）企业生产与经营系统的设计没有考虑供应链的影响。现行的企业系统在设计时只考虑生产过程本身，而没有考虑本企业生产系统以外的因素对企业竞争力的影响。

2）供、产、销系统没有形成"链"。供、产、销是企业的基本活动，但在传统的运作模式下基本是各自为政，互相脱节。

3）存在着部门主义障碍。激励机制以部门目标为主，孤立地评价部门业绩，会造成企业内部各部门片面追求本部门的利益，物流、信息流经常被扭曲、变形。

4）信息系统落后。我国大多数企业仍采用手工处理方式，企业内部信息系统不健全，数据处理技术落后，企业与企业之间的信息传递工具落后，没有充分利用 EDI、Internet 等先进技术，致使信息处理不准确、不及时，不同地域的数据库没有集成起来。

5）库存管理系统满足不了供应链管理的要求。传统企业中库存管理是静态的、单级的，库存控制决策没有与供货商联系起来，无法利用供应链上的资源。

6）没有建立有效的市场响应、用户服务、供应链管理方面的评价标准与激励机制。

7）系统协调性差。企业和各供货商没有协调一致的计划，每个部门各搞一套，只顾安排自己的活动，影响整体最优。

8）没有建立对不确定性变化的跟踪与管理系统。

9）与供货商和经销商都缺乏合作的战略伙伴关系，且往往从短期效益出发，挑起供货商之间的价格竞争，失去了供货商的信任与合作基础。市场形势好时对经销商态度傲慢，市场形势不好时又企图将损失转嫁给经销商，因此得不到经销商的信任与合作。

以上这些问题的存在，使企业很难一下子从传统的纵向发展管理模式很快转到供货商管理模式上来。

知识检验

一、填空题

1. 传统经济中常见的企业组织结构形式大致有＿＿＿＿＿＿、＿＿＿＿＿＿、＿＿＿＿＿＿、＿＿＿＿＿＿、＿＿＿＿＿＿、＿＿＿＿＿＿6种。

2. 直线制组织结构具有：＿＿＿＿＿＿、＿＿＿＿＿＿、＿＿＿＿＿＿、＿＿＿＿＿＿4大特征。

二、简答题

简述传统的企业组织结构和运作模式的弊端。

课题二 供应链环境下的企业组织结构与业务流程

一、供应链环境下企业业务流程的主要特征

供应链管理环境下的业务流程有哪些特征，目前还是一个有待于进一步研究的问题。本书从企业内部业务的变化、制造商与供货商之间的业务关系的变化以及信息处理技术平台三个方面，讨论给企业业务流程带来的变化。

1. 制造商与供货商之间业务流程的变化

在供应链管理环境下，制造商与供货商、制造商与分销商、供货商与供货商之间一般要借助于因特网或 EDI 进行业务联系，由于实施了电子化商务交易，因此许多过去必须通过人工处理的业务环节，在信息技术的支持下变得更加简捷了，有的环节甚至不要了，从而引起业务流程的变化。例如，过去供货商企业总是在接到制造商的订货要求后，再进行生产准备等工作，等到零部件生产出来，已消耗很多的时间。这样一环一环地传递下去，导致产品生产周期很长。而在供应链管理环境下，合作企业间可以通过因特网方便地获得需求方生产进度的实时信息，从而可以主动地做好供应或出货工作。例如，供货商企业可以通过因特网了解提供给制造商配件的消耗情况，在库存量即将到达订货点时，就可以在没有接到制造商要货订单前主动做好准备工作，从而大大缩短供货周期。由于这种

合作方式的出现，原来那些为处理订单而设置的部门、岗位和流程就可以考虑重新设计。

2. 企业内部业务流程的变化

供应链管理的应用，提高了企业管理信息计算机化的程度。从国外成功经验看，实施供应链管理的企业一般都有良好的计算机辅助管理基础，不管其规模是大还是小。借助于先进的信息技术和供应链管理思想，企业内部的业务流程也发生了很大的变化。以生产部门和采购部门的业务流程关系为例，过去在人工处理条件下，生产管理人员制订出生产计划后，再由物资供应部门编制采购计划，还要经过层层审核，才能向供货商发出订货。这是一种顺序工作方式的典型代表。由于流程较长，流经的部门较多，因而不免出现脱节、停顿、反复等现象，导致一项业务要花费较多的时间才能完成。在供应链管理环境下，有一定的信息技术作为支持平台，数据可以实现共享，并且可以实现并发处理，因而使原有的顺序工作方式有可能发生变化。举例来说，生产部门制订完生产计划后，采购供应部门就可以通过数据库读取计划内容，计算需要消耗的原材料、配套件的数量，迅速制定出采购计划。通过查询数据库的供货商档案，获得最佳的供货商信息，就可以迅速向有关厂家发出要货单。更进一步地，可以通过因特网或 EDI 直接将采购信息发布出去，直接由供货商接受处理。

3. 支持业务流程的技术手段的变化

供应链管理环境下企业内部业务流程和外部业务流程的变化也不是偶然出现的。我们认为至少有两方面的原因。一是"横向一体化"管理思想改变了管理人员的思维方式，把企业的资源概念扩展了，更倾向于与企业外部的资源建立配置联系，因此加强了对企业间业务流程的紧密性；二是供应链管理促进了信息技术在企业管理中的应用，使并行工作成为可能。在信息技术比较落后的情况下，企业之间或企业内部各部门之间的信息传递都要借助于纸质媒介，制约了并行处理的工作方式。即使能够复制多份文档发给不同部门，但一旦文档内容发生了变化则很难做到同步更新，难以保证信息的一致性。在这种落后的信息处理情况下，顺序处理就成了最可靠的工作方式。现在情况不同了。为了更好地发挥出供应链管理的潜力，人们开发了很多管理软件，借助于强大的数据库和网络系统，供应链企业可以快速交换各类信息。共享支持企业不同业务及其并行处理的相关数据库信息，为实现同步运作提供了可能。因此，实施了供应链管理的企业，其对内和对外的信息处理技术都发生了巨大变化，这一变化直接促使企业业务流程也不同程度地产生了变化。

二、供应链企业物流管理组织形式及其变化

如前面所讨论的，物流管理是企业管理活动中已存在的主要工作之一，虽然过去还没有明确提出供应链的概念。正如本书在前面所谈到的，早期的物流管理仅关注企业内部的物流组织，很少涉及企业外部物流的问题。直到 20 世纪 90 年代初期，才把物流管理扩展为供应链管理，因而其组织结构也经历了不同的发展阶段。唐纳德·鲍尔索克斯等人将企业组织结构变化与物流管理、供应链管理等联系起来，对美国企业物流管理组织的变化总结出了几种典型模式。

1. 传统物流管理组织结构

这种组织结构就是常说的按职能专业部门分工的组织形式，如图 6-3 所示。这时的部门划分主要表现为按专业分割。虽然有上级主管部门进行协调，但是由于各个部门总是从各自的利益出发，从部门主管开始就很难达成一致，更不用说下面的工作人员。这种现象意味着整个工作缺乏跨职能协调，从而导致重复和浪费，信息常被扭曲或延迟，权力界限和责任常常是模糊的。这时候还没有出现独立的物流管理功能，也没有独立的职能部门。

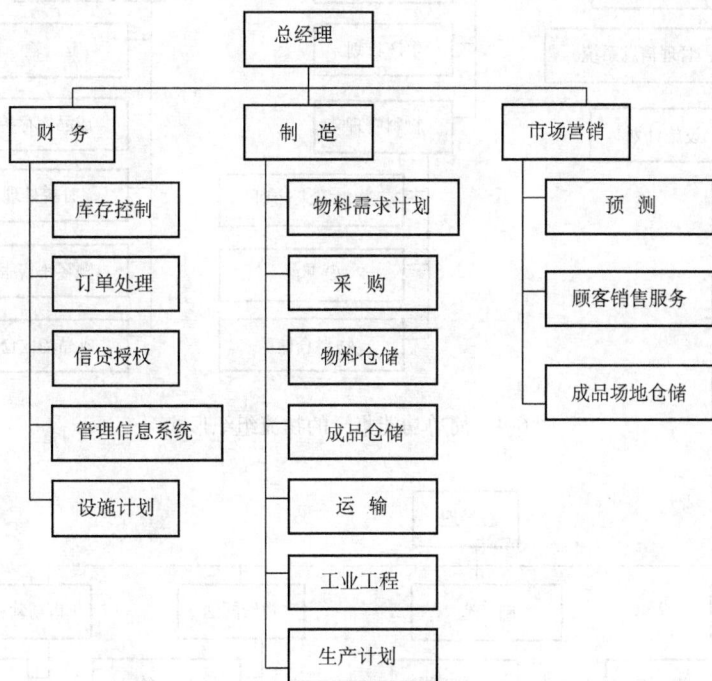

图 6-3 传统物流管理组织结构

2. 简单功能集合的物流组织形式

当人们初步认识到业务分割和分散化的组织使企业反应迟钝之后，即开始了对组织功能的合并和集合的尝试，这种变化出现在 20 世纪 50 年代。但是这时的功能集合只集中在少数核心业务上。例如，在市场营销领域，集中点通常围绕在客户服务周围。在制造领域，集中通常发生在进入原材料或零部件采购阶段，大多数的部门并未改变，组织层次也未做大的改变，因此其功能整合的效果有限。组织结构形式如图 6-4 所示。

3. 物流功能独立的组织形式

20 世纪 60 年代末、70 年代初，物流管理的重要性受到了进一步重视，出现了物流管理功能独立的组织形式，如图 6-5 所示。此时将物资配送和物料管理的功能独立出来，在企业中的地位也提高了。尤其是随着市场需求量逐渐加大，企业为了更快地、成本更低地做出反应，纷纷建立面向零售业的物流配送中心，这也是造成物流管理部门相对独立和地位提升的原因之一。

117

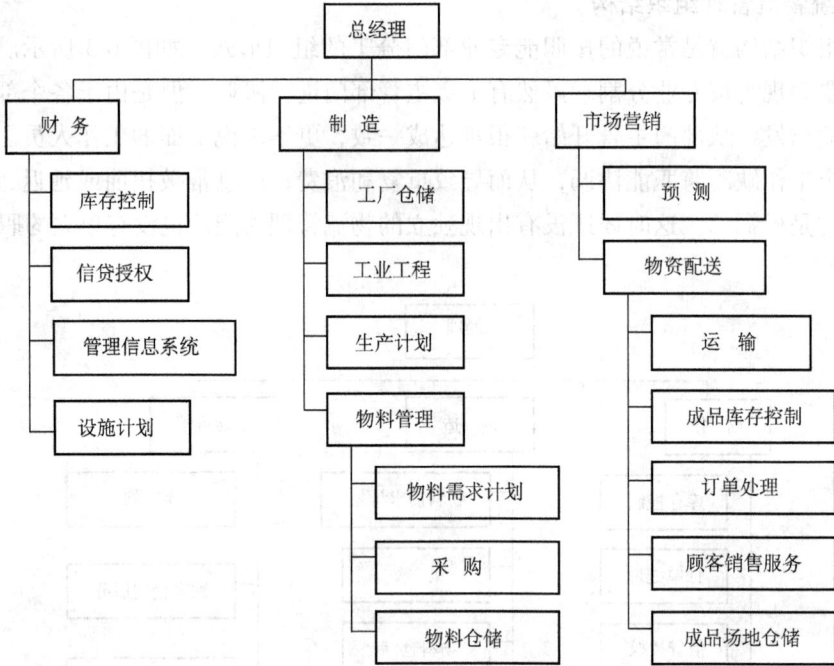

图 6-4　简单功能集合的物流组织形式

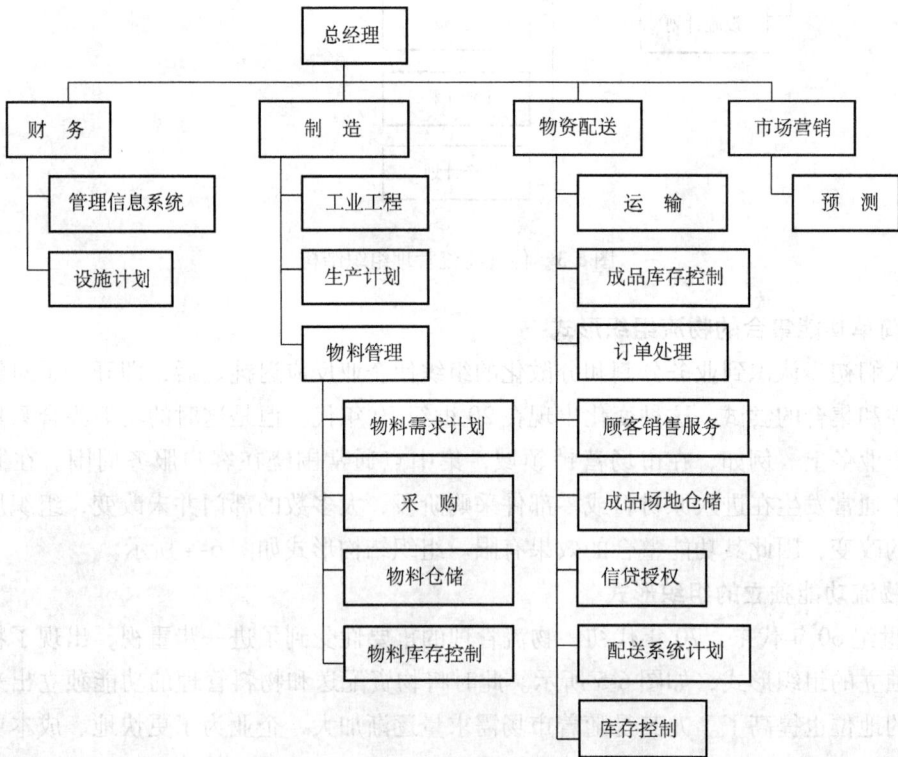

图 6-5　物流功能独立的组织形式

4. 一体化物流组织形式

20 世纪 80 年代初期，物流一体化组织的雏形出现了。这种组织结构试图在一个高层经理的领导下，统一所有的物流功能和运作，目的是对所有原材料和制成品的运输和存储进行战略管理，以使企业产生最大利益。这一时期计算机管理信息系统的发展，促进了物流一体化组织的形成。

如图 6-6 所示，在这种组织结构中，负责总体的计划与控制处在组织的最高层次上，这种努力的结果促进了一体化的形成。计划功能关注的是长期的战略定位，并对物流系统质量改进和重组负责。物流控制的注意力集中在成本和客户服务绩效的测量上，并为管理决策制订提供信息。物流控制系统开发是综合物流管理的关键程序之一。这时的物流组织将厂商定位在可以处理采购、制造支持和物资配送之间的利益协调方面，有利于从整体把握全局观念。

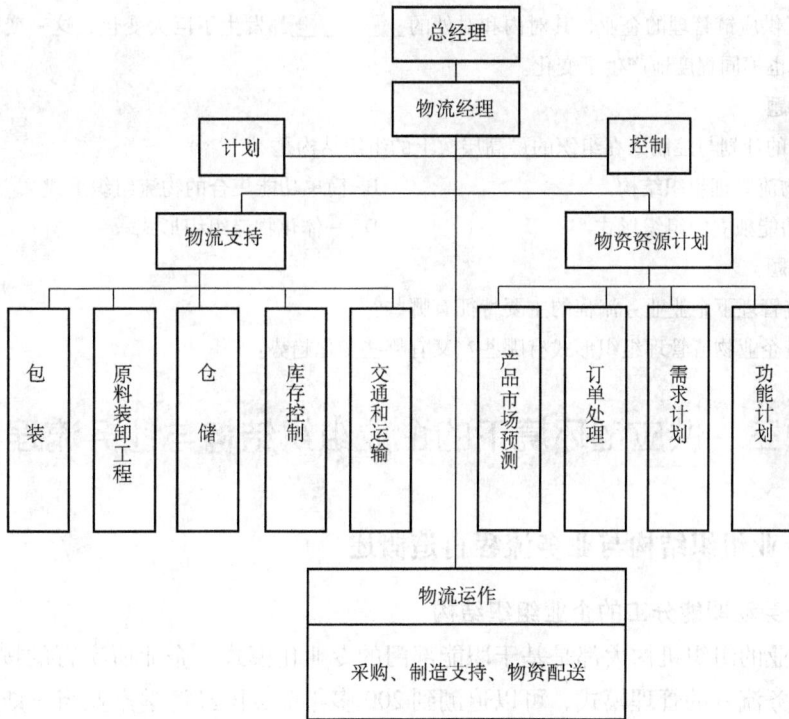

图 6-6 一体化物流组织形式

实际上，这已是供应链管理的基本形态了。一项综合研究显示，在过去的十年里，物流组织完成了从分隔到物流一体化的转化，使功能渐趋整合。直到 20 世纪 90 年代中期，物流组织已扩展到包括联盟关系，并在可预见的未来保持优势。

5. 从功能一体化向过程再造转移

自从 BPR 提出后，适应供应链管理的组织结构变化逐渐从过去的注重功能集合转向注重过程（或称流程）的再造上来。传统组织改变的只是集权和分权的权重或是顾客、地区或产品之间的合作，而未对基本工作流程进行任何重大的重新设计。在新的环境下，功能一体化对企业获得优秀绩效的作用仍嫌不足，因为现在所处的经营环境和所依赖的信息技术都与几十年前大不一样，不彻底改变原有流程就不能实现新的目标。所以，人们就提出了要将流程的整合作为新的工作中心。这项工作目前在欧美国家的企业中正如火如荼地进行着。

以上所介绍的虽然是美国企业在物流管理方面的组织形式演变历史，但其发展历程可以给我们一定的启发，使我国企业在考虑组织结构和业务流程再造时，有一个比较和参考的对象。

知识检验

一、填空题

1. 在供应链管理环境下，制造商与供货商、制造商与分销商、供货商与供货商之间一般要借助于_____或_____进行业务联系。

2. 实施了供应链管理的企业，其对内和对外的_____都发生了巨大变化，这一变化直接促使企业_____也不同程度地产生了变化。

二、选择题

负责总体的计划与控制处在组织的最高层次上的组织结构是（　　）。

A. 传统物流管理组织结构　　　　　　B. 简单功能集合的物流组织形式

C. 物流功能独立的组织形式　　　　　D. 一体化物流组织形式

三、简答题

1. 供应链管理下企业业务流程的主要特征有哪些？

2. 供应链企业物流管理组织形式有哪些？又有哪些变化趋势？

课题三　供应链环境下的企业组织结构与业务流程再造

一、企业组织结构与业务流程再造概述

1. 基于劳动职能分工的企业组织结构

现行企业的组织机构大都是基于职能部门的专业化模式。企业所实行的按职能专业化处理企业业务流程的管理模式，可以追溯到200多年前英国经济学家亚当·斯密在《国富论》中提出的劳动分工理论。后来，美国的福特将这种思想进一步发挥，建成了世界上第一条流水生产线，极大地提高了汽车制造业的生产率，成为许多企业家争相模仿的典范。这种劳动分工的思想又被应用到企业管理的设计上，将企业管理划分成许多职能，形成了许多分工细致的职能部门，管理流程更加专业化。这一模式一直到现在都还占主导地位。

专业化分工之所以能够提高效率，在于通过分工使劳动者成为某一方面的专家，使处理某一问题的单位效率提高。虽然专业化分工有如此多的优点，但是在由人组成的管理系统中，系统的总效率并不等于单个人的效率的简单汇总。同时，为了便于控制，这种分工还具有权力平衡、制约作用。这种基于分工原则的权力平衡是为了将失误降到最低限度，因而在管理系统内某一方面的任务需要由几个部门的人一起完成，以这个过程来相互制

约，使失误率降低。这种方式无疑是企业管理所需要的，但也无疑降低了效率，特别是在现代信息社会中，在有大量的信息需要处理的情况下，一项工作花在检查、核对、协调上的时间大大增加，从而降低了由原来分工所带来的效率。

为了能保持对专业化分工后的职能部门进行有效管理、协调和控制，企业的组织是按等级制构成的，其典型的"金字塔"型组织结构如图 6-7 所示。这种组织结构的特点是多职能部门、多层次、严格的等级制度，从最高管理者到最基层的员工形成了一个等级森严的"金字塔"型的组织体系。这种组织适合于稳定的环境、大规模的生产、以产品为导向的时代，

> **知识卡**
>
> **亚当·斯密的劳动分工理论**
>
> 亚当·斯密把零件制造过程分解为一道道简单工序。由于每道工序的工人都只从事相同内容的加工活动，因而大大提高了专业化程度和劳动效率，同时也降低了成本，对大量生产标准化产品的企业来说收效甚大。

它以各部门的简单重复劳动来赢得整个部门的效率。但其代价是整个工作时间的延长。一项业务要流经不同部门、不同层次，正如我们在前面已经讨论的那样，大量的时间和资金都浪费在这些不增值的活动中了。

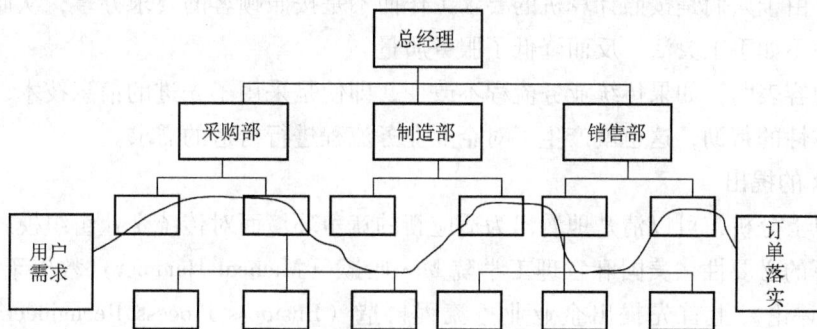

图 6-7 传统企业典型的"金字塔"型组织结构

如果说在工业化时代、在比较稳定的市场环境中、在产品供不应求、在企业员工作为"经济人"而存在、企业强调规模经济的情况下，流程片断化的危害性还不是很明显的话，那么，随着信息化时代的到来，市场环境日趋不确定，顾客的要求越来越多样化，企业员工强调自我实现，企业不仅追求规模经济效益、更强调时间经济的情况下，这种片断化的企业流程也就越来越难以使企业满足多方的要求，其组织结构显得越来越僵硬。因为一项任务要顺序地流经各职能部门，虽然各职能部门的专业化程度提高了，但由于要等上一个环节的工作完成后才能开始下一环节的工作，结果把一个完整的任务或项目所包含的各项作业在职能部门之间被分解得支离破碎，既造成部门之间在衔接中的大量等待，又使各部门增加很多重复劳动，大大延长了完成任务所花费的时间。

2. 基于计算机和信息技术应用的企业组织结构

为了减少时间和资金的浪费，人们曾进行过艰苦的探索。例如，利用计算机和信息技术建立管理信息系统（Management Information System，MIS），试图通过采用计算机技术提高企业的管理效率。但是，MIS 在企业中应用的效果并不尽如人意。原因在于采用计算机

技术后的管理系统并没有发生根本变化，只是在原有的管理系统中加入了计算机管理的成分，而且由于某些原因并不是所有的部门都安装了计算机。那些没有纳入计算机管理信息系统的部门，仍然是低效率的手工操作，这样一来与其他采用了计算机部门的差距更大了。这样的组织设计对业务流程没有产生根本性影响，因为它没有触及业务流程的变化，只是传统业务流程的计算机化而已。

信息技术应用于企业管理没有释放其潜能的原因之一，就是企业在应用信息技术时，总是沿着旧的或者已存在的方式做事，而不是注重工作应该怎样合理地去做，然后考虑应用信息技术来辅助完成它。办公自动化信息系统的初衷是为了实现"无纸化办公"，其结果却导致更多纸张的使用。不管报告是否有价值，报告越来越多，格式越来越漂亮。人们不惜花去数天时间去写报告并绘有精美的图表，以期得到高一级主管的认可或批准。因为在办公自动化软件上制作和修改文字和图表太容易了，以致于人们一遍一遍地修改完善。问题在于，处理办公事务的流程和方式没有改变。

在应用信息技术为顾客提供服务方面，也会经常导致一些问题。运用计算机信息系统处理技术直接模仿手工业务处理和流程，就是在用计算机对许多不合理的业务和流程进行自动处理。由于人们是按照计算机的要求工作而不是按照顾客的要求办事，从而有可能导致工作秩序不如手工灵活，反而降低了服务质量。

上述内容表明，如果传统业务流程不改变，即使是采用了先进的信息技术，也不会对工作有根本性的帮助，这也就产生了对企业业务流程进行再造的需求。

3. BPR 的提出

通过以上分析，可以清楚地看出为适应新的竞争环境而对传统企业组织模式及业务流程进行改革的必要性。美国麻省理工学院 M·哈默（Micheal Hammer）教授于 1990 年在《哈佛商业评论》上首先提出企业业务流程再造（Business Process Reengineering，BPR）的概念。因为他已发现对传统的企业工作流程计算机化后，并没有给企业带来预期效益，其中主要原因之一是没有触及传统管理模式。因此，要想取得实效，首先必须分析企业的业务流程，剔除无效活动，对其进行彻底重新设计，计算机只是新业务流程的使能器（Enabler）。三年后，哈默与 J·钱贝（James Chamby）教授合着出版了《Reengineering the Corporation》一书。该书的问世引起世界学术界和企业界的广泛重视，并使 BPR 成为近十年企业管理研究和实践的热点。

BPR 之所以能引起广泛的重视，与企业面临的竞争环境分不开。当前各国企业都处在一个科学技术飞速发展、产品生命周期越来越短、用户需求越来越趋于多样化的时期，都面临着竞争激烈、瞬息万变的市场环境。要想在这样的环境中生存和发展，企业就必须不断地采取各种管理措施来增强自身竞争能力。不少

> **知识卡**
>
> **什么是 BPR？**
>
> 为最大限度地适应以客户、竞争、变化为特征的现代经营环境，对企业的业务流程作根本性的思考和彻底性的再设计，从而在成本、质量、服务和速度等方面取得显著改善。

企业耗巨资引入计算机技术和信息技术，希望利用先进的信息技术来提高企业对外界变化的反应速度就是其中最具代表性的实例。在国外，有些企业把建立计算机化的管理信息系

统称为企业业务流程工程化（Business Process Engineering，BPE）。BPE 实际上就是按照工程化的方法，在企业建立计算机管理信息系统，以提高企业的业务处理流程的效率。然而，长期的实践活动并没有使企业得到或没有完全得到采用新的信息处理技术所期望的结果。起初，人们认为产生这种现象的原因是计算机系统不够先进，因而，总在计算机硬件、软件上找原因，结果是促进了计算机、数据库、局域网等技术的飞速发展。但企业组织结构和业务流程仍旧未发生大的变化。因此，一方面，信息技术越来越先进；另一方面，组织结构上的问题对企业提高应变能力的阻力越来越大。这对矛盾的加剧才使人们逐渐认识到，企业可否用信息技术来提高自身的竞争能力，在很大程度上取决于由谁来应用和如何应用这些技术。过去开发 MIS 没有取得成功的企业都处在原有的组织结构和管理方式之下，所改变的，只是用计算机模仿手工劳动的业务流程，造成了先进的信息技术迁就于落后的管理模式的结果。这样实施 MIS，当然难以达到预期目标。所以，就需要来一个 BPR，即重新构造管理流程和与其相匹配的管理信息系统。于是，整个企业的业务流程再造思想产生了。它是"为在反映企业绩效的关键因素，如成本、质量、服务和交货速度等方面取得重大进展，而对企业整个活动过程所进行的根本性重新设计"。可见，BPR 是伴随管理信息系统在企业中的应用而产生的一个新思想，是企业实现高效益、高质量、高柔性、低成本的战略措施。

BPR 的核心思想是要打破企业按职能设置部门的管理方式，代之以业务流程为中心，重新设计企业管理过程，因而受到了改革中企业的欢迎，得到了企业管理学术界的重视。而企业实践和学术研究的结果，又推进了 BPR 研究的发展。BPR 的实践对企业的管理效果产生巨大影响。福特汽车公司北美财会部运用"Reengineering（再造）"的例子给我们一个深刻的启示。福特汽车公司北美财会部原有 500 多人负责账务与付款事项。改革之初，管理部门准备通过工作合理化和安装新的计算机系统将人员减少 20%。后来，当他们发现日本一家汽车公司的财会部只有 5 个人时，就决定采取更大的改革动作。他们分析并重新设计了付款流程。原付款流程（图 6-8）表明，当采购部的采购单、接收部的到货单和供货商的发票，三张单据验明一致后，财会部才予以付款，财会部要花费大量时间查对采购单、接收单、发票上共 14 个数据项是否相符。重新设计付款流程（图 6-9）后，由计算机将采购部、接收部和财会部联成网络，采购部每发出一张采购单，就将其送入联网的

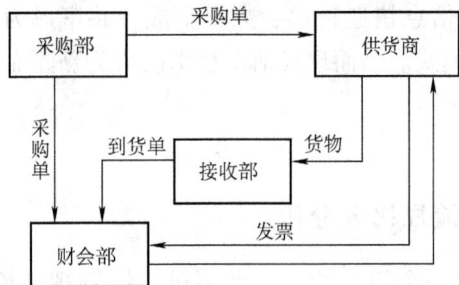

图 6-8　福特汽车公司原有付款流程　　　　图 6-9　福特汽车公司新的付款流程

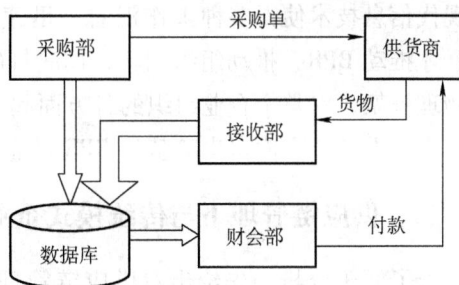

实时数据库中，无须向财会部递送采购单复印件。当货物到达接收部后，由接收人员对照检查货单号和数据库中的采购单号，相符后也送入数据库。最后由计算机自动检查采购记录和接收记录，自动生成付款单据。实施新流程后，财会部的人员减少了 75%，实现了无发票化，提高了准确性。

4. 基于 BPR 的企业组织结构内容

BPR 中有一个关键概念，也是有别于传统职能分工的地方，就在于对经营流程的定义。所谓经营流程，不是指个别业务部门的工作程序，而是指"输入一个以上的东西，对顾客产生价值的输出行为的集合"，是对企业整体业务流程而言。BPR 对流程的定义，不仅要求在企业组织结构中减少、甚至消除那些不产生附加值的中间环节，以使一个经营流程完整化、一体化，更要求应以经营流程为企业组织的主干，彻底改造企业的组织结构模式。只有这样才能发挥出现代管理理论的威力。

基于 BPR 的企业组织应包括以下几个方面的内容。

（1）企业应是流程型组织　将属于同一企业流程内的工作合并为一个整体，使流程内的步骤按自然的顺序进行，工作应是连续的而不是间断的。整个企业组织结构应以关键流程为主干，彻底打破旧的按职能分工的组织结构。

（2）流程经理的作用　所谓流程经理就是管理一个完整流程的最高负责人。对流程经理而言，不仅要有激励、协调的作用，而且应有实际的工作安排、人员调动、奖惩的权力。这是有别于矩阵式组织结构中的项目经理的地方。项目经理的组织方式形式上与流程再造是一样的，由各个部门的人组成一个完整的流程，但他们只是这个项目的召集人，或者是一个协调者，没有实权，难以保证这个流程不受本位主义的干扰。

（3）职能部门也应存在　虽说在同一流程中，不同领域的人相互沟通与了解能创造出新的机会，可同一领域的人之间的交流也很重要。而这种职能部门正好为同一职能、不同流程的人员提供了交流的机会。当然，在新的组织结构中，这种职能部门的重要性已退位于流程之后，不再占有主导地位，它更多地转变为激励、协调、培训等。

（4）人力资源部门的重要性　在基于 BPR 的企业组织结构中，在信息技术的支持下，执行人员被授予更多的决策权，并且使多个工作汇总为一个，以提高效率。这对于人员的素质要求更高。因而在 BPR 条件下，人力资源的开发与应用则更显得重要。

（5）现代信息技术的支持作用　BPR 本身就是"以信息技术使企业再生"。也正是由于现代信息技术使得多种工作汇总、迅速决策、信息快速传递、数据集成、共享成为可能，才推动 BPR、推动组织创新，彻底打破原有模式。因而现代信息技术已成为新型企业的物理框架，对整个企业组织的各方面起着支持作用。

由以上几个方面得出的基于 BPR 的企业组织结构示意图如图 6-10 所示。

二、供应链管理下与传统模式企业业务流程比较分析

为了便于分析，先给出对供应链管理环境的一个简单约定：所谓供应链管理环境，是指有供需业务关系的企业构成了一个相对稳定的网链结构（一定时期内），供应链企业之间通过因特网或 EDI 传递有关信息，每个结点企业都有自己的网站，企业与企业之

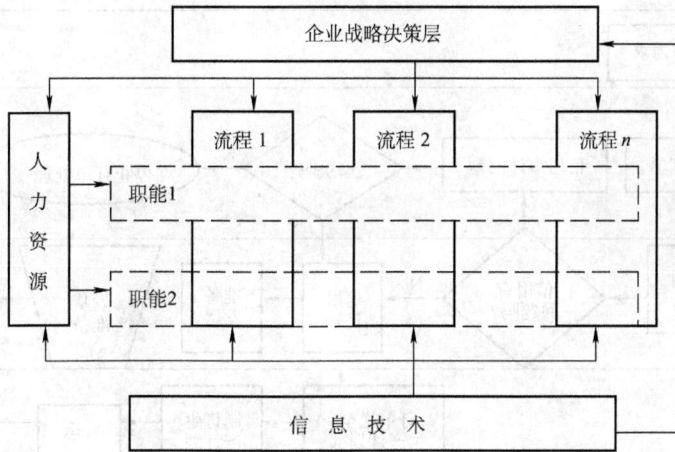

图 6-10　基于 BPR 的企业组织结构示意图

间有着一定的运作协议，相互之间已形成一种合作伙伴关系。下面主要从供应链系统过程中的输入端业务流程、输出端业务流程，以及企业内部有关部门业务流程的顺序来讨论。

1. 基于传统管理模式的企业业务流程模型

根据上面的约定，对企业工作流程再造的问题主要从两个不同视角进行研究：一个是站在上游企业（如供货商）的角度观察接收来自用户（顾客）或下游企业（如制造商）订货需求的业务流程的变化，即供货商—制造商关系；另一个是站在下游企业（如制造商）的角度观察向上游企业（如供货商）提出货物需求的流程变化，即制造商—供货商关系。因此，讨论的重点是一个企业的输入和输出两个接口衔接端点的情况。

传统的企业间完成供需业务的简化流程模型如图 6-11 所示。通过着重研究企业经营中的某些典型业务，比较不同业务流程下的交货周期、生产成本资源利用率等问题，从而说明供应链管理环境下的企业业务流程再造的必要性。

首先，考察企业从了解用户订货需求/接受用户订单直到形成生产计划这一阶段的业务流程。正如我们所知，用户的需求信息，如提出某种订货，一般情况下都是通过电话、传真、信函或者直接派人洽谈，将信息传递给企业。当然，也有些企业是自己通过市场预测和市场调查了解用户需求。这些订货需求信息，如品种、数量、交货期等先由企业的销售部门接受处理，签订好合同后，再由流程传递到生产管理部门。生产管理部门接到任务后，再制订生产计划、安排生产任务。如果仓库里有存货，则可直接发给用户。如果没有库存则要根据计划组织新的生产，经过加工、装配、包装、入库等一系列工序后，再将完工信息回馈给销售部门，最后发给用户。从这个简单模型可以看出，一笔业务要经过多少个部门，而且在每个部门还有多道工作，因此完成一项用户订货的周期不仅与生产周期有关，而且与整个流程的各个业务点上所消耗的时间有关。

其次，考察制造企业和供货商之间的流程关系，着重考虑生产部门—物资供应部门—供货商—制造商这一阶段的工作绩效。在一般的情况下，这一阶段的业务流程是：首先是

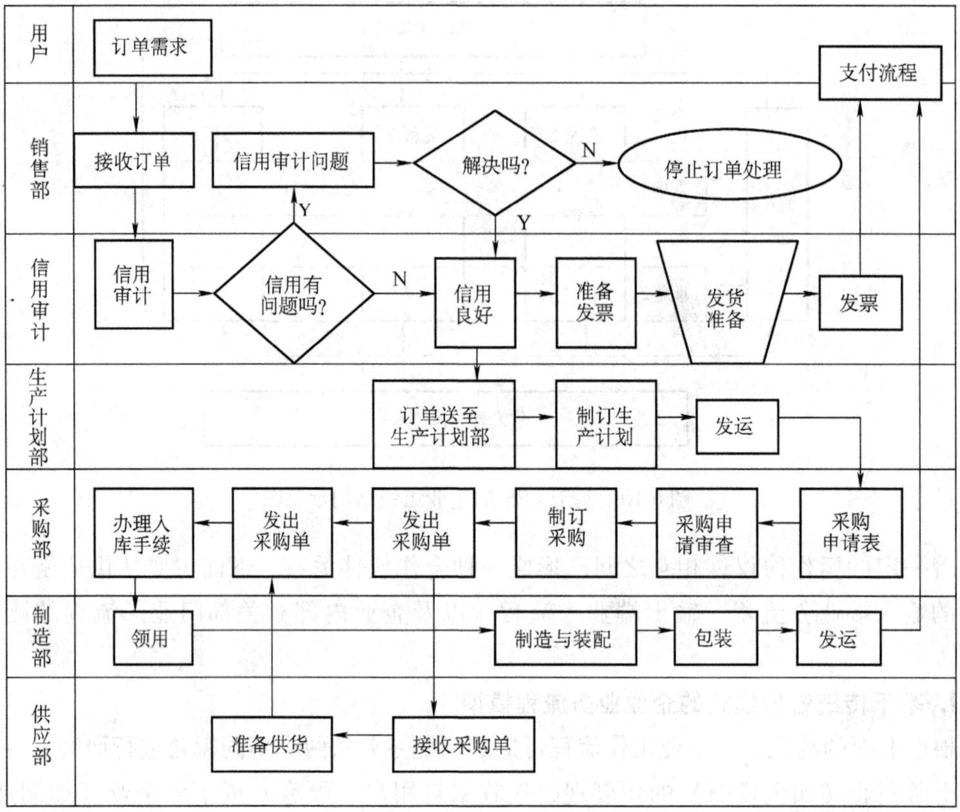

图 6-11 传统的跨企业供需业务的流程模型

生产管理部门根据销售部门传来的指令，制订生产计划并提出物料需求申请，然后交由物资供应部门审查并制订相应的采购供应计划，最后再由采购供应部门向供货商发出采购订单（原材料或配套的零部件）。供货商接到制造商的订货信息后，即组织物资供应。制造商接到供货商的货物后，进行验货和办理入库手续，然后再由制造部门按生产计划领料进行生产，最后再把完工产品发给用户。如果制造商有现有库存，则可直接从仓库中将货物发送给用户。在现有技术条件下，制造商与供货商之间业务通信手段主要是电话、传真、信函或直接派人出差，因而一般花费的时间较多，生产提前期较长。生产提前期长的结果之一是增加了生产与采购过程的不确定性，因此，在实际工作中，为了避免发生缺货情况，采购部门常采用扩大采购批量的方法增加安全系数。虽然安全性增强了，但企业也为此垫付了大量的流动资金，影响了企业的经济效益。

业务流程效率的高低直接影响企业的竞争力。但是，现实中的企业不可能对每一种可能的业务流程都进行实际验证，因为那样要花费大量的时间和资金，而且现实中的市场竞争也不允许企业去做这种试验。因此，为了对该业务流程的效果进行评价和分析，避免企业在实际运行中出现问题，目前较多的是采用计算机流程仿真软件对各种流程进行仿真运行，从仿真运行的统计数据评价哪一种流程更好一些。

2. 基于供应链管理模式的企业业务流程模型

在供应链管理环境下，企业间的信息可以通过 Internet 传递，上下游企业之间的供需信息可以直接从不同企业的网站上获得。这样可以简化上游企业的业务流程，如图 6-12 所示。从图中可以看出，与一般情况下的企业与用户方的业务交往不同的是，处于供应链上的企业（如某供货商）不是被动地等待需求方（如用户或供应链下游的企业）提出订货要求再来安排生产，而是可以主动地通过 Internet 了解下游企业的需求信息，提前获取它们的零部件消耗速度，这样便可以主动安排好要投入生产的资源。在这种情况下，生产管理部门具有一定的主动权，销售部门不是生产部门的上游环节，而是和生产部门处于同一流程的并行环节上。在这种流程模式下，减少了信息流经的部门，因而减少了时间消耗。此外，由于流程环节少了，也减少了信息的失真。在此流程模式中，销售部门所获取的信息是发货和资金结算的依据。

采用这种模式的企业提高了对需求方的响应速度，因此比潜在的竞争对手更有竞争力。由于可以对需求方提供及时、准确的服务，节省了需求方向供货商发出订货信息而花费的人力和时间，因而大受下游企业的欢迎。在这方面已有成功的例子。美国一家为其他公司提供零部件的企业，为了增强竞争力，采取了通过互联网了解下游企业零部件消耗速度的方法，可以及时、准确掌握需求方对零部件的需要时间和数量，本企业在不必接到下游企业要货指令的情况下，就能事先做好准备工作，并且及时生产出来，在需求方需要的时候已经出现在生产第一线，深受需求方企业的欢迎，更重要的是双方共同提高了竞争力。

供应链管理环境下的企业间完成供需业务的流程业同样发生了变化，如图 6-12 所示。制造商和供货商之间通过因特网实现信息共享，双方又已建立了战略合作伙伴关系，每个企业在整个供应链中承担不同的责任，完成各自的核心业务。

3. 供应链企业内部业务流程模型

在供应链管理环境下，企业之间通过互联网实现信息共享，企业内部通过内部网并采用 MRP II 或 ERP 等管理软件实现信息共享，实现计算机辅助管理。因此，供应链管理环境下的企业运行均建立在计算机网络支撑平台上。在这样一种环境下，应该对原有的业务流程进行重新设计，以便提高企业和整个供应链的竞争力。在新的业务流程模型中，主要涉及了生产计划部门、采购供应部门、生产车间到供货商之间的业务流程。

从图 6-12 可以看出，在生产计划部门生成对原材料、外购件等的需求计划后，由管理软件直接编制采购计划。这个过程由计算机自动完成，其间可由人工干预进行必要的调整。采购计划生成后，通过互联网向供货商发布。供货商从网上得到需求信息后，即可进行生产或包装，然后将货物运到制造商的生产现场。为了今后有案可查，在发出电子订货令之后，可随后附上相同的纸质文档。双方根据事先签订的合同协议定期进行结算。从这一流程可以明显看出，企业内部原来那种经过多个业务部门的流程简化了许多，制造商与供货商之间的环节也减少了，运行机制也发生了变化。这些新的流程有利于提高整个供应链的竞争力，对每一个企业都有好处。

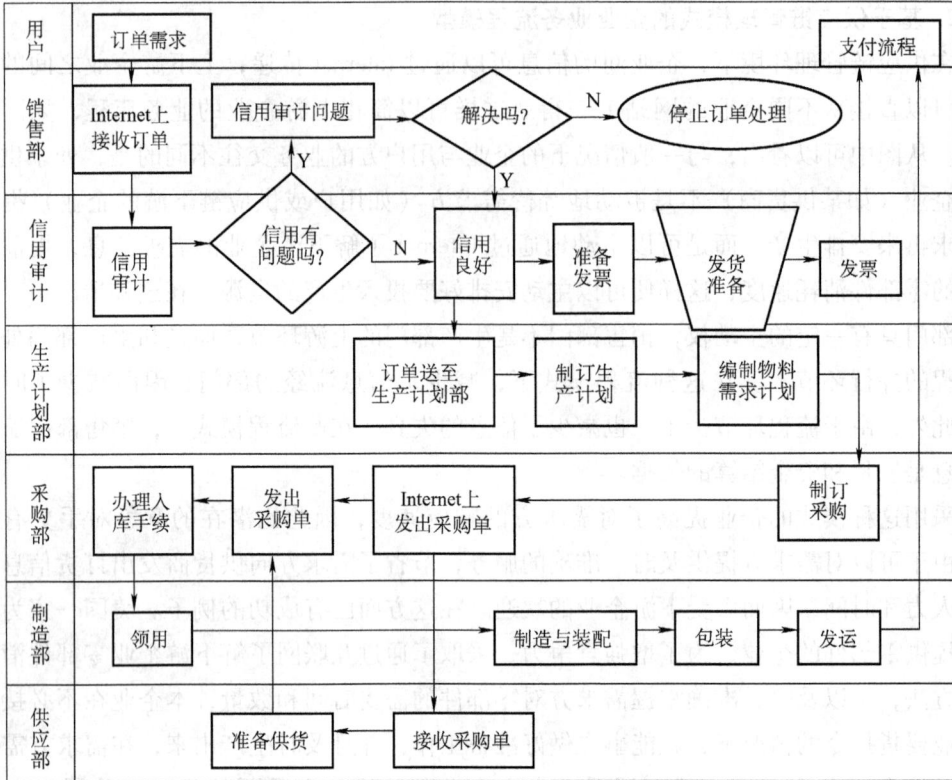

图 6-12 供应链管理环境下跨企业业务的流程模型

三、企业核心竞争力与物流外包

1. 企业核心竞争力

（1）企业核心竞争力的概念 根据世界经济论坛的看法，所谓企业竞争力，就是企业和企业家设计、生产和销售产品与服务的能力，其产品和服务的价格和非价格的质量等特性比竞争对象具有更大的市场吸引力。也就是说，是企业和企业家在适应、协调和驾驭外部环境的过程中成功地从事经营活动的能力。

从另一个角度来说，企业竞争力可以看作是企业的持续发展、后劲增长、资产增值和效益提高的能力。因此，就企业本身来说，竞争力因素大体上包括以下5个方面：

1）采用新技术的速度和技术改造的进度。

2）新产品、新技术研究、开发的状况。

3）劳动生产率的提高。

4）产品的质量优势。

5）综合成本的降低和各种开支的节约。

另外，宏观方面的金融政策、税率高低、法制情况、知识产权的保护等，对企业竞争力都有重要的影响。

可以说，竞争力是特定企业个性化发展过程中的产物，它并不位于公司的某一个地方，而是充斥于公司不同的研究、开发、生产、采购、仓储以及市场营销等部门。它往往体现了意会知识的积累，对于竞争对手而言，既无法完全模仿，更无法完全交易。它是根植于企业中的无形资源，不像实物资源会随使用而折损；相反，它是组织中集体学习的结晶，将在不断的应用和分享过程中得到改进和精炼。

所谓核心竞争力，我们可以定义为企业借以在市场竞争中取得并扩大优势的决定性的力量。例如，本田公司的引擎设计及制造能力，联邦航空公司的追踪及控制全世界包裹运送的能力，都使他们在本行业及相关行业的竞争中立于不败之地。一家具有核心竞争力的公司，即使制造的产品看起来不怎么样，像万宝路公司生产极多的相关性很低的产品，但它却能利用核心能力，使公司整体蓬勃发展，扩大了原来局限于香烟的竞争优势。

企业核心竞争力的表现形式多种多样，这些不同形式的核心能力，存在于人、组织、环境、资产/设备等不同的载体之中。由于信息、专长、能力等在本质上仍是企业/组织内部的知识，而组织独特的价值观和文化，属于组织的特有资源，所以，我们可以认为企业的核心竞争力本质是企业特有的知识和资源。

（2）核心竞争力的诊断分析 供应链节点企业在供应链管理环境下，要想在竞争中获得竞争优势，就必须在供应链中具有独特的核心竞争力，企业必须在诊断分析的基础上找到企业的核心竞争力所在，并使之得到持续发展。

企业核心竞争力的外部特征可以归纳为3个方面：

1）顾客价值：核心竞争力必须对顾客所重视的价值有关键性的贡献。

2）竞争差异化：核心竞争力必须能够使竞争力独树一帜，不能轻易地被竞争对手模仿。

3）延展性：核心竞争力必须能够不断推衍出一系列的新产品，具有旺盛和持久的生命力。

对企业核心竞争力的诊断和分析首先要从外部环境开始，分析企业是否在一定的市场环境下有核心产品，然后对企业进行核心竞争力分析。分析的主要内容包括：支持企业核心产品和主营业务的技术优势和专长是什么，这种技术和专长的难度、先进性和独特性如何，企业是否能够巩固和发展自己的专长，能为企业带来何种竞争优势，以及竞争力强度如何等。企业核心竞争力的独特性和持久性在很大程度上由它存在的基础来决定。一般说来，那些具有高技术难度或内化于企业整个组织体系、建立在系统学习经验基础上的专长，比建立在一般技术难度或个别技术骨干基础上的专长，具有更显著的独特性。

为了使企业具有长久的竞争优势，必须不断保护和发展自己的核心竞争力，包括对现有核心竞争力的关注和对新的核心竞争力的培育。对企业核心竞争力的诊断和分析，还应涉及企业发展核心竞争力的能力分析。主要包括企业对现有技术和专长的保护与发展、对新技术信息及市场变化趋势的追踪与分析、高层领导的进取精神与预见能力等。

（3）培养核心竞争力，扩大企业竞争优势 企业能够在供应链中长久发展，并不是光靠表面的策略，关键是企业能否找到自己的核心竞争力，并且利用它向外发展。核心竞争力的培养过程是一个动态过程。企业的核心竞争力并非一成不变，或是永远存在的，就像企业的职工有走有来一样，核心竞争力也会新陈代谢。品牌知名度需要企业的实力来维护，技术需要不断创新。因此，我们应该认识到：核心竞争力的培养是一个动态的过程，企业要想永远维护核心竞争力，就必须构建一个学习型组织。在这样的组织中，成员具有充沛的学习能力，他们会不断更新现有的技术，开发更有竞争力的新技术。

2. 企业物流外包

（1）企业物流外包的概念　供应链管理注重的是企业核心竞争力，强调根据企业的自身特点，专门从事某一领域、某一专门业务，在某一点形成自己的核心竞争力，企业为了获得比单纯利用内部资源更多的竞争优势，将其非核心业务交由合作企业完成。即所谓的物流外包。

传统纵向一体化模式已经不能适应目前技术更新快、投资成本高、竞争全球化的制造环境。现代企业应更注重于高价值生产模式，更强调速度、专门知识、灵活性和革新。与传统的纵向一体化控制和完成所有业务的做法相比，实行物流外包的企业更强调集中企业资源于经过仔细挑选的少数具有竞争力的核心业务，也就是集中在那些使他们真正区别于竞争对手的技能和知识上，而把其他一些虽然重要但不是核心的业务职能外包给世界范围内专家企业，并与这些企业保持紧密合作的关系。从而使自己企业的整个运作提高到世界级水平，而所需要的费用则与目前的开支相等甚至有所减少，并且还往往可以省去一些巨额投资。更重要的是，实行物流外包的公司出现财务麻烦的可能性仅为没有实行物流外包公司的三分之一。把多家公司的优秀人才集中起来为我所用的概念正是物流外包的核心，其结果是使现代商业机构发生了根本的变化。企业内向配置的核心业务与外向配置的业务紧密相连，形成一个关系网络（即供应链）。企业运作与管理也"控制导向"转为"关系导向"。在供应链管理环境下，企业成功与否不再由纵向一体化的程度高低来衡量，而是由企业积聚和使用的知识为产品或服务增值的程度来衡量。企业在集中资源于自身核心业务的同时，通过利用其他企业的资源来弥补自身的不足，从而变得更具竞争优势。

尽管物流外包的速度在迅速加快，但没有迹象表明现在已经达到顶峰。迄今为止，全球的所有物流外包活动，约有60%集中在美国。

（2）物流外包的原因　物流外包推崇的理念是，如果在供应链上的某一环节不是世界上最好的，如果这又不是我们的核心竞争优势，如果这种活动不至于与客户分开，那么可以把它外包给世界上最好的专业公司去做。也就是说，首先确定企业的核心竞争力，并把企业内部的智慧和资源集中在那些有核心竞争优势的活动上，然后将剩余的其他企业活动外包给最好的专业公司。供应链环境下的资源配置决策是一个增值的决策过程，如果企业能以更低的成本获得比自制更高价值的资源，那么企业选择物流外包。以下是促使企业实施物流外包的原因。

1）分担风险。企业可以通过外向资源配置分散由政府、经济、市场、财务等因素产生的风险。企业本身的资源、能力是有限的，通过资源外向配置，与外部的合作伙伴分担风险，企业可以变得更有柔性，更能适应变化的外部环境。

2）加速再造优势的形式。企业再造需要花费企业很多的时间，并且获得效益也要很长的时间，而物流外包是企业再造的重要策略，可以帮助企业很快解决业务方面的再造问题。

3）企业难以管理或失控的辅助业务职能。企业可以将在内部运行效率不高的业务职能外包，但是这种方法并不能彻底解决企业的问题，相反这些业务职能可能在企业外部变得更加难以控制。在这种时候，企业必须花时间去找到问题的症结所在。

4）使用企业不拥有的资源。如果企业没有有效完成业务所需的资源（包括所需现金、技术、设备），而且不能盈利时，企业也会将物流外包。这是企业临时外包的原因之一，但是企业必须同时进行成本/利润分析，确认在长期情况下这种外包是否有利，由此决定是否应该采取外包策略。

5）降低和控制成本，节约资本资金。许多外部资源配置服务提供者都拥有能比本企业更有效、更便宜的完成业务的技术和知识，因而他们可以实现规模效益，并且愿意通过这种方式获利。企业可以通过外向资源配置避免在设备、技术、研究开发上的大额投资。

（3）物流外包的问题　成功的业务外包策略可以帮助企业降低成本、提高业务能力、改善质量、提高利润率和生产率。但是它也同时会遇到一些问题。

首先，物流外包一般可以减少企业对业务的监控，但它同时可能增加企业责任外移的可能性。企业必须不断监控外包企业的行为并与之建立稳定长期的联系。

另一个问题来自职工本身，随着更多物流的外包，他们会担心失去工作。如果他们知道自己的工作被外包只是时间问题的话，就可能会使剩下职工的职业道德和业绩下降，因为他们会失去对企业的信心，失去努力工作的动力，导致更低的业绩水平和生产率。另一个关于员工的问题是企业可能希望获得较低的劳动力成本。越来越多的企业将部分业务转移到不发达国家，以获得廉价劳动力以降低成本。企业必须确认自己在这些地方并没有与当地水平偏差太大，并且必须确认企业的招聘工作在当地公众反应是否消极。公众的反应对于企业的业务、成本、销售有很大影响。

许多物流外包的失败不仅是因为忽略了以上问题的存在，同时也是因为没有正确地将合适业务进行外向资源配置。再一个原因就是没有选择好合作伙伴，遇到不可预知情况，过分强调短期效益。

（4）物流外包的主要方式　在实施物流外包活动中，确定核心竞争力是至关重要的。因为在没有认清什么是我们的核心竞争优势之前，从外包中获得的利润几乎是不可能的。核心竞争力首先取决于知识，而不是产品。物流外包主要包括以下几种方式。

1）临时服务（Temporary Service）和临时工（Contract Labor）。一些企业在完全控制他们主产品生产过程的同时，会外包一些诸如自助餐厅、邮件管理、门卫等辅助性、临时性的服务。同时企业更偏向于使用临时工（指合同期短的临时职工），而不是雇佣工（指合同期长的稳定职工）。企业用最少的雇佣工，最有效地完成规定的日常工作量，而在有辅助性服务需求的时候雇用临时工去处理。因为临时工对失业的恐惧或报酬的重视，使他们对委托工作认真负责，从而提高工作效率。临时性服务的优势在企业需要有特殊技能的职工而又不需永久拥有，这在企业有超额工作时尤为显著。这样企业可以缩减过量的经常性开支，降低固定成本，同时提高劳动力的柔性，提高生产率。

2）子网（Subsidiary Networks）。为了夺回以往的竞争优势，大量的企业将控制导向、纵向一体化的企业组织分解为独立的业务部门或公司，形成母公司的子网公司。就理论上而言，这些独立的部门性公司几乎完全脱离母公司，变得更加有柔性、效率和创新性，同时，因为减少了纵向一体化环境下官僚作风的影响，他们能更快地对快速变化的市场环境做出反应。

1980 年，IBM 公司为了在与苹果公司的竞争中取胜，将公司的 7 个部门分解出去，创立了 7 个独立的公司，它的这些子网公司更小、更有柔性，能更有效地适应不稳定的高科技市场，这使得 IBM 迸发出前所未有的创造性，最终导致 IBM PC 的伟大成功。

3）与竞争者合作（Collaborative Relation with Competitor）。与竞争者合作使得两个竞争者把自己的资源投入到共同的任务（诸如共同的开发研究）中，这样不仅可以使企业分散开发新产品的风险，同时，也使企业可以获得比单个企业更高的创造性和柔性。

Altera 公司与竞争者英特尔公司的合作就是一个最好的例证。Altera 公司是一个高密 CMOS 逻辑设备的领头企业，当时他有了一个新的产品设想，但是他没有其中硅片的生产能力，而作为其竞争者的英特尔公司能生产，因此，他们达成一个协议：英特尔公司为 Altera 公司生产这种硅片，而 Altera 公司授权英特尔公司生产和出售 Altera 的新产品。这样两家都通过合作获得了单独所不可能获得的竞争优势，Altera 获得了 Intel 的生产能力，而 Intel 获得了 Altera 新产品的相关利益。尤其在高科技领域，要获得竞争优势，企业就必须尽可能小而有柔性，并尽可能与其他企业建立合作关系。

4）除核心竞争力之外的完全物流外包（Logistics Outsourcing All but the Core Advantage）。耐克公司是世界上最大的运动鞋供货商，但耐克除了生产其关键技术部分——耐克鞋的空气系统（Nike Air System）之外，将其余几乎 100% 的生产都交给外部供货商来完成。运动鞋既要求很高的生产技术，同时又是一种时尚品，所以在生产和营销水平上都要求具有较高的灵活性。耐克公司把力量集中在前期生产活动（研究和开发）和后期生产活动（营销、分销和销售）上，这些活动通过或许是该产业最好的市场营销信息系统连接在一起，从而创造了最大的价值。通过使用一种精心发展的，向供货商派驻"耐克专家"来监控其外国供货商的形式，耐克甚至将其营销计划中的广告也委托给一家外部公司做，该公司创造性的努力将耐克公司产品的认知度推到了极致。

5）转包（Subcontract）合同。在通信行业，新产品寿命周期基本上不超过 1 年，MCI 公司就是靠转包合同而不是靠自己开发新产品在竞争中立于不败之地。世界通信 MCI 公司的转包合同每年都在变换，他们有专门的小组负责寻找能为其服务增值的企业，从而使 MCI 公司能提供最先进的服务。他的通信软件包都是由其他企业所完成的，而他所要做的（也就是他的核心业务）是将所有通信软件包集成在一起为客户提供最优质的服务。

知识检验

一、填空题

1. 整个 BPR 实施体系由＿＿＿＿＿、＿＿＿＿＿＿和＿＿＿＿＿＿三个层次构成，其中以＿＿＿＿＿为主导，而每个层次内部又有各自相应的步骤过程，各层次也交织着彼此作用的关联关系。

2. 流程再造是指对企业的现有流程进行调研分析、诊断，再设计，然后重新构建新的流程的过程，它主要包括＿＿＿＿＿、＿＿＿＿＿、＿＿＿＿＿三个环节。

3. 企业核心竞争力的外部特征可以归纳为＿＿＿＿＿、＿＿＿＿＿、＿＿＿＿＿三个方面。

二、选择题

1. BPR 组织再造的内容包括（　　　）。

   A. 评估 BPR 实施的效果　　　　　　B. 业务流程再造的实施

   C. 文化与人才建设　　　　　　　　D. 建立长期有效的组织保障

2. 物流外包的主要方式是（　　）。

   A. 临时服务和临时工　　　　B. 子网　　　C. 与竞争者合作

   D. 除核心竞争力之外的完全物流外包　　　E. 转包合同

三、简答题

1. 试说明 BPR 的核心思想。

2. 基于 BPR 的企业组织结构内容有哪些？

3. 试比较分析供应链管理下与传统管理模式下的企业业务流程。

4. 供应链管理下业务流程再造的原则和方法有哪些？

5. 企业核心竞争力的概念是什么？竞争力因素包括哪几方面的？

6. 企业物流外包的概念是什么？促使企业实施物流外包的原因有什么？

课题四 技能训练

任务描述

　　1）浏览关键词为"核心竞争力"和"业务外包"的相关网站，选择 2～3 个比较有代表性的企业，列出该企业核心竞争力的业务和外包的业务类型。

　　2）结合企业核心竞争力和业务外包的认识，谈一谈身边存在的业务外包的类型。

　　3）结合企业外包业务，模拟订立一份运输合同。

任务准备

　　学生每 6～8 人一组，将全班分为若干组。课前浏览网站，根据任务收集相关资料。

任务实施

　　1）浏览网站，交流商业网站上获得的信息（有条件的可以在课堂上进行，但建议在课外进行）。

　　2）小组交流。谈谈对企业核心竞争力和业务外包的认识，谈谈身边存在的业务外包的类型。

　　3）写出实训报告。

　　4）教师总结。

任务评价

项目（或任务）编号			学时			学生姓名			总分	
类别	序号	评价项目	评价内容及要求	评价标准	配分	学生自评	学生互评	教师评价	得分	
岗位技能评价	1	质量控制	能够完成信息收集和撰写实训报告	不能完成无分	20					

（续）

项目（或任务）编号				学时		学生姓名			总分	
类别	序号	评价项目	评价内容及要求	评价标准	配分	学生自评	学生互评	教师评价	得分	
岗位技能评价	2	方法技巧运用	能够运用搜索引擎等技巧全球查找最佳资源	不会用无分	10					
	3	运用知识能力	能够正确认识供应链相关知识	不认识无分，认识不准确减分	20					
	4	完成时间	按时完成任务	不按时完成无分	10					
职业素质评价	5	资源整合	资源丰富	资源不丰富减分	10					
	6	应变能力	处理问题果断迅速	处理不果断减分	10					
	7	沟通交流	积极主动性强	不积极沟通减分	10					
	8	团队合作	合作参与意识好	合作不好减分	10					

注：按学生自评占20%、学生互评占30%、教师评价占50%计算总分。

任务小结

授课班级		授课时间		授课地点	
授课教师		任务名称			
学生表现					
存在问题及改进方法措施					

任务拓展

北美福特汽车公司的付款业务流程重组

福特汽车公司是美国三大汽车巨头之一，公司2/3的汽车部件需要从外部供应商购进，为此需要有相当多的雇员从事应付账款管理工作。当时，公司财会部有500多名员工，负责审核并签发供应商供货账单的应付款项。按照传统观念，这么大一家汽车公司，业务量如此之大，有 500 多名员工处理应付账款是合情合理的。

促使福特公司认真考虑"应付账款"工作的是日本马自达汽车公司。这是一家福特公司占股 22% 的参股公司，有 5 位职员负责应付账款工作。尽管两个公司在规模上存在一定的差距，但按公司规模进行数据调整后，福特公司仍多雇用了 5 倍的员工，5∶500 这个比例让福特公司的经理再也无法泰然处之了。福特公司决定对与应付账款相关的整个业务流程进行彻底重组。进行业务重组之前，管理人员计划通过业务流程重组和应用计算机系统，将员工裁减到最多不超过 400 人，实现裁员 20% 的目标。

福特公司传统流程为：采购部门向供货商发出订单，并将订单的复印件送往财会部；供货商发货，验收部门收检，并将验收报告送到财会部；供货商将产品发票送至财会部，"订单""验收报告"以及"发票"三者一致时，财会部才能付款，实际上该部门的大部分时间往往都花费在处理这三者的不吻合上，从而造成人员、资金和时间的浪费，重组前的业务流程如图 6-13 所示。

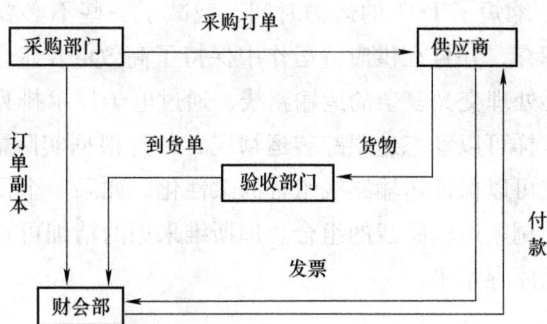

图 6-13 重组前的业务流程

针对上述流程进行重组后，财会部门不再需要发票，需要核实的数据项减为三项：零件部名称、数量和供应商代码，采购部门和仓库分别将采购订单和收货确认信息输入到计算机系统后，由计算机进行电子数据匹配。重组之后的业务流程如图 6-14 所示。

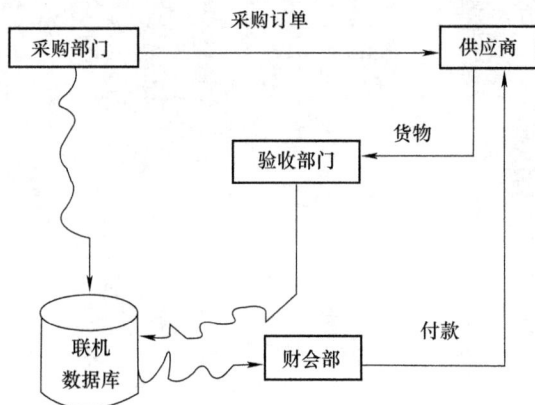

图 6-14 重组后的业务流程

新的流程中包含两个工作步骤：第一，采购部门发出订单，同时将订单内容输入联机数据库；第二，供应商发货，验收部门核查来货是否与数据库中的内容相符合，如果符合就收货，并在终端上按键通知数据库，计算机会自动生成付款单据。

业务流程重组的结果是：以往财会部需在订单、验收报告和发票中核查14项内容，而如今只需检查3项（零件名称、数量和供货商代码）；有125位员工负责应付账款工作，财会部门减少了75%的人力资源，而不是计划的20%；简化了物料管理工作，提高了准确性。

请回答以下问题：

请分析福特公司业务流程重组后带来的效果。

通用汽车公司（General Motors）的运输业务外包

通用汽车公司通过采用物流外包策略，把运输业务外包给理斯维物流（Leaseway Logistics）公司。理斯维公司负责通用汽车公司的零部件到31个北美组装厂的运输工作，通用汽车公司则集中力量于其核心业务上——制造轿车和卡车。始于1991年的合作节约了大约10%的运输成本，缩短了18%的运输时间，裁减了一些不必要的物流职能部门，减少了整条供应链上的库存，并且在供应链运作中保持了高效的反应能力。理斯维在Cleveland设有一个分销中心处理交叉复杂的运输路线，通过电子技术排列它与各通用汽车公司的北美工厂的路线，这样可以动态地跟踪装运情况，并且根据实际需求实现JIT方式的运输。理斯维的卫星系统可以保证运输路线组合的柔性化。如果一个供货商的装运落后于计划，理斯维可以迅速地调整运输路线的组合。理斯维采用的精细可视路线技术保证了通用汽车公司生产在线的低库存水平。

🔍问题讨论：

1. 通用汽车公司（General Motors）采取运输业务外包的原因是什么？
2. 谈谈物流外包的好处。

单元七　供应链管理信息系统

知识目标

1. 掌握供应链管理信息系统的快速反应（QR）系统。
2. 掌握供应链管理信息系统的有效客户反应（ECR）。

技能目标

1. 信息系统在供应链管理中的应用。
2. 具有良好的职业道德和敬业精神。

课题一　快速反应（QR）系统

一、QR 的产生

快速反应（Quick Response，QR 是指供应链成员企业之间建立战略合作伙伴关系，利用 EDI 等信息技术进行信息交换与信息共享，用高频率小数量配送方式补充商品，以实现缩短交货周期，减少库存，提高顾客服务水平和企业竞争力为目的的一种供应链管理策略）是美国零售商、服装制造商及纺织品供应商开发的整体业务概念，它是由技术支持的一种业务方式和管理思想。即在供应链中，为了实现共同的目标，在各链节之间进行的紧密合作。

QR 是美国纺织与服装行业发展起来的一项供应链管理策略。20 世纪六七十年代，美国的杂货行业面临着国外进口商的激烈竞争。80 年代早期，美国国产的鞋、玩具以及家用电器在市场的占有额下降到 20%，而国外进口的服装则占据了美国市场的 40%。面对与国外商品的激烈竞争，纺织与服装行业在 70 年代和 80 年代采取的主要对策是在寻找法律保护的同时，加大现代化设备的投资。到了 80 年代中期，美国的纺织与服装行业是通过进口配额系统保护最重要的行业，而纺织业是美国制造业生产率增长最快的行业。尽管上述措施取得了巨大的成功，但服装行业进口商品的渗透却在继续增加。一些行业的先驱认识到保护主义措施无法保护美国服装制造业的领先地位，他们必须寻找别的方法。

1984 年，美国服装、纺织以及化纤行业的一些主要的经销商成立了"用国货为荣委员会"（Crafted With Pride in USA Council），该委员会的任务是为购买美国生产的纺织品和服装的消费者提供更多的利益。1985 年该委员会开始做广告，提高了美国消费者对本国生产服装的信誉度。该委员会也拿出了一部分经费，研究如何长期保持美国的纺织与服装行业的竞争力。1985—1986 年，Kurt Salmon 协会进行了供应链分析，结果发现，尽管系统的各个部分具有高运作效率，但整个系统的效率却十分低。于是纤维、纺织、服装以及零售业开始寻找那些在供应链上导致高成本的活动。结果发现，供应链的长度是影响其高效运作的主要因素。

整个服装供应链，从原材料到消费者购买，时间为66周：11周在制造车间，40周在仓库或转运，15周在商店。这样长的供应链不仅各种费用大，更重要的是，建立在不精确需求预测上的生产和分销，因数量过多或过少造成的损失非常大。

整个服装供应链系统的总损失每年可达 25 亿美元，其中 2/3 的损失来自于零售或制造商对服装的降价处理以及在零售时的缺货。进一步的调查发现，消费者离开商店而不购买的主要原因是找不到合适的尺寸和颜色的商品。为此，Kurt Salmon 公司建议零售业者和纺织服装生产厂家合作，共享信息资源，建立一个快速响应系统来实现销售额增长；顾客服务的最大化以及库存量、商品缺货、商品风险最小化的目标。

这项研究导致了快速响应策略的应用和发展。从业务操作的角度来讲，贸易伙伴需要用 EDI 来加快信息的流动，并共同重组他们的业务活动以将订货前导时间和成本极小化。在补货中应用 QR 可以将交货前导时间降低75%（图 7-1）。

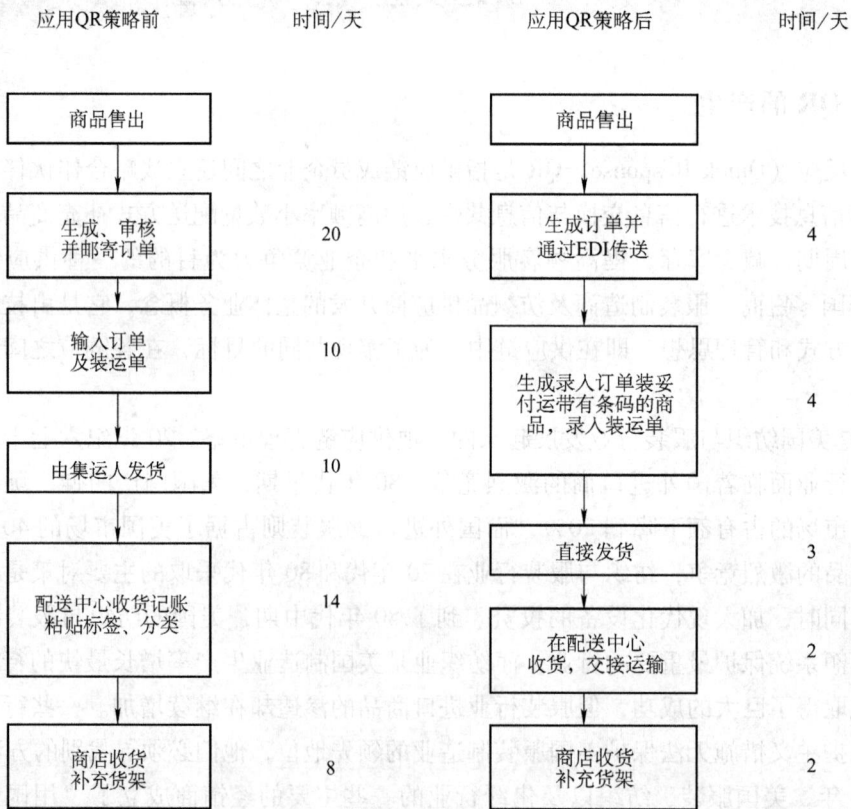

图 7-1　应用 QR 策略前后补货周期比较

二、QR 的应用与发展

1. QR 的发展

1985 年以后，QR 概念开始在纺织服装等行业广泛地普及、应用。下面以美国零售业的著名企业 Wal-Mart（沃尔玛）公司与服装制造企业 Seminole Manufacturing Co.，以及面料生产企业 Milliken 公司合作建立 QR 系统为例说明 QR 的发展过程。

Wal-Mart 与 Seminole 和 Milliken 建立 QR 系统的过程可分为三个阶段。

（1）QR 的初期阶段 Wal-Mart 公司 1983 年开始采用 POS 系统，1985 年开始建立 EDI 系统。1986 年与 Seminole 公司和 Milliken 公司在服装商品方面开展合作，开始建立垂直型的快速响应系统。当时合作的领域是订货业务和付款通知业务。通过电子数据交换系统发出订货明细清单和受理付款通知，来提高订货速度和准确性，以及节约相关事务的作业成本。

（2）QR 的发展阶段 为了促进行业内电子化商务的发展，Wal-Mart 与行业内的其他商家一起成立 VICS 委员会（Voluntary Inter-Industry Communications Standards Committee）来协商确定行业统一的 EDI 标准和商品识别标准。VICS 委员会制订了行业统一的 EDI 标准并确定商品识别标准采用 UPC 商品识别码。Wal-Mart 公司基于行业统一标准设计出 POS 数据的输送格式，通过 EDI 系统向供应方传送 POS 数据。供应方基于 Wal-Mart 传送来的 POS 信息，可及时了解 Wal-Mart 的商品销售状况、把握商品的需求动向，并及时调整生产计划和材料采购计划。

资料库

UPC 码和 EAN 码

1970 年美国制定了通用商品代码 UPC 码，并于 1973 年建立了 UPC 条码系统，全面实现了该码制的标准化。UPC 码的使用成功促使了欧洲编码系统（EAN）的产生。到 1981 年，EAN 已发展成为一个国际性的组织，且 EAN 码与 UPC 码兼容。目前，国际上商品条形码普遍采用 EAN/UPC 系统，全球采用 EAN/UPC 系统的厂家已经超过 80 万家。我国目前所使用的 EAN/UPC 系统前缀码有七个：中国为 690、691、692、693；中国台湾为 471；中国香港为 489；中国澳门为 958。

供应方利用 EDI 系统在发货之前向 Wal-Mart 传送预先发货清单（Advanced Shipping Notice，ASN）。这样，Wal-Mart 事前可以做好进货准备工作，同时可以省去货物数据的输入作业，使商品检验作业效率化。Wal-Mart 在接收货物时，用扫描读取机器读取包装箱上的物流条形码 SCM（Shipping Carton Marking），把扫描读取机器读取的信息与预先储存在计算机内的进货清单 ASN 进行核对，判断到货和发货清单是否一致，从而简化了检验作业。在此基础上，利用电子支付系统 EFT 向供应方支付货款。同时只要把 ASN 数据和 POS 数据比较，就能迅速知道商品库存的信息。这样做的结果使 Wal-Mart 不仅节约了大量事务性作业成本，而且还能压缩库存，提高商品周转率。在此阶段，Wal-Mart 公司开始把 QR 的应用范围扩大至其他商品和供应商。

（3）QR 的成熟阶段 Wal-Mart 把零售店商品的进货和库存管理的职能转移给供应方（生产厂家），由生产厂家对 Wal-Mart 的流通库存进行管理和控制。即采用供应商管理库存（Vendor Managed Inventory，VMI通过信息共享，由供应链上的上游企业根据下游企业的销售信息和库存量，主动对下游企业的库存进行管理和控制的管理模式）。Wal-Mart让供应方与之共同管理营运Wal-Mart的流通中心。在流通中心保管的商品所有权属于供应方。供应方对POS信息和ASN信息进行分析，把握商品的销售和Wal-Mart的库存动向。在此基础上，决定什么时间，把什么类型商品，以什么方式和向什么店铺发货。发货的信息预先以ASN形式传送给Wal-Mart，以多频度小数量进行连续库存补充，即采用连续补货方式（Continuous Replenishment Program，CRP利用及时准确的销售时点信息确定已销售的商品数量，根据零售商或批发商的库存信息和预先规定的库存补充程序确定发货补充数量和配送时间的计划方法）。由于采用了VMI和CRP，供应方不仅能减少本企业的库存，还能减少Wal-Mart的库存，实现整个供应链的库存水平最小化。另外，对Wal-Mart来说，省去了商品进货的业务，节约了成本，同时能集中精力于销售活动。并且，事先能得知供应方的商品促销计划和商品生产计划，能够以较低的价格进货。这些为Wal-Mart进行价格竞争提供了条件。从Wal-Mart的实践来看，QR是一个零售商和生产厂家建立（战略）伙伴关系，利用EDI等信息技术，进行销售时点的信息交换以及订货补充等其他经营信息的交换，用多频度小数量配送方式连续补充商品，以实现缩短交纳周期，减少库存，提高顾客服务水平和企业竞争力为目的的供应链管理。美国学者Jamie Bolton认为QR是JIT在零售行业的一种应用。

2. QR的实现步骤

QR原来是大型零售商获取市场份额并进行全球竞争的工具，现在已成为所有商品制造商和中间商的标准战略行为。

QR意味着以更低的成本增加销售额、更好地对商品进行分类以及向客户提供优质的服务。当然不采用QR也能生存下去，但拥有QR能够获得竞争优势。

实施QR需要六个步骤，如图7-2所示。每一个步骤都需要以前一个步骤为基础，比

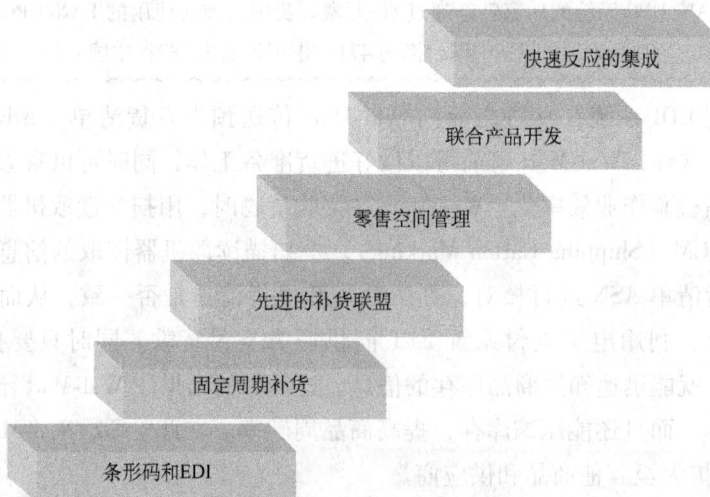

图7-2　QR实施的六个步骤

前一个步骤有更高的回报，但是需要额外的投资。

（1）条形码和EDI 零售商首先必须安装条形码（UPC码）、POS扫描和EDI等技术设备，以加快POS机收款速度，获得更准确的销售数据并使信息沟通更加通畅。POS扫描用于数据输入和数据采集，即在收款检查时用光学方式阅读条形码，然后将条形码转换成相应的商品代码。

通用的产品代码（UPC码）是行业标准的12位条形码，用作产品识别。正确的UPC产品标志对POS端的顾客服务和有效的操作是至关重要的。扫描条形码可以快速准确地检查价格并记录交易。

EDI是计算机间交换商业单证，需要遵从一定的标准，如ANSI X12。零售业的专业标准是"志愿跨行业通讯标准"委员会制定的，食品类的专用标准是UCC制定的。EDI要求公司将其业务单证转换成行业标准格式，并传输到某个增值网（VAN），贸易伙伴从VAN上接收到这些单证，然后将其从标准格式转到自己系统可识别的格式。EDI可传输的单证包括订单、发票、订单确认、销售和存货数据及提前运输通知等。

EDI的实施一般分为这样几个阶段：

1）EDI的技术实现，主要满足贸易伙伴通过EDI进行沟通的需要。

2）将EDI系统同厂商和零售商现有的内部系统集成起来，加快信息流的速度，并提高通信数据的准确性。

3）重新设计业务流程，以支持全面实现EDI后带来的角色和责任的变化。QR要求厂商和零售商完成本阶段的EDI实施。

许多零售商和厂商都了解EDI的重要性，所以已经实施了一些基本的交易（如采购订单、发票等）的EDI业务。而且很多大型零售商强制其厂商实施EDI来保证快速反应。但EDI的全面实施还需要时间。

（2）固定周期补货 快速反应的补货要求供应商更频繁地运输重新订购的商品，以保证店铺不缺货，从而提高销售额。通过对商品实施快速反应并保证这些商品能敞开供应，零售商的商品周转速度更快，消费者可以选择更多的花色品种。

自动补货是指基本商品销售额预测的自动化。自动补货使用基于过去和目前销售数据及其可能变化的数据软件进行定期预测，同时考虑目前的存货情况和其他一些因素，以确定订货量。自动补货是由零售商、批发商在仓库或店内进行的。

（3）先进的补货联盟 这是为了保证补货业务的流畅。零售商和消费品制造商联合起来检查销售数据，制订关于未来需求的计划和预测，在保证有货和减少货物的情况下降低库存水平。还可以进一步由消费品制造商管理零售商的存货和补货，以加快库存周转速度，提高投资毛利率。投资毛利率是销售商品实际实现的毛利除以零售商的库存投资额。

（4）零售空间管理 这是指根据每个店铺的需求模式来规定其经营商品的花色品种和补货业务。一般来说，对于花色品种、数量、店内陈列及培训或激励售货员等决策，消费品制造商也可以参与甚至制订决策。

（5）联合产品开发 这一步的重点不再是一般商品和季节商品，而是服装等生命周期很短的商品。厂商和零售商联合开发新产品，其关系的密切超过了购买与销售的业务关系，缩短了从新产品概念到新产品上市的时间，而且经常在店内对新产品进行试销。

（6）快速反应的集成　通过重新设计业务流程，将前五步的工作和公司的整体业务集成起来，以支持公司的整体战略。快速反应的前四步的实施可以使零售商和消费品制造商重新设计产品补货、采购和销售业务流程。前五步使配送中心得以改进，可以适应大量的小运量运输，使配送业务更加流畅了。

同时，由于库存量的增加，大部分消费品制造商也开始强调存货的管理，改进采购和制造业务，使他们能够做出正确的响应。

最后一步要求零售商和消费品制造商重新设计其整个组织、业绩评估系统、业务流程和信息系统，设计的中心是围绕着消费者而不是传统的公司职能，它们要求集成的信息技术。

有时可以先完成最后一步工作，至少是先设计整体体系结构，这样补货的改进和新产品的开发就会尽可能地互相吻合。在确定公司核心业务及其发展方向时，应具有战略性的眼光。

三、QR 的新发展及特点

QR 已有将近 20 年的历史，如今尽管 QR 的原则没有变化，但 QR 的策略以及技术却今非昔比。最初，供应链上的每一个业务实体（如制造商、零售商或承运商）都单独发挥作用。因此，每一个企业都对其贸易伙伴的业务不感兴趣，更谈不上同其贸易伙伴共享信息。随着市场竞争的加剧，业主及经营者逐步认识到：应改进自己的业务系统，提高产品的质量，以便为客户提供更好的服务。但令人失望的是，他们很少考虑内部系统的改变给他们的客户和供应链带来的不利影响。

20 世纪 80 年代末到 90 年代初，在市场竞争的强大压力之下，一些先导企业开始考虑评估和重构他们做生意的方式，从而导致了对供应链物流和信息的重组活动。在 80 年代，人们对供应链的优化聚集点是技术解决方案，现在已转变为重组他们做生意的方式以及与贸易伙伴的密切合作方面。例如，Proctor & Gamble 与 Wal-Mart 通过密切合作来确定库存水平和营销策略。

1. QR 的特点

目前在欧美，QR 的发展已跨入第三个阶段，即协同计划、预测与补货（Collaborative Planning, Forecasting and Replenishment，CPFR 应用一系列的信息处理技术和模型技术，提供整个供应链的合作过程，通过共同管理业务过程和共享信息来改善零售商和供应商之间的计划协调性，提高预测精度，最终达到提高供应链效率、减少库存和提高客户满意程度为目的的供应链库存管理策略）阶段。CPFR 是一种建立在贸易伙伴之间密切合作和标准业务流程基础上的经营理念。它应用一系列技术模型，这些模型具有如下特点：

1）开放，但安全的通信系统。

2）适应于各个行业。

3）在整个供应链上是可扩展的。

4）能支持多种需求（如新数据类型，各种数据库系统之间的连接等）。

值得提出的是，即使在美国，如今也有一半以上的零售商不允许别人访问他们的 POS 扫描数据，而这些数据对于供应商来说至关重要，因此他们不得不用高库存来应付因缺货造成的损失，但这样做却大大提高了存货成本，不利于供应链效益的提高。要真正实现 CPFR，零售商必须向其贸易伙伴开放自己的 POS 扫描数据。

美国的 Kurt Salmon 协会通过调查、研究和分析认为，通过实施 CPFR 可以达到如下目标：

1）新产品开发的前导时间可以减少 2/3。

2）可补货产品的缺货将大大减少，甚至消灭（通过供应商与零售商的联合从而保证 24h 供货）。

3）库存周转率可以提高 1~2 倍（通过制造商减少前导时间、零售商利用顾客需求导向策略）。

4）通过敏捷制造技术，企业的产品中可以有 20%~30% 是根据用户的特定需求而制造的。

QR 策略在过去的 20 年中取得了巨大的成功。商品的供应商和零售商通过这一策略为他们的客户提供了更好的服务，同时也减少了整个供应链上的非增值成本。QR 策略人微言，一种全新的供应链管理概念，必将向其更高的阶段发展，必将为供应链上的贸易伙伴——供应商、分销商、零售商和最终客户带来更大的价值。

2. QR 应用实例

塔捷特商店（Target Stores）十分热心于在零售业推行快速反应。塔捷特在美国有 500 多家大型商店，每年还保持大约 15% 的数量增长。塔捷特商店经营服装、家庭用品、电器、卫生、美容品以及日常消费品。塔捷特是一个折扣商，与凯马特、沃尔玛和西尔斯等商店竞争。

塔捷特经营的全部商品都有条码，并且所有交易中的 POS 数据被采集。每日数据于当晚经由卫星通信传输到总部，某种商品的每日销售与库存数据和参与快速反应的重要供应商共享，塔捷特不允许完全地自动补货，但向供应商保证每周订货。因为供应商了解整个企业的库存目标、现有存货和实际销售量，所以很容易把握订货数量，并利用这些信息制订自己的生产与分销计划。

每周一次的订货确定后，供应商在一周内将产品送至塔捷特的 6 个配送中心。一旦货到配送中心，塔捷特的管理部门再考虑到下一周的销售情况后，向每个商店配送。所以，商店每周接受每个品类的补充送货，相对于供应商而言，是两周为一个周期。

在这个系统，塔捷特首要的目的不是减少商店总的库存，相反，塔捷特的营销理念是消费者喜欢，也希望商店是"丰富"的，即顾客想要的每个品类均能在商店找到且随手可得。因此，商店的所有存货应该陈列出来，而不是放在顾客看不见的库房里。货架设计要使顾客能容易看到所供商品的丰富。现货可获得性的标准定得相当高，塔捷特希望达到 95% 的现有率。在这里，"现有"意味着"设计最大库存量的至少 40% 是在货架上"。利用这个标准，传统的缺货百分比实际上为零。为支持此标准，塔捷特依靠快速响应方法，提高补充送货的"合适度"。补充供应体系的目标是补充每个品类可能 100% 地接近货架设计容量，而不产生多余的存货，否则，需要额外的存储场地。这部分后备库存是不愿出现的，因为它们没有陈列，所以不直接创造效益，且由于频繁搬运货物进出储存场所，既增加费用，又极易丢失、损坏或被盗。

塔捷特发现其快速反应系统取得了显著成效，成为企业取得成功的一个重要因素。在体系中的重要供应商也从订货的稳定性以及销售与库存数据共享带来的那些订货的可预见性增加上获益。塔捷特的利益从供应商、配送中心、商店的较高商品可获得性中得到。由于频繁地补充，配送中心的周期订货量较低，因为预测期缩短，安全库存较低。当然，这些会带来较高的运输成本，增加数据系统费用。通过在配送中心的库存成本节约和系统带来的补充订货的"合适度"提高，大大省了商店的货物处理费用，这可以补偿那些增加的成本。此外，系统运转所需的销售数据对有效的商品经营极为有用，与供应商的密切联系使得价格下降并节约其他采购费用。总之，塔捷特致力于其快速反应系统，并积极扩展系统至更多更重要的供应商，以实现在所有大销量的商品品类上 100% 的快速响应目标。

知识检验

一、填空题

1. QR 即快速反应，它的英文全称是_____。

2. 自动补货是指_____预测的自动化。

二、选择题

1. 在 QR 的初期阶段，Wal-Mart 公司 1983 年开始采用（　　）系统。

    A. EDI   B. ECR   C. POS

2. 目前在欧美，QR 的发展已跨入第三个阶段，即协同计划、预测与（　　）。

    A. 补货   B. 送货   C. 退货

三、简答题

1. QR 具有哪些特点？

2. QR 实现的具体步骤有哪些？

课题二　有效客户反应（ECR）

一、ECR 的定义

有效客户反应（Efficient Customer Response，ECR 以满足顾客要求和最大限度降低物流过程费用为原则，能及时做出准确反应，使提供的物品供应或服务流程最佳化的一种供应链管理策略）是一个生产厂家、批发商和零售商等供应链组成各方相互协调和合作，更好、更快并以更低的成本满足消费者需要为目的的供应链管理策略。

ECR 的最终目标是建立一个具有高效反应能力和以客户需求为基础的系统，使零售商及供应商以业务伙伴方式合作，提高整个供应链的效率，而不是单个环节的效率，从而大大降低整个系统的成本、库存和物资储备，同时为客户提供更好的服务。

二、ECR 的产生

在 20 世纪 60 年代和 70 年代，美国日杂百货业的竞争主要是在生产厂商之间展开。竞争的重心是品牌、商品、经销渠道和大量的广告和促销，在零售商和生产厂家的交易关系中生产厂家占据支配地位。进入 80 年代特别是到了 90 年代以后，在零售商和生产厂家的交易关系中，零售商开始占据主导地位，竞争的重心转向流通中心、商家自有品牌、供应链效率和 POS 系统。同时在供应链内部，零售商和生产厂家之间为取得供应链主导权的控制，同时为商家品牌和厂家品牌占据零售店铺货架空间的份额展开着激烈的竞争，这种竞争使得在供应链的各个环节间的成本不断转移，导致供应链整体的成本上升，而且容易牺牲力量较弱的一方的利益。

在这期间，从零售商角度来看，随着新的零售形态的产生，如仓储商店、折扣店的大量涌现，使其能以相当低的价格销售商品，从而使日杂百货业的竞争更趋激烈。在这种状态下，许多传统超市业者开始寻找对应这种竞争方式的新管理方法。从生产厂家角度来看，由于日杂百货商品的技术含量不高，大量无实质性差别的新商品被投入市场，使生产厂家之间的竞争趋同化。生产厂家为了获得销售渠道，通常采用直接或间接的降价方式作为向零售商促销的主要手段，这种方式往往会大量牺牲厂家自身的利益。所以，如果生产商能与供应链中的零售商结成更为紧密的联盟，将不仅有利于零售业的发展，同时也符合生产厂家自身的利益。

另外，从消费者的角度来看，过度竞争往往会使企业在竞争时忽视消费者的需求。通常消费者要求的是商品的高质量、新鲜度、服务和在合理价格基础上的多种选择。然而，许多

动脑筋

QR 与 ECR 有什么相同和不同之处？

企业往往不是通过提高商品质量、服务和在合理价格基础上的多种选择来满足消费者，而是通过大量的诱导型广告和广泛的促销活动来吸引消费者转换品牌，同时通过提供大量非实质性变化的商品供消费者选择。这样消费者不能得到他们需要的商品和服务，他们得到的往往是高价、眼花缭乱和不甚满意的商品。对应于这种状况，客观上要求企业从消费者的需求出发，提供能满足消费者需求的商品和服务。

在上述背景下，美国食品市场营销协会（US Food Marketing Institute，FMI）联合包括 COCA-COLA，P&G，Safeway Store 在内的 16 家企业与流通咨询企业 Kurt Salmon Associates 公司一起组成研究小组，对食品业的供应链进行调查总结分析，于 1993 年 1 月提出了改进该行业供应链管理的详细报告。在该报告中系统地提出 ECR 的概念和体系。经过美国食品市场营销协会的大力宣传，ECR 概念被零售商和制造商所接纳并被广泛地应用于实践。

几乎同时，欧洲食品杂货业为解决类似问题也采用 ECR 策略，并建立了欧洲 ECR 委员会（ECR Europe）以协调各国在实施 ECR 过程中的技术、标准等问题。

ECR 是杂货业供应商和销售商为消除系统中不必要的成本和费用，给客户带来更大效益而进行密切合作的一种战略。ECR 的主要目标是降低供应链各个环节的成本。这与 QR

的主要目标——对客户的需求做出快速反应有所不同。这是因为食品杂货业与纺织服装业经营产品的特点不同：杂货业经营的产品多数是一些功能型产品，每一种产品的寿命相对较长（生鲜食品等除外），因此，因订购产品数量过多或过少的损失相对较小。纺织服装业经营的产品多属创新型产品，每一种产品的寿命相对较短，因此订购产品数量过多或过少造成的损失相对较大。但 ECR 与 QR 有两点是共同的：一是它们都以贸易伙伴间的密切合作为前提；二是它们需要共同的技术支持。

根据欧洲供应链管理系统的报告显示，接受调查的 392 家公司，其中制造商使用 ECR 后，预期销售额增加 3.5%，制造费用减少 2.3%，销售费用减少 1.1%，货仓费用减少 1.3% 及总盈利增加 5.5%。而批发商及零售商也有相似的获益：销售额增加 5.4%，毛利增加 3.4%，货仓费用减少 5.9%，货仓存货量减少 13.1% 及每平方米的销售额增加 5.3%。由于在流通环节中缩减了不必要的成本，零售商和批发商之间的价格差异也随之降低，这些节约了的成本最终将体现在消费者身上，各贸易商也将在激烈的市场竞争中赢得一定的市场份额。

对客户、分销商和供应商来说，除这些有形的利益以外，ECR 还有着重要的不可量化的无形利益，如表 7-1 所示。

表 7-1　ECR 的无形利益

客户	增加选择和购物便利，减少库存货品，货品更新鲜
分销商	提高信誉，更加理解客户情况，改善与供应商的关系
供应商	减少无存货现象，加强品牌的完整性，改善与分销商的关系

三、ECR 的特点

1. 管理意识的创新

传统的产销双方的交易关系是一种此消彼长的对立型关系。即交易各方以对自己有利的买卖条件进行交易。简单地说，是一种赢—输型（Win-Loss）关系。ECR 要求产销双方的交易关系是一种合作伙伴关系。即交易各方通过相互协调合作，实现以低的成本向消费者提供更高价值服务的目标，在此基础上追求双方的利益。简单地说，是一种双赢型（Win-Win）关系。

2. 供应链整体协调

传统流通活动缺乏效率的主要原因在于厂家、批发商和零售商之间存在企业间联系的非效率性和企业内采购、生产、销售和物流等部门或职能之间存在部门间联系的非效率性。传统的组织是以部门或职能为中心进行经营活动，以各个部门或职能的效益最大化为目标。这样虽然能够提高各个部门或职能的效率，但容易引起部门或职能间的摩擦。同样，传统的业务流程中各个企业以各自企业的效益最大化为目标，这样虽然能够提高各个企业的经营效率，但容易引起企业间的利益摩擦。ECR 要求各部门、各职能以及各企业之间放下隔阂，进行跨部门、跨职能和跨企业的管理和协调，使商品流和信息流在企业内和供应链内畅通地流动。

3. 涉及范围广

既然 ECR 要求对供应链整体进行管理和协调，ECR 所涉及的范围必然包括零售业、批发业和制造业等相关的多个行业。为了最大限度地发挥 ECR 所具有的优势，必须对关联的行业进行分析研究，对组成供应链的各类企业进行管理和协调。

四、ECR 的应用原则

1）ECR 的目的是以低成本向消费者提供高价值服务。这种高价值服务表现在更好的商品功能、更高的商品质量、更齐全的商品品种、更好的便利性等方面。ECR 通过整个供应链整体的协调和合作来实现以低成本向消费者提供更高价值服务的目标。

2）ECR 要求供需双方关系必须从传统的赢输型交易关系向双赢型联盟伙伴关系转化。需要企业的最高管理层对本企业的组织文化和经营习惯进行改革，使供需双方关系转化为双赢型联盟伙伴关系成为可能。

3）及时准确的信息在有效地进行市场营销、生产制造、物流运送等决策方面起重要作用。ECR 要求利用行业 EDI 系统在组成供应链的企业间交换和分享信息。

4）ECR 要求从生产线末端的包装作业开始到消费者获得商品为止的整个商品移动过程产生最大的附加价值，使消费者在需要的时间能及时获得所需要的商品。

5）ECR 为了提高供应链整体的效果（如降低成本、减少库存、提高商品的价值等），要求建立共同的成果评价体系，要求在供应链范围内进行公平的利益分配。

总之，ECR 是供应链各方推进真诚合作来实现消费者满意和实现基于各方利益的整体效益最大化的过程。

五、ECR 系统的构建

ECR 概念是流通管理思想的革新，ECR 作为一个供应链管理系统需要把市场营销、物流管理、信息技术和组织革新技术有机结合起来作为一个整体使用，以实现 ECR 的目标。构筑 ECR 系统的具体目标，是实现低成本的流通、基础设施建设、消除组织间的隔阂、协调合作满足消费者需要。组成 ECR 系统的技术要素主要有信息技术、物流技术、营销技术和组织革新技术，下面对这些要素进行详细说明。

1. 营销技术

在 ECR 系统中采用的营销技术主要是商品类别管理（Category Management）和店铺货架空间管理（Space Management）。

商品类别管理是以商品类别为管理单位，寻求整个商品类别全体收益最大化。具体来说，企业对经营所有商品按类别进行分类，确定或评价每一个类别商品的功能、作用、收益性、成长性等指标，在此基础上，结合考虑各类商品的库存水平和货架展示等因素，制订商品品种计划，对整个商品类别进行管理，以便在提高消费者服务水平的同时增加企业的销售额和收益水平。例如，企业把某类商品设定为吸引顾客的商品，把另一类商品设定为增加企业收益的商品，努力做到在满足顾客需要的同时兼顾企业的利益。商品类别管理的基础是对商品进行分类。分类的标准、各类商品功能和作用的设定依企业的使命和目标不同而不同。但原则上，商品不应该以是否方便企业来进行分类，而应该以顾客的需要和顾客的购买方法来分类。

店铺空间管理是对店铺的空间安排、各类商品的展示比例、商品在货架上的布置等进行最优化管理。在 ECR 系统中，店铺空间管理和商品类别管理同时进行、相互作用。在综合店铺管理中，对于该店铺的所有类别的商品进行货架展示面积的分配，对于每个类别下的不同品种的商品进行货架展示面积分配和展示布置，以便提高单位营业面积的销售额和单位营业面积的收益率。ECR 系统的结构如图 7-3 所示。

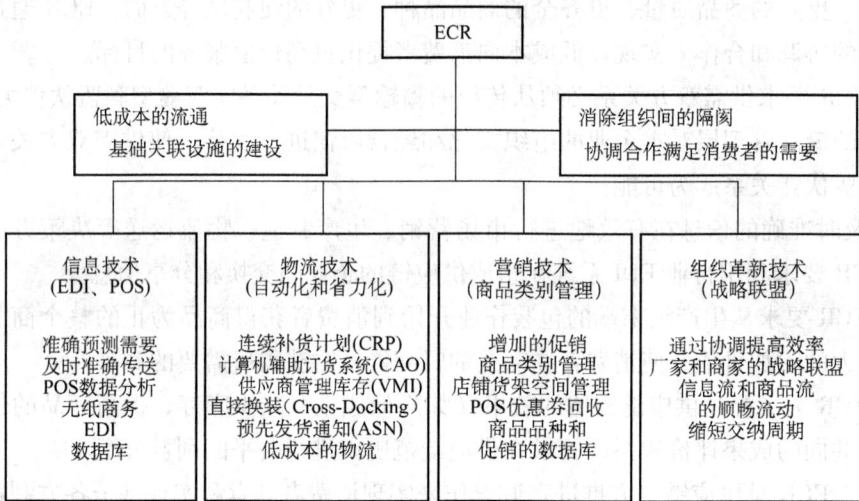

图 7-3　ECR 系统的结构

2. 物流技术

ECR 系统要求准时制（JIT）和顺畅流动（Flow-through Distribution）。实现这一要求的方法有连续补货计划（CRP）、计算机辅助订货系统（CAO）、预先发货通知（ASN）、供应商管理库存（VMI）、直接换装（Cross-Docking）、店铺直送（DSD）等。

连续补货计划（CRP）是指利用及时准确的销售时点信息确定已销售的商品数量，根据零售商或批发商的库存信息和预先规定的库存补充程序确定发货补充数量和配送时间的计划方法。

计算机辅助订货系统（Computer Assisted Ordering，CAO）是基于库存和客户需求信息，利用计算机进行自动订货管理的系统。

预先发货通知（Advanced Shipping Notice，ASN）是生产厂家或者批发商在发货时利用电子通信网络提前向零售商传送货物的明细清单。这样零售商事前可以做好货物进货准备工作，同时可以省去货物数据的输入作业，使商品检验作业效率化。

直接换装（Cross-Docking）是物品在物流环节中，不经过中间仓库或站点，直接从一个运输工具换载到另一个运输工具的物流衔接方式，也称越库配送。在直接换装的情况下，流通中心仅是一个具有分拣装运功能的通过型中心，有利于交纳周期的缩短、减少库存、提高库存周转率，从而节约成本。

店铺直送（Direct Store Delivery，DSD）方式是指商品不经过流通配送中心，直接由生产厂家运送到店铺的运送方式。采用店铺直送方式可以保持商品的新鲜度、减少商品运输破损、缩短交纳时间。

3. 信息技术

ECR系统应用的主要信息技术有电子数据交换（Electronic Data Interchange，EDI通过电子方式，采用标准化的格式，利用计算机网络进行结构化数据的传输和交换）和销售时点信息（Point Of Sale，POS在对销售商品进行结算时，通过自动读取设备，如收款机在销售商品时直接读取商品销售信息，如商品名、单价、销售数量、销售时间、销售店铺、购买顾客等，并通过通信网络和计算机系统传送至有关部门进行分析加工以提高经营效率的系统）。

ECR系统的一个重要信息技术是EDI。信息技术最大的作用之一是实现事务作业的无纸化或电子化。利用EDI在供应链企业间传送交换订货清单、价格变化信息、付款通知单等文书单据。例如厂家在发货的同时预先把产品清单发送给零售商，这样零售商在商品到货时，用扫描仪自动读取商品包装上的物流条形码获得进货的实际数据，并自动地与预先到达的商品清单进行比较。因此，使用EDI可以提高事务作业效率。另一方面，利用EDI在供应链企业间传送交换销售时点数据、库存信息、新产品开发信息和市场预测信息等直接与经营有关的信息。例如，生产厂家可利用销售时点信息把握消费者的动向，安排好生产计划；零售商可利用新产品开发信息预先做好销售计划。因此使用EDI可以提高整个企业，乃至整个供应链的效率。在美国食品行业，根据商品通用码UCC（Uniform Code Council）确定了食品行业的EDI标准DEX（Direct Exchange）和NEX（Network Exchange）。

ECR系统的另一个重要信息技术是POS。对零售商来说，通过对在店铺收银台自动读取的POS数据进行整理分析，可以掌握消费者的购买动向，找出畅销商品和滞销商品，做好商品类别管理。可以通过利用POS数据做好库存管理、订货管理等工作。对生产厂家来说，通过EDI利用及时准确的POS数据，可以把握消费者需要，制订生产计划，开发新产品，还可以把POS数据和EOS数据结合起来分析把握零售商的库存水平，进行供应商管理库存（VMI）的库存管理。

现在，许多零售企业把POS数据和顾客卡（Customer Card）、点数卡（Point Card）等结合起来使用。通过顾客卡，可以知道某个顾客每次在什么时间、购买了什么商品、金额多少，到目前为止总共购买了哪些商品、总金额是多少。这样可以分析顾客的购买行为，发现顾客不同层次的需要，做好商品促销等方面的工作。

4. 组织革新技术

应用ECR系统不仅需要组成供应链的每一个成员紧密协调和合作，还需要每一个企业内部各个部门间紧密协调和合作，因此成功地应用ECR需要对企业的组织体系进行革新。

在企业内部的组织革新方面，需要把采购、生产、物流、销售等按职能划分的组织形式改变为以商品流程（Flow）为基本的职能横断形的组织形式。具体讲，是把企业经营的所有商品按类别划分，对应于每一个商品类别设立一个管理团队（Team），由这些管理团队为核心构成新的组织形式。在这种组织形式中，给每一个商品类别管理团队设定经营目标（如顾客满意度、收益水平、成长率等），同时要采购、品种选择、库存补充、价格设定、促销等方面赋予相应的权限。每个管理团队由一个负总责的商品类别管理人（Category Manager）和6~7个负责各个职能领域的成员组成。由于商品类别管理团队规模小，内部容易交流，各职能间易于协调。

在组成供应链的企业间需要建立双赢型的合作伙伴关系。具体讲，厂家和零售商都需要在各自企业内部建立以商品类别为管理单位的组织。这样双方相同商品类别的管理团队就可聚集在一起，讨论从材料采购、生产计划到销售状况、消费者动向的有关该商品类别的全盘管理问题。另外需要在企业间进行信息交换和信息分享。当然，这种合作伙伴关系的建立有赖于企业最高决策层的支持。

我们在前面已经谈到ECR是供应链各方推进真诚合作来实现消费者满意和实现基于各方利益的整体效益最大化的过程。这就引申出下面一个问题，即由供应链全体协调合作所产生的利益如何在各个企业之间进行分配。为了解决这个问题，需要搞清楚什么活动带来什么效益，什么活动耗费多少成本。为此需要把按部门和产品区分的成本计算方式改变为基于活动的成本计算方式。基于活动的成本（Activity Based Costing，ABC）计算方式于20世纪80年代后期在美国开始使用。ABC方式把成本按活动进行分摊，确定每个活动在各个产品上的分配，以此为基础计算出产品的成本。同时进行基于活动的管理（Activity Based Management，ABM），即改进活动内容，排除不需要的无效率的活动，从而减少成本。

知识检验

一、填空题

1. 在ECR系统中采用的营销技术主要是_____和_____。

2. ECR系统应用的主要信息技术有_____和_____。

二、选择题

1. ECR系统有两个重要的信息技术，一个是EDI，另一个是（   ）。

    A. EDI   B. ECR   C. POS

2. ECR作为企业的一种有效相应客户需求的工具，它激励不同企业在（   ）范围内不断寻求改善的机会。

    A. 需求方面   B. 人力资源方面   C. 供应方面

    D. 利润分成方面   E. 资源技术方面

三、简答题

1. ECR具有什么特点？

2. ECR要求不同企业在哪些方面不断寻求改善机会？

课题三 技能训练

任务描述

选择某种商品，记录每天的销售量，并用图表或曲线等直观的方式表示出来。几天后调整商品的货架位置，观察每次调整商品位置后销售趋势的变化，使学生了解这种商品在货架上的摆放位置及定价对商品的销售量会产生什么样的影响。

任务准备

联系一家超市，将全体学生分成若干组，每组选取超市的一种日用品作为调研对象。

任务实施

1）各组选择某一日用品品牌，连续记录其若干天的销售量，并据此计算出平均日销售量。

2）调整此日用品在商场的货架位置，记录其销售量的变化。

3）将此日用品用另一种较大或较小包装规格放在目前包装规格相邻位置，记录两种规格销量，并统计当前规格销量发生的变化。

4）用图表或曲线等直观的方式将每天的销售量表示出来，观察每次调整商品位置后销售趋势的变化。

5）集体分析每次变化的原因。

任务评价

项目（或任务）编号			学时			学生姓名			总分	
类别	序号	评价项目	评价内容及要求	评价标准	配分	学生自评	学生互评	教师评价	得分	
岗位技能评价	1	质量控制	能够完成调研工作和分析原因	不能完成无分	20					
	2	运用知识能力	能够正确认识供应链管理相关知识	不认识无分，认识不准确减分	20					
	3	完成时间	按时完成任务	不按时完成无分	10					
职业素质评价	4	应变能力	处理问题果断迅速	处理不果断减分	10					
	5	沟通交流	积极主动性强	不积极沟通减分	20					

（续）

项目（或任务）编号				学时		学生姓名			总分	
类别	序号	评价项目	评价内容及要求	评价标准	配分	学生自评	学生互评	教师评价	得分	
职业素质评价	6	团队合作	合作参与意识好	合作不好减分	20					

注：按学生自评占20%、学生互评占30%、教师评价占50%计算总分。

任务小结

授课班级		授课时间		授课地点	
授课教师			任务名称		
学生表现					
存在问题及改进方法措施					

任务拓展

沃尔玛的管理信息系统

沃尔玛于1996年进入中国，在中国经营多种业态和品牌，包括购物广场、山姆会员商店等。截至2015年5月31日，沃尔玛已经在全国19个省、2个自治区、4个直辖市的165个城市开设了413家商场、9家干仓配送中心和11家鲜食配送中心。

1. 及时补货系统

沃尔玛实行的"天天平价"及"最低利润销售"的经营原则，曾经导致公司与其供应商合作伙伴之间的关系一度非常紧张。为了解决这一系列问题，沃尔玛开始研究如何从制造、配销、零售的过程中缩短中间运转周期，以降低存货成本、增加回转率及降低零售店的缺货率。为了减少不必要的中间采购环节，沃尔玛重新整合了采购供应链，直接与生产商建立供应关系。最关键的是，沃尔玛与IBM合作开发出自己专用的EOS系统，并同时采用了商品条码代替了大量手工劳动。与合作伙伴之间架设起的EOS系统调整了当年美国国内制衣产业结构，也使原来商品的产销时程从125天减至30天。今天，供应商坐在自己的办公室里，便可对其在沃尔玛店铺内的各类货物库存和销售情况了如指掌。这不仅方便了供应商对商品市场终端销售的掌控，大大降低了其物流通路的成本，同时也使沃尔玛商品货架空货率降低。

2. 系统缺货分析

依据各店缺货率的高低，系统分析缺货商品状态与周期性，分析正常品/促销品的缺货原因，促销品的交货是否影响到正常品，分析不同产品缺货的百分比。沃尔玛应用了无缝连接即时补货系统以后，使商品管理更加细化，同时改善了与合作供应商之间的关系。对交易伙伴而言，最重要的是规范彼此的商业行为，实事求是地评估双方的业务表现。因此，无缝连接即时补货系统的应用不仅完全改善了沃尔玛与其合作伙伴之间的关系，最重要的是明显降低了沃尔玛的销售管理成本，使销量提高了20%左右，保证其"天天平价""让利客户"宗旨的体现。为了保证被收购公司的经营管理正常运作，沃尔玛原则上允许所有被收购公司店铺在一年内使用原有系统。期间沃尔玛会对这些公司员工进行沃尔玛式的统一培训，包括系统应用及企业文化等方面的共融。通常在一年之内逐步更换为沃尔玛系统管理。沃尔玛对新开张店铺系统申请复制的程序通常是：公司事业管理部门给新店一张表，表格的主要内容是总部统一规定的备件要求，如服务器、打印机和网络的品牌和规格等，新店按照规定确定软硬件后，向总公司报告，由总公司事业管理部直接指派专门人员来安装软件，试运行正常后，将此店铺名称直接添加进整个管理系统中。当总部根据不同区域市场重新设立新的经营业态时，将进行系统重新开发。

3. POS 与条码应用系统

沃尔玛公司的 POS 与条码系统是相辅相成、缺一不可的，其功能包括：商品流通管理、客户管理、供应商管理、员工管理。

（1）商品流通管理　商品流通管理功能如图 7-4 所示。沃尔玛盘点系统主要分抽盘和整店盘点两部分。其中，抽盘每天分几次进行，由负责人根据需要了解商品销售情况，通过公司统一的信息系统直接输入指示，营业员通过店铺内的电脑收到指令后，用无线手提终端扫描指定商品的条码，确认商品后对其进行清点。然后，资料通过无线手提终端直接输入公司系统内。系统可以根据相关的分析快速得到商品的存货资料，并产生订货，再利用 EOS 系统向物流中心下订单。整店盘点是门店按照总部统一的管理操作规定，定期对店铺内的所有商品进行盘点。由负责该区域的营业员通过无线手提终端得到主机上的指令，按指定的路线、顺序清点货品，然后把清点资料传输回主机。盘点期间不影响店铺内的正常运作。

（2）客户管理　以沃尔玛山姆会员店为例，新加入会员必须先到会员服务中心填写入会表格并办理相关手续，服务中心立刻通过条码影像制卡系统为客户照相，并在 8s 内把条码影像会员卡发到客户手上。卡上有客户的彩色照片、会员编号及其条码、入会时间、类别、单位等资料。会员凭卡进入山姆店选购，在结账时必须出示此会员卡，收款员通过扫描卡上的条码确认会员身份，并可把会员的购货信息储存到会员资料库，方便以后使用。采用这种方式的主要优点是成本低、效率高、资料准确，而且会员丢失卡后不必担心会被其他人冒用。

（3）员工管理　在员工管理上，沃尔玛用条码影像制卡系统为每个员工制作员工卡，卡上有员工的彩色照片、员工号、姓名、部门、ID 条码。员工工作时必须佩带员工卡，并使用员工卡上的条码记录考勤。所有员工的资料信息及作业情况全部进入公司的信息系统，作为员工工作的基础考核数据。利用各种先进信息技术，沃尔玛在人力资源上的管理成本已经降到了很低的水平。系统的最大特点是舍弃了较多厂商使用的客户机、服务器结构，采用较为先进的浏览器、服务器结构，运用 COM 技术，实现了三层结构模式，其中间应用层的数据访问、处理能力和灵活的伸缩性等特点为超市大型应用提供了高性能和高扩展性的保证。

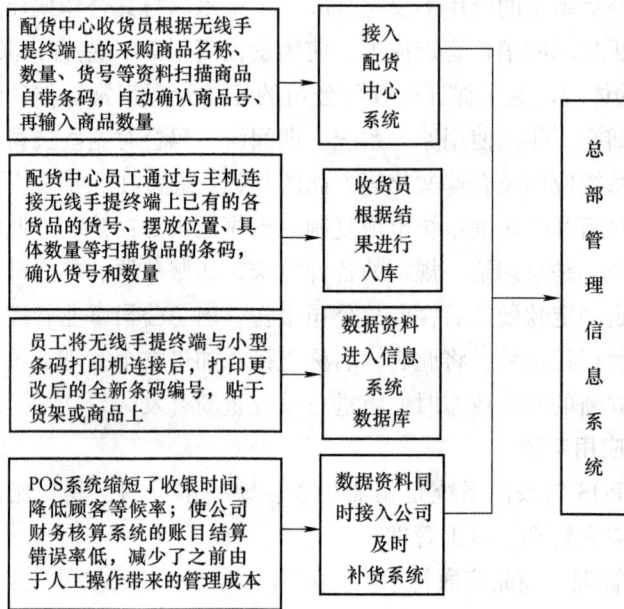

图 7-4　商品流通管理功能

4. 沃尔玛商品管理系统

沃尔玛总公司直接与各管理事业部、远程虚拟办公室、本地卖场店铺、海外各地区卖场店铺、各配货中心、生产及供应商等，通过卫星通信运行统一的补货系统、EDI 系统、库存管理系统、会员管理系统、收银系统等。沃尔玛总部可在 1h 内对全球 400 多家分店每种商品的库存量、上架量和销售量全部盘点一遍，还可以了解到任意一家门店的资料并进行管理调配。总部各事业管理部每天通过卫星通信网，对全球各个地区的不同分店实行沃尔玛核心经营体制管理。

卫星通信系统的采用，是沃尔玛未来永续发展的战略性里程碑。配送中心提供的专业化物流服务，包括客户订单处理、供应商到货入库管理、仓库保管管理、补货管理、发货配送作业等。总部配送控制中心的 IT 系统，具备支撑大范围物流整体运作的能力，支持沃尔玛全球不同区域多配送中心、各类配送中心的协同商务处理等。供应商把商品送到配送中心后，沃尔玛的检验部门运用多种技术手段对商品质量进行严格检验，以杜绝假冒伪劣商品进入卖场。但是，再先进的技术和管理也有问题存在，因此对于沃尔玛来说，它的最大危机隐患就来自于这套成熟完整的信息系统。

5. 有效客户反馈系统

有效客户反馈系统是零售市场导向的供应链策略，商品供应商/制造商、物流配送商、销售商、门店之间紧密配合，由客户引导补货，使高品质的商品和正确的信息经过无纸化的 EDI 系统，把生产商的生产线和零售商的结账平台连接起来。

有效客户反馈系统的信息流，在所有供应链的节点上都是双向的，使信息和货物的交换更快捷、更有效、更可靠，不只增加了个别企业的效率，更增加了整条供应链的效率，在降低物流成本的同时，使客户有更多的选择高质量、新鲜货物的机会，大大提高了客户的满意度和忠诚度。

有效客户反应系统具有四大策略：

1）使零售店铺的空间最大化。

2）使新产品的导入效果最大化。

3）使补货系统的时间和成本最佳化。

4）使交易和促销系统的效率最大化。

有效客户反应系统具有四大要素：

1）快速的产品引进。最有效地开发新产品，制订产品的生产计划，以降低成本。

2）快速的门店分类。通过二次包装等手段，提高货物的分销效率和库存使用率。

3）快速的促销。提高仓储和运输效率，使促销系统效率最大化。

4）快速的补货。以需求为导向通过 EDI 系统进行自动连续补货，降低订货成本。

6. 快速反应系统

沃尔玛建立了快速反应系统，主要功能是进行订货业务和付款通知业务，通过 EDI 系统发出订货明细单和受理付款通知，提高订货速度和准确性，节约相关成本。具体的运用过程是：沃尔玛设计出 POS 数据的输送格式，通过 EDI 系统向供货商传送 POS 数据，供货商基于这些数据，及时了解商品销售状况，把握商品的需求动向，并及时调整生产计划和物料采购计划等。

供货商利用 EDI 系统在发货之前，向沃尔玛传送预先发货清单 ASN（Advance Shipping Notice），这样，可省去货物数据输入作业，使商品检验作业效率化。沃尔玛在收货时，用扫描读取机直接读取商品包装箱上的物流条形码，把扫描读取的信息与预先储存在计算机内的进货清单进行核对，判断到货与发货清单是否一致，并做到单单相符、单货相符，简化了检验作业，在此基础上，利用电子支付系统 EFT（Electronic Fund Transfer）向供货厂商支付货款。

沃尔玛通过快速反应系统取得了五大显著成效：

1）需求预测的误码差大幅度减少。

2）商品周转率大幅度提高。

3）销售额大幅度提高。

4）顾客满意度大幅度提升。

5）供应链上各企业经营成本大幅度降低。

请回答以下问题：

沃尔玛通过信息系统获得怎样的竞争优势？

单元八 供应链成本管理与绩效评价

知识目标
1. 供应链时间管理的作用。
2. 供应链作业成本法的步骤。
3. 供应链成本管理控制的方法。
4. 供应链绩效评价的体系构成。

技能目标
1. 供应链绩效评价方法的运用。
2. 具有良好的心理素质。
3. 具有良好的职业岗位适应能力。

课题一 供应链时间管理与成本管理

供应链的竞争优势不仅在于以更低的价格,同时也要求以更快的服务给顾客提供更多的价值。那么我们在掌握供应链成本管理方法的同时也必须了解时间管理。时间,已从一种战略资源变成了战略武器,与资本、生产率、质量甚至创新同等重要。

一、供应链时间管理

当今市场在经历了产品和服务价格(更便宜、成本合理化)、质量(更好质量管理)竞争的发展阶段后,正在向时间(更快的速度)竞争转变。时间与空间,是市场存在的两大要素。现在企业界流行的一句口号是:现代企业比快不比大。今后的竞争,不再是大鱼吃小鱼,而是快鱼吃慢鱼,速度或时间将在大多数市场成为一个主要的竞争变量。日本的国际型企业,都是时间竞争的驾驭者。它们通过柔性制造、快速反应、扩大多样性、变革管理,使其经营能够更快地实现产品在各个阶段的转化过程,并更快地到达顾客的手中。戴尔公司的飞速发展是美国高技术企业经营管理的一个奇迹,被行家视为推动美国个人计算机业发展的一种动力。戴尔公司经营的最大特色就是强调一个"快"字:制造快、销售快、赢利快,也就是"速度决定一切"。美国的多米诺比萨饼公司可以承诺半小时内把比萨饼送进门,否则倒赔 3 美元。日本屋库玛公司美国分部承诺,它在美国夏洛特生产的产品将在 24h 之内送到美国客户手中,否则免费提供。这些承诺就是进行时间竞争的承诺。

所以，经济全球化带给企业更大机遇的同时，也对经营管理提出了新的挑战。企业如何在取得标准化成本优势的同时，能高效率地满足市场的多样化需求？如何在全球范围内快速获得原材料、零部件的购买，进行产品的制造、分销与营销？如何减少产品从原材料阶段到成品完成阶段直至交付给顾客的整个过程中的多余环节与时间？如何对市场做出更快的反应，解决产品生命周期缩短、更新换代速度加快的问题？

供应链时间管理是从物流和信息流两方面进行压缩，并且密切合作使总体循环时间达到最少。供应链管理的战略目标是要建立一个无缝供应链（Seamless Supply Chain）。无缝供应链要求整个供应链要像一个完全的整体一样运作，从而能有效地满足最终消费者的需求。时间的战略管理就是通过提高时效来保证这一目标的实现。

1. 时间管理在供应链中的作用

时间的重要性是不言而喻的。当今企业面临着越来越多的竞争压力，最终消费者对于产品的需求越来越苛刻，不仅要求产品有好的质量、低廉的价格、良好的顾客服务，还要求供应链迅速地把产品送到顾客手中。如果某个企业不能及时地将满足顾客需求的产品送达顾客手中，非忠诚顾客就会转向其他竞争者来购买替代产品。因此，时间管理在供应链中具有特别重要的作用。

（1）"时间就是金钱"　许多"不耐烦的"客户愿意为获得更快速的服务而支付额外的费用，满足这些客户的需要实际上是将时间转化成双方的效益。因为时间效率提高可以降低客户的库存水平，节约时间和资金。同时配送周转时间的减少不仅减少了库存，而且减少了重复劳动，提高了产品质量，使供应链内所需各种零件数减少，降低了单位产品的费用，从而产生了利润。所有这些改进直接影响着企业的效益。通常，这些效益是由供应链中的各方共同分享的。

（2）高时效带来企业内外部的经济效益　内部效益指供应链节点企业内部各职能部门内部或之间的利益，例如更精简的企业组织；更短的计划周期；更快的反应速度；各职能部门间更好的交流、协调和合作。外部效益指注重时效的供应链企业及其合作伙伴在市场上可以以更高的质量、更快的客户反应能力、技术更先进的产品等来获得比竞争对手更多的好处。从社会再生产的过程来看，每个环节（如生产、流通）的高时效会带来整个社会的高时效，因而产生巨大的社会效益，创造更为良好的社会经济生态环境。

（3）高时效是企业参与国际竞争的重要条件　现代企业为了生存和发展，在国内市场发展的同时，必须在全球经济的迅速扩张中占有一席之地，开拓国际市场。面临这些挑战，管理者必须努力扩大其全球性的物流和分拨网络，通过动态的、快速变化的市场渠道将客户需要的产品送到其手中。这就要求供应链企业能够以战略眼光定位库存，使其能在客户需要的时候，以适当的数量、适当的价格提供产品和服务满足于客户。而只有当供应链中的各方都同步高速运作时，才可能达到这样的要求。

（4）高时效是企业竞争优势的基础　竞争优势是竞争性市场中企业绩效的核心，归根结底产生于企业为顾客所能创造的价值：或者在提供等同效益时采取相对较低的价格，或者以市场等同的价格为顾客提供不同寻常的效益或者增值的产品和服务。也就是以比竞争对手更低的价格给顾客提供同等的价值，或以同样的价格给顾客提供比竞争对手更高的价值，最终体现为最好地满足顾客的真正需求。竞争在飞速发展的时代往往体现在时间上，"龟兔赛跑"赢的就是时间。以时间为基础的竞争战略以减少完成各项活动所需要的时间为中心，这些活动包括开发与提供新产品或服务，对顾客需求变化的反应，交付产品或提供服务等。通过减少花在各项活动上的时间可以降低成本，提高生产率与产品质量。具体来说，以高时效为基础的竞争优势从以下的策略中产生：

1）合理规划时间：包括对竞争威胁的反应、制定战略和选择策略、批准设备更换方案以及采用新技术等所需要的时间，进行合理的、细致的计算和规划，以求达到最佳时效。

2）加快产品设计时间：对开发与销售新的或重新设计的产品所需的时间加强管理，力求在高强度的投入下以最快的速度产出新的产品。

3）缩短加工时间：对生产产品的时间，包括进度安排、设备维修、库存、培训等时间，在保证质量的前提下进行科学的缩减。

4）有效变换时间：对从一种产品变换到另一种产品所需要的时间，其中涉及新设备安装，以及使用不同的方法、设备、进度和材料等，实施有效而快捷的变换。

5）压缩交货时间：即对供应顾客订货所需要的时间进行合理压缩，求得时效的提高。

6）处理好抱怨的反应时间：包括顾客对质量、交货期及装运差错损失的抱怨，员工对工作条件、设备问题或质量问题的抱怨，必须尽快而及时地处理好，以避免对工作进程产生延误而造成损失。

> **知识卡**
>
> 以时间为基础的竞争优势的特点：有比竞争者用更短的时间开发产品与服务的能力，有比竞争者用更短的时间提供产品与服务的能力，有比竞争者更有效地减少内部提前期的能力。

时间越来越成为竞争优势的关键。在协助企业管理、生产、销售、分销、新产品开发及引进市场等方面，时间手段是新的竞争优势最可靠的基础。

（5）响应时间是供应链管理绩效评价的主要指标　网络的出现使企业面临的竞争以全球企业为平台，而且是在信息传递的无障碍和无时滞条件下发生。这时，响应时间就成为供应链最核心和第一位的竞争要素。企业必须综合配置各种资源，来缩短企业对市场需求进行有效反应的时间间隔，这样才能具备良好的竞争能力。换句话说，供应链对市场需求反应时间的长短反映了其调动和使用各种资源的能力，即管理能力。响应时间就成为最直观的评价供应链管理绩效的标准。

2. 供应链时间管理策略

古人云："欲速则不达"。在快与慢的关系之间，必须找到合适的切入时机与方法。讲究效率和效果，这是时间管理的基本原则。供应链时间的战略管理在于构筑时间竞争优势，其核心就是时间压缩（Time Compression）策略，即寻求各种手段压缩、减少供应链业务过程中非增值时间来实现供应链增值，如图8-1所示。针对传统供应链的问题，供应链中时间压缩的中心议题是：①限制定货信息在供应链内部反向传播时的"牛鞭效应"。②减少信息传递时的时间延迟。

（1）主要的时间管理策略

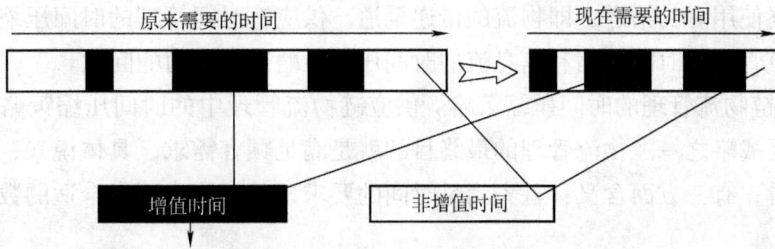

图 8-1 通过压缩业务过程中非增值时间实现供应链增值

1）压缩交货时间。当供应链中各成员作为其上游企业的顾客时，往往要求上游企业准时交货，甚至要求上游企业提供更好的服务。在供应链末端顾客，是最终产品的使用者，一般可以分为两类：一类是忠诚顾客，另一类是非忠诚顾客。忠诚顾客可能会允许供应商延期交货，而非忠诚顾客在无法立即买到满意的产品时则可能会产生不满心理，这种不满很可能导致非忠诚顾客转向其他能立即交货的产品，也就是选择来自其他供应商的替代产品。供应商为了避免发生此类事情，使顾客满意，应该尽快把满足顾客的产品交到顾客手中。哪个供应商用的时间短，哪个供应商就具有竞争优势。尤其对于非忠诚顾客的市场来说，压缩交货时间可以避免供应链企业的多重损失。

2）压缩系统的提前期。从供应链接受订单到产品交到顾客手中并转换成现金所用的时间称为系统的提前期。供应链提前期越短，说明时间压缩的效果越好，反之，则不理想。为了赢得订单，必须用可靠的方式减少提前期。为达到这一目的，在供应链各功能的交界处（Interfaces）即各项工作任务的交接点，上下各方要协调好，共同制订计划。由于资金和资源是与订单相对应的，所以，只有对从产品设计到原材料、组件的安排，从生产过程、出厂、运输到最终顾客以及售后服务这些活动进行有效管理，才能从满意的顾客手中回收资金。实际上，减少提前期的实质目的是尽可能减少供应链整个活动中的非价值增值过程。

3）压缩新产品引入市场的时间。新产品引入市场的时间有时包括开发时间和生产时间，这个时间过长会使成本增加，资金占用量过高，从供应链管理中得到回报的时间就更晚。因此，如果看准了产品开发，就应该加大投入，争取早日开发出新产品并快速生产，投入市场，以加速资金周转，减少在库存和生产过程中的资金占用。

4）压缩产品总的循环时间（Cycle Time）。产品总的循环时间或提前期，包括产品存储的时间、在供应链内的某点停留的时间、产品运往下一个生产点的时间、机器提前期或停机时间。另外，无论在企业内部还是企业外部，运输时间或市场需求信息的传递速度，也都是影响因素之一。压缩总的循环时间还可以缩短顾客需求的提前期。

（2）供应链物流和信息流的时间管理　供应链时间管理战略，作为供应链管理的有力工具，能够很好地减轻传统供应链中的"牛鞭效应"。例如，可获得更短的提前期（Lead Time）、更好的订货控制、更低的库存水平、更加适应现代社会消费者对产品多样性的需求，等等。在所有的供应链中，同样存在两条流通渠道：第一条是订货信息传递渠道，向供应链上游反向传播，即信息流的传递渠道；第二条是产品传递渠道，从原材料转变成产品并流向最终使用者的渠道，即物流的传递渠道。供应链时间管理的时间压缩战略主要针对供应链物流管理的时间压缩和信息流的时间压缩策略这两方面的问题。

1）供应链物流管理的时间压缩策略。供应链物流管理中的时间压缩策略是供应链时间管理的重要战略之一。物流管理的最终目的就是满足顾客需求，具体说来，从企业的外部供应链来看，有三方面含义：首先满足时间的要求，其次物流要有合适的数量，最后使成本最小化。

① 产品在设计阶段的时间压缩。物流的时间压缩战略的起点应是产品的设计阶段，即产品在最初设计时就应考虑多种产品在物流管理、生产、分销、实际使用中的优化问题。同时，生产循环时间的压缩也是至关重要的。许多企业多年来致力于生产循环时间的压缩，即对物流提前期进行压缩，取得了良好的效果。

必须注意的是，许多企业只关注于其内部生产时间的压缩而忽略物流中其他提前期的压缩，如分销时间的压缩，结果是在生产中节约出来的时间都被分销过程浪费掉了。供应链管理强调整体绩效，主张通过供应链中各成员的积极合作来完成时间压缩战略，每个企业都应

知识卡

企业中常用的压缩生产时间的方法

消除物流中无用的工序；压缩工序中剩余的时间；在连续的流程中再造工序的连接过程；实施并行的运行流程。

积极帮助上、下游企业减少物流流动时间，使整个供应链中的物流时间达到优化与平衡。

② 产品供应链中的时间压缩。供应链中各成员的即时化原则是成功实行物流时间战略的保证。时间工序规划图（TBPM，Time Based Process Mapping）是一种重要的时间压缩工具，它能将产品在整个供应链的时间用图形清晰表达，以便发现问题，提高时间的压缩效率。

③ 供应链合作伙伴关系中的时间压缩。这主要反映供应链企业间合作时的运输、库存等各种对于时间的优化问题，以及供应链企业间合作的协议问题。

④ 供应链管理中的物流时间压缩的基本原则。只生产能够快速运送给顾客并快速收回货款的产品；在本阶段只生产下阶段组装所需的组件；原材料生产时间的最小化；使用最短的计划周期；从供货商处小批量购买本生产流程或组装所需的组件（即外包策略）。

2）信息流的时间压缩策略。信息流不仅包括订货的定量信息，还包括反映顾客需求的定性信息。在信息流中，压缩时间有更大的发挥余地，当然也有更大的风险。有更大的发挥余地是因为信息流与生产工序不同，无提前期限制。理论上，通过信息技术，信息流动可即刻从供应链一端流向另一端。而说它有更大的风险是因为缓慢的信息提前期可能给企业带来巨大的损失，即一旦信息过期，丧失了时效性，它就失去了价值。旧的信息甚至会引起扩张性延迟。解决这种问题的唯一方法是压缩信息流的传递时间，以使系统内传播的信息保持最新并具有意义，能够被有效地理解和使用。

在传统的供应链中，每个成员所得到的需求信息大都来源于其下游企业，而这种需求信息不仅是滞后的，而且往往不是最终消费者的真实需求。它是经过下游企业成员加工后得到的需求，或者是加上了安全库存，或者根据预测结果修改了需求。买者与卖者之间的对立关系，也使得下游企业避免让上游企业了解真实的需求信息。因此，在许多供应链

中，只有最接近终端顾客的成员才能感受到真实的需求。市场信息在供应链上传播的时候遭受逐步的延迟与曲解，越是处于传统供应链上游的企业，所了解到的关于最终顾客的需求信息就越不真实。而供应链管理中的真实信息恰恰是至关重要的战略资产。供应链中每个成员都是为了满足最终顾客需求而工作的，每个成员都有权利获得快速真实的顾客需求信息。

为了在信息流（如市场信息）中压缩时间，有效的方法之一是将市场销售数据（Market Sales Data）实时提供给供应链上的每一成员。这样，每个成员可以根据其下游企业订货信息和最终消费者需求信息来做出准确而快捷的生产、存货决策，有利于企业实现即时化（JIT）生产和应用制造资源计划（MRP Ⅱ）等技术，进而减少库存，降低成本。提高信息流运作绩效的主要技术是电子数据交换（EDI）系统，它可以在供应链上各成员间的合作时实现信息共享。

应当重视的是：在同一时间获取市场信息的两个不同企业，由于在理解和处理信息时存在能力方面的差别，因而将导致企业的快速反应能力和最终结果大相径庭；另一方面，具有相同快速反应能力的两个不同企业在获取信息的优势方面的差异，导致在许多决策过程中所存在的阻碍信息传递障碍的大小不同，也可以使得企业表现为各不相同的竞争力。因此，在时间压缩战略中信息流的价值体现在：信息价值的时间性和提取有用信息的能力两方面。信息共享并不等于对信息的同样理解，也不等于对同样信息的有效利用。

物流和信息流的时间压缩并不是孤立而行的，只有两者的密切合作才能使全部循环时间达到最小。物流的时间压缩通常是伴随着开放的信息，而信息流中时间的压缩将直接影响物流的流动。

二、供应链成本管理

1. 供应链成本概念及构成

任何生产经营活动都有成本的花费，供应链运营也是如此。在供应链运营过程中，为了供应链生产和提供有关服务，开展各项业务活动，必然要占用和消耗一定的活劳动和物化劳动。这些在物流活动中所消耗的物化劳动和活劳动的货币表现，即为供应链成本，也称为物流成本。供应链成本包括供应链各项活动的成本与费用之和，也是供应链系统的总投入。

供应链成本源自供应链成员企业为了维持供应链的运作，而消耗在供应链系统中的物流、信息流、资金流及商务流上的所有成本。这可以通过借助以往的成本分析方法来划分，即对供应链中发生的成本进行重新分析，使之适应新的竞争环境。供应链的成本管理应体现供应链的价值增值水平，即：价值增值 = 用户价值 - 用户成本；而用户成本的降低应从整个供应链的角度去考虑，即：用户成本 = 供应成本 + 制造成本 + 销售成本，这三部分成本分别对应于供应链的上游成本、企业内部成本和供应链下游成本。如图8-2所示。

为了简化计算，同时又能说明问题，我们仅考虑单一产地和单一销地（即只包含一个制造商和一个零售商）的情况（忽略管理成本和财务成本）。在将产品由产地运至销地的过程中，可以细分为5项活动：

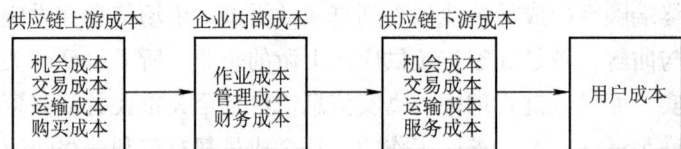

图8-2 供应链成本分析图（一）

1）在产地，产品由生产车间运至仓库。

2）在仓库内等待运输。

3）产品被装货。

4）将产品运输至销地。

5）经卸货、搬运至销地仓库后，等待销售。

这5项活动归纳起来可以分为两类，分别用来克服两种距离：时间距离和空间距离。克服时间距离所发生的成本称之为持有成本（Holding Cost）；克服空间距离所发生的成本称之为移动成本（Motion Cost）。持有成本包括库存维持（持有）成本、订货成本和缺货成本，移动成本包括运输成本和搬运成本。具体关系如图8-3所示。

如果按照供应链中承担成本的不同成员划分，当考虑供应链成员之间的合作与竞争时，则供应链成本也可分为：供应商承担的成本——简称为供应商成本，以此类推、制造商成本、分销商成本、零售商成本、顾客成本。

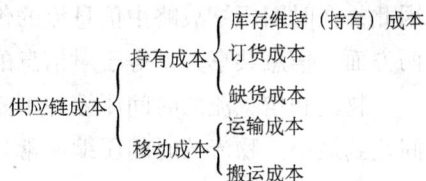

图8-3 供应链成本分析图（二）

2. 供应链成本影响因素及管理原则

影响供应链成本的因素很多，物流、信息流、资金流及商务流的业务流程改变，各种业务流程上的诸活动的作业方法的变化，工作效率的提高或降低，各种资源消耗的降低或提高，库存量的变化等等，都会影响供应链成本。具体会产生以下成本：

1）物流中发生的物料采购成本、订单管理成本、库存持有成本。

2）信息流中发生的供应链管理信息系统（MIS）成本。

3）资金流中发生的与供应链相关的财务和计划成本。

4）商务流中发生的与供应链有关的商务成本。

管理供应链成本的原则是整合供应链，对供应链管理进行彻底革新，加强信息化力度。随着Internet对整个供应链成本影响的不断增加，就一个典型的制造企业而言，其成本节约的机会有可能达到销售收入的几个百分点。

为了节省费用，不应该过分强调降低购买价格，而应该强调降低供应过程其他方面的成本。降低成本不是供应链管理的最终目的，要看降低成本是否以牺牲顾客的利益为代价。能否提供顾客满意的产品，则是整个供应链要考虑的问题。另外，还要考虑降低成本是否以减少最终销售量为代价，是否以降低市场价格为代价等。

利用供应链成本进行供应链管理，必须建立统一的供应链成本的核算标准，确定核算供应链成本应遵循的基本原则，划分供应链成本的范围，确立统一的计算口径与方法。如果没有统一的核算标准，企业各自为政，各行其是，就会使计算出来的结果没有科学性，而难以成为企业决策的依据；如果在计算范围和计算方法上存在着很大的差异，得出的数据就难以进行对照比较，缺乏可比性。并且由于受供应链概念范围不同的影响，企业财务账目中提取供应链成本或供应链成本汇总方法不明确等原因，也有可能造成只计算了部分供应链成本，并非如实地反映了企业供应链成本全貌的状况。

资料库

"CPQ"组合策略

企业要在成本（C）、价格（P）、销售量（Q）三方面进行协调，形成满意的"CPQ"组合策略。企业对总的供应成本、总的物流成本和总的分销成本进行控制是供应链管理中压倒一切的首要目标。

---

3. 供应链成本管理的作用

运用成本管理供应链具有以下的实际作用：

1）通过对供应链成本的计算，可以了解供应链成本的高低，发现供应链活动中存在的问题。

2）通过与同类企业或竞争对手供应链成本的对比，可以找出本企业与同行及竞争对手之间的差距。

3）根据供应链成本计算的结果，为企业制订供应链计划、调整供应链活动和评价供应链活动的效果提供科学的依据。

以上1），2）种作用总的可以概括为：发现问题，找出差距。这是供应链成本管理最主要的作用。但是，虽然可以通过供应链成本去发现存在的问题，可这并不等于说仅仅看一眼供应链成本便会知道存在什么问题。比如说当发现供应链成本中运输成本额很高时，并不能仅凭此就简单地下结论说存在什么问题。因为运输成本虽高，但若所起的作用也大，甚至对供应链总成本的降低或对企业赢利的增加做出贡献，则它显然并不是问题。

所谓"存在问题和差距"应是指对企业现状和表示理想状态时的某种标准与条件进行比较时存在的差异。因此要通过供应链成本检查确定是否存在问题时，首先要有一种标准。这种标准包括预算成本、标准成本、行业平均成本和供应链系统总成本等，没有这种标准就无法进行成本的对照与比较，问题和差距便也无从谈起。

在供应链成本管理的第三种作用中，是把供应链成本计算的目的放在制订供应链计划、控制和评价供应链活动上，这同样也是非常重要的。预算管理是制订计划、调整和评价计划的行之有效的方法。在供应链管理中，引入供应链预算制度十分必要。供应链预算对供应链管理的作用是通过计划（预算）与实际（成本计算）的差距分析来体现的。把实施了的供应链活动换算成供应链成本，与预算相比较，再对该项活动进行评价。这一过程是借助于成本核算进行的，因此编制供应链预算时的体系必须与供应链成本计算时的体系相一致，以使差异的分析更加明确、具体。

三、供应链管理中作业成本法

根据供应链工作活动而开展的作业成本法（Activity Based Costing System，也称 ABC 方法），是以特定物流活动成本为核算对象，通过成本动因来确认和计算作业量，进而以作业量为基础分配间接费用的物流成本管理方法。一般涉及两个层面的资源分配，如图 8-4 所示。第一阶段是将资源分解配置到业务流程的各种活动上，以核算各种作业活动的资源耗费；第二阶段是将活动分解配置到各种产品、服务、客户上，进而核算各个产品、服务品种、单个或群体客户耗费多少活动资源、如何耗费这些活动资源。

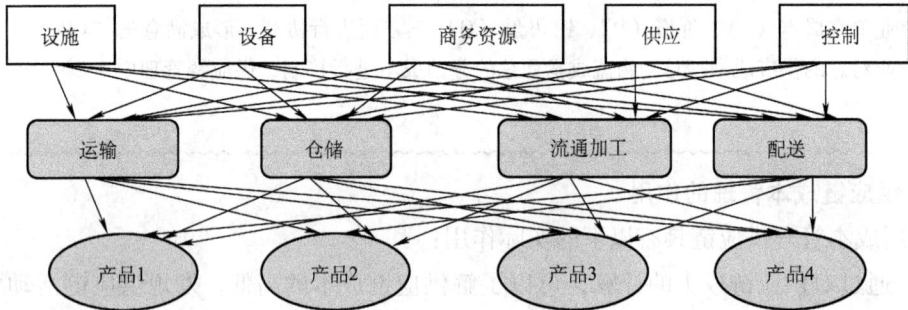

图 8-4　供应链的资源及活动两层分解配置

美国俄亥俄州立大学供应链管理研究小组调查研究发现，有的企业间接成本甚至超过直接成本的 1 000%，而且这些间接成本很难判断发现，导致企业供应链系统成本难以降低。ABC 的使用为企业发现挖掘非效率的活动，优化供应链业务流程，分析控制供应链成本提供了有力的工具。它是一种基于价值链分析的成本分析方法，ABC 方法对各种主要的间接费用采用不同的间接费用率进行成本分配计算。

1. 作业成本法的重要作用

ABC 方法与传统的成本体系有本质的不同。传统成本计算方法不能揭示出产出量与间接费用之间的关系，使产品计算结果失真。因此，不能满足管理部门在进行定价、自制与外购、生产批量等决策的需要。作业成本计算法由于对不同作业的间接成本采用不同的间接费率进行分配，能够克服传统成本计算法存在的问题。而且，它强调成本的功能性和结构性，体现了现代成本管理的新思想（如成本效益理念、成本节省和成本避免等）。因此，作业成本法对于正确分析作业成本，核算产品成本，进行资本支出评价等供应链的管理都有着十分重要的意义。

例如，在供应链的日常经营中会有这样的情况：有的制造商在推销产品时，会简单地认为做一些促销活动（如降价、折扣和赠券）就可以收益。可实际上有些促销活动会带来成本，但分销商为了自身的利益，会实行预先买货或转移货物至异地的策略。这就使订货不能反映实际需求，增加了供应链的额外库存成本和运输成本，造成了产品积压，影响日后生产计划。传统的成本系统无法体现这类成本。而先进的 ABC 成本系统则提供了有关库存、储备、持有、运输、保险等方面的详尽成本计算，可解决上面提到的问题。使那些隐藏在成本核算中的超过收益的成本，现在能够在 ABC 系统下被清楚的显示出来。更为特别的是，ABC 系统的输出数据为其他系统，例如客户的订货额度系统，提供了输入值，并可辅助其他管理工具，如软件仿真器、过程建模器、日程表、执行经理信息系统、联机分析处理（On-Line Analytical Processing，OLAP）以及数据挖掘（Data Mining）等更好地完成工作。

产品价值增值与产品成本增加过程是结合在一起并同时完成的，与此同时，也消耗了各种资源。一般来说，可以把资源分类如下：

1）物质资源（如工厂、分销中心、仓库等）。

2）人力资源（如设备操作人员、生产管理人员、科技人员等）。

3）货币资源（如资金流、负债能力等）。

4）信息技术（IT）资源（如 PDM 及产品开发系统、库存管理系统、POS 系统、EDI 系统、供应链建模系统等）。

5）市场资源（如市场份额、品牌效应等）。

6）组织资源（如企业文化、供应链合作伙伴关系、培训系统等）。

7）法律资源（如专利、企业的技术秘密与诀窍、版权、合同等）。

上述资源中有些属于有形资源，有些属于无形资源。其中，理解和评价上述 IT 资源是非常难的，也可能是模糊的。在企业战略形成的过程中，IT 资源是必要的元素，但不是充分的元素——有了 IT，企业未必能找到合适战略，未必能形成企业的竞争优势。在条件不具备的情况下，信息技术难以更好地创造价值。这在于 IT 本身难以单独体现其内在的价值，IT 只有与其他类型的资源有机结合时才能创造更大的价值。而离开了 IT，其他资源只能带给企业较小的直接价值。

企业竞争优势的实现与企业资源的合理使用密切相关。只有将企业拥有的内外资源进行合理有效的配置，才能使企业在投资回报、信息回报、理念回报三方面取得成功，形成企业的核心竞争能力。企业资源与核心竞争能力的关系如图 8-5 所示（不同企业形成核心竞争能力的方式会有所不同）。

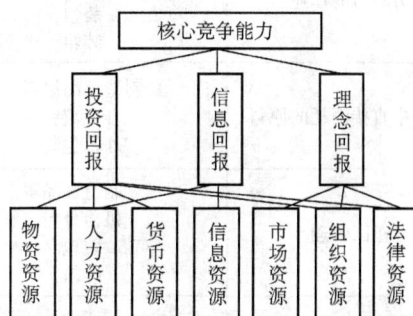

图 8-5　企业资源与企业核心竞争能力的关系

2. 作业成本法的简单步骤

既然企业的核心竞争能力与企业各种资源的使用是密切相关的，那么提高企业资源的使用效率，就可以有效地增强企业的核心竞争能力。因此，有必要对企业的资源使用效率进行分析，而要分析企业资源的使用效率就必须分析作业成本。

一般来说，作业成本分析方法是由三个阶段组成的。下面以供应链中的单一设备为例，简要说明该方法，在市场及销售或顾客服务方面也可以做类似的分析。

ABC 方法（图 8-6）的第一阶段，间接成本累计进入间接成本池，劳动力成本或设备成本合并后进入间接成本池。而直接成本累计后不经过任何中间步骤直接进入作业成本池。

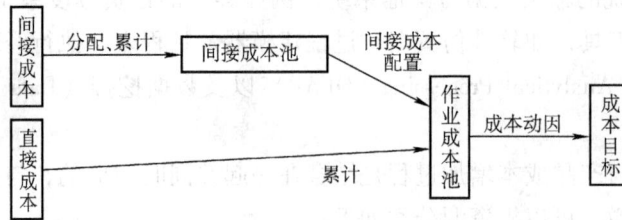

图 8-6　ABC 分析方法

第二阶段把间接成本池的资源映射到作业成本池，这是间接成本配置过程。第三阶段是把作业成本映射到成本的目标值，表明各种作业（活动）对总成本的贡献。

为了说明 ABC 方法，下面通过一个食品工厂的实例简单介绍在成本分配过程中成本动因的分类情况。

3. 一个食品工厂成本动因分析实例

假设生产过程分别为制造食品、机器分包、装包、装箱等四项活动，则有如下（表8-1）的成本动因表。

表 8-1　成本动因表

作　业		成　本　动　因
劳动力的作业	制造食品	直接的劳动力时间
	机器分包	直接的劳动力时间
	装包	直接的劳动力时间
	装箱	直接的劳动力时间
活动中直接消耗的原料	制造食品原料	重量（吨）
	内包装	数量（包）
	外箱包装	数量（箱）
车间管理	制造食品	准备时间
	机器分包	准备时间
	装包	准备时间
	装箱	准备时间
折旧	制造食品	机器运行时间
	机器分包	机器运行时间
	装包	机器运行时间
	装箱	机器运行时间
其他	设备维护	总的运行时间
	设备启动	总的启动时间
	生产调度	调度的总批数
	制造工程	工程转换次数
	能量	总的机器运行时间
	总的管理	总的机器运行时间

由上表8-1可以看出，大多成本动因与生产时间的数量有关，其余的与生产调度有关。但是，与生产调度有关的成本动因与考虑的区间内生产调度的批量有关。应用 ABC 分析方法的重要原则是：一项作业成本动因度量单位的定义要反映该作业的本质特征，而

且，把与产品有关的间接成本和与设备有关的间接成本作为整体加以区分。

为了实现供应链战略的优化目标，应当充分利用成本的历史数据进行"增值"，要求对成本的变化规律进行描述，以便找出成本随成本动因的变化而发生变化的规律性。这属于数据驱动型建模方法范畴，在这里不再论述。

传统的 ABC 分析方法，常用线性函数分析成本动因。更为现代的分析方法是引入非线性不连续函数分析成本动因。这种函数关系能描述更为复杂的制造、分销活动状态，对整个供应链进行作业成本分析，使供应链可以获得更大的整体竞争优势。

4. 供应链管理中的作业成本计算方法

在供应链作业观念下，产品成本是指所有的费用支出。只要是合理的、有效的，都是对最终产出有益的支出，因而应当记入产品成本。也就是说，作业观念下强调费用支出的合理有效性，而不论其是否与产出有关。作业成本计算法也使用期间费用概念，但与传统意义下的期间费用概念是不同的。传统的期间费用汇集的是无效的、不合理的支出，即所有作业消耗的无效资源价值和非增值作业耗费资源的价值，而不是与生产有无直接关系的支出。因此，作业成本法能够很好地反映产品的价值转换与增值过程。应用 ABC 法会使我们正确分析产品成本的形成原因，从而有利于工作绩效的评估，找出成本差异的原因，不断改进工作方法，以降低产品的实际成本，增强企业产品的竞争力。

综上所述，ABC 方法通过区分不同的作业标志和作业目的（如采购、运输）可以计算出各个产品的期间费用，从而达到成本核算的目的。其计算过程为：

1）确定作业内容。可分设制造中心，再设作业中心，在制造中心内分别以不同作业中心为范围收集资源耗费价值。

2）分析作业动因，即作业目的。决定所有工作属于哪个作业，是增值作业还是非增值作业（非增值作业是价值链要消除的）。创建一个相关的作业成本库，将作业范围内的各资源分解、分配到各作业成本库中去。

3）确定作业计量尺度。如以人工小时、维修车间费用、生产准备成本、机器成本、取暖成本等的不同百分比向不同产品分配。

4）设立单位作业成本。即遵循作业成本计算规则，把成本库成本记入各产品成本计算清单。

运用作业成本计算法来帮助减少和消除非增值作业的过程就称为作业基准管理。作业基准管理是贯穿于整个供应链的，作业成本信息不仅在供应链中的生产部分很重要，而且在评价与期间费用相关的作业方面也非常有用。在许多供应链组织中，节约的期间费用甚至超过了降低的产品成本，而成为对盈利能力更为重要的贡献。

在以顾客为中心的供应链管理中，顾客需求对整条供应链起到"拉动"作用。顾客需求影响到产品的设计与开发，影响到产品生产、运输、存储、各种服务及企业间合作等等。在信息流沿着顾客到制造商的方向（上游方向）传递的过程中，下游成员的订单向上游逐级合并，由上游成员及制造商安排生产运输、存储等活动。于是，整条供应链就分解成一系列作业链，每项作业既是价值增值过程，又是成本增加过程。供应链管理是对各项作业的管理，也是对成本的考核。通过不断改进作业水平，逐个工序开发潜能，压缩不必要的时间及不必要的成本，尽可能取消不增加价值的供应链活动，最终核实出合理的目标成本，从而保证顾客以尽可能低的，或顾客认可的价格获得最可能大的价值。

四、供应链成本控制

供应链成本控制是供应链成本管理的重要组成部分，对于供应链成本的控制体现了供应链的管理水平，决定了供应链自身的竞争能力。供应链成本控制一般采用以下策略。

1. 物流一体化策略

企业物流一体化的管理策略，是将管理从企业内部扩展到注重外部关系，包括供应商、分销商、客户等，强调从原材料采购、加工、生产、作业一直到销售、售后服务的全过程，沿溯供应链网络结构系统，进行物流一体化的成本控制策略。

> **知识卡**
>
> **供应链成本控制**
>
> 是对供应链相关费用进行的计划、协调与执行的管理。

物流一体化策略的实质就是创造最适合的物流运行结构，消除阻碍物流有效运行的因素，降低供应链运行成本。物流一体化策略主要方式是纵向一体化。

纵向一体化是指上游供应商与现有客户之间在所有权上的纵向合并，以加强供应链核心企业对于原材料采购、加工、生产、作业、销售、售后服务等全过程的控制，使企业在市场竞争中积极主动，获取各个增值环节的利润。纵向一体化的形式有：

1）后向一体化：生产制造企业向后控制供应商，使供应商和生产一体化，实现供产结合。

2）前向一体化：企业向前控制分销系统，如批发商、代理商、零售商，实现产销结合。

物流一体化的策略，基本实现了物流活动的合理化。通过一体化物流的快速、高水平的服务保障，支持供应链中的销售与采购，使企业可以以整体能力压缩供应链成本。但在当今市场竞争日益激烈、客户需求不断变化的经营环境下，物流一体化战略已显示出其难以敏捷反应市场机会、管理资源分散等重大弱点。

2. 产销物结合化策略

构建产供销联合系统，形成原料、产品、商品的物流的紧密结合，是供应链成本控制的有效策略之一。实施产销物结合化策略的步骤是：

1）系统集成生产、销售、物流各部门的运作，获取整体效益。

2）发现产供销工作中的问题。

3）再造企业业务流程。

4）优化业务流程。缩短业务流程时间，消除不增值的商品运动。例如压缩货物在库日数、从订货到交货时间、新作业开发时间、运输时间、计划变更的允许时间、材料加工的滞留日等。

3. 物流及时化（Just In Time）**策略**

及时化是在精确测定生产各工艺环节作业效率的前提下按订单准确地计划，消除一切无效作业与浪费为目标的一种管理模式。而物流及时化策略是一种建立在准时制（JIT）管理理念基础上的现代物流策略。物流及时化策略可以趋于实现零库存（Zero—inventory），零库存是在供应链上按照JIT组织物流活动，使整个供应链运作过程库存最小化，进而可以达到降低供应链成本的目的。

五、成功案例

优越国际的供应链成本管理

优越国际（香港）有限公司（下称优越公司）位于中国家具之都的佛山市顺德区龙江镇，专业生产板式套房家具，其产品（含配套家居商品和饰品）销往全国各地以及香港、澳门、美国、澳洲、日本、丹麦等二十多个国家和地区，年销售额近2 600多万元，是一家极具竞争力的中小型家具制造企业。然而，伴随企业目标设定的不断提高，内涵的不断丰富，企业规模的不断扩大，管理层感到企业在经营方面，尤其是面对市场激烈竞争环境的压力越来越大，迫切需要对企业的成本管理进行一次大的变革。

如针对订货成本这个节点，优越国际在调查问卷的基础上，获得了以下的主要问题点：

1）采购流程不明确。在调查的9个样本中，只有3个人能说出采购流程，其余6人则都表示不清楚采购流程。不知道采购流程的人数占到了67%。

2）对采购是否采用竞标方式的调查，9个样本全部是否定答案。不采取竞标方式，就难以在价格、质量等方面获得好的供应商。

3）对采购方面的考评责任制的调查，几乎全部是说没有这样的考评责任制。

4）对供应商的管理还不健全，其评估流程、评估标准、分级管理都还没有形成良好的体系标准。

5）员工对企业的采购、供应商管理方面的了解相当浅薄。

因此，针对这个现状，优越国际采取了以下一些积极的行动：

1. 建立采购的考核指标，评估采购绩效

（1）强化采购管理的第一步，就是制订好采购部门以及人员的考核标准　采购人员在其工作职责上，应该达到"正确的时间、正确的数量、正确的质量、正确的价格及正确的地点"等目标，因此，其绩效评估应以"5个正确"为中心，并以数量化的指标作为衡量绩效的尺度。具体是把采购部门及人员的考核指标划分为以下4大类：质量绩效；数量绩效；时间绩效；价格绩效。

（2）建立采购绩效评估的标准　有了绩效评估的指标之后，必须考虑依据何种标准作为与目前实际绩效比较的基础。主要使用的标准如下：

1）以往绩效。选择公司以往的绩效，作为评估目前绩效的基础，是相当有效的做法。但公司采购部门，无论组织、职责或人员等，均应在没有重大变动的情况下，才适合使用此项标准。

2）预算或标准绩效。若过去的绩效难以取得或采购业务变化很大，则可以预算或以标准绩效作为衡量基础。

3）同行业平均绩效。若其他同行业公司在采购组织、职责和人员等方面，均与公司相似，则可以与其绩效进行比较，以辨别彼此在采购工作成效上的优劣。若个别公司的绩效资料不可得，则可以整个同行业绩效的平均水准来比较。

4）目标绩效。预算或标准绩效是指在现状下，应该可以达成的工作；而目标则是在现状下，需经过一番特别努力，否则无法完成的较高境界。目标绩效代表公司管理层对工作人员追求最佳绩效的期望值。这一目标绩效，常以同行业最佳绩效水准为标杆。

（3）绩效评估的人员和方式　评估人员有采购部门主管、会计部门和财务部门、供应商、外界的专家或管理顾问。评估方式，分为定期方式和不定期方式。

2. 建立约束监督机制，打破单人一统采购的格局

组成以控制职能为中心的计划合同监管小组；以市场调查和为客户服务为中心的信息（反馈）小组；以价格控制为中心的洽谈小组；等等。这样做有利于打破关系订货，价格变化迟缓的被动局面，变封闭性管理为开放性管理，坚持公开、公平、公正的物资采购制度和比质比价、优化配置的采购原则。实行专业归口的运行机制，健全管理机构，加强采购价格管理，组织集中批量采购，采用招标、议标、邀标、定点定项、询质比价、网上采购等手段，取得优惠价格。

又如针对库存成本这个节点，优越国际在调查问卷的基础上，获得了以下的主要问题点：

1）仓储设施落后。公司的物流仓储库房基本是平面式库房，设施较陈旧；主要依靠人工进行管理，缺少现代仓储管理装备。设施陈旧和装备落后，造成了效率低下、损耗增多、费用升高。

2）仓储组织流程烦琐。公司仓储中物料的储存分布不合理；物资的仓储货位布局不合理；入库、出库、检验、搬运等环节衔接性差；个别物资存在倒运现象；有些流程还不合理，如进库后再进行检验，这就会给以后质量不合格物料的处理带来很多的麻烦。

3）物流信息不畅，响应滞后。目前仓储采取的是手工记账和计算机记账并存，业务数据传递及处理速度慢，人为错误多，部门间难以共享数据，难以进行实时仓储管理和及时掌握物流状况进行有效决策。

4）部分库存物资积压严重。据调查统计，库存中存在大量多余的、无用的、废弃的、过量的或过时的材料。库存物资的积压，使库存周转率下降，不仅占用了流动资金，而且花费了大量资金进行管理，也影响了仓储布局的合理性。

5）工人积极性不高。由于缺乏激励机制，相关的配套监督体制不健全，影响了职工积极性的发挥。

针对这种现状，优越国际在以下方面采取积极的行动：

（1）仓储能力布局调整及优化　包括对以下几方面进行优化：仓储能力布局优化、仓储货位布置优化、仓储库存管理优化、仓储流程优化。

（2）进行仓储业务整合。

（3）采用多种方法，减少呆滞库存。

企业有效的库存积压和废旧物料处理计划的潜在利益是很大的，包括原材料成本的回收、成本的降低或避免、公司形象的提高以及资源的保护和减少库存管理人员的工作负荷等。

（4）采取措施，使库存维持在一个合理的水平。

库存太高，就会占用大量的资金和厂房面积，并给管理带来沉重的负担。库存高的原因：

1）进料不符合生产需要。

2）料账不合，资料可信度低。

3）未落实标准作业程序。

4）收发料、坏废料，完工转移未做好资料处理。

5）无法从客户订单推算出材料需求。

6）料号和材料表维护不佳。

7）生产指令未考虑产能。

8）客户需求难掌握。

9）各单位配合不佳。

10）生产计划经常延误。

当然，库存太低，就可能会影响正常的生产进程，甚至使生产停滞。因此，必须采取一些措施和手段，使库存维持在一个科学合理的水平上。

知识检验

一、选择题

1. 以高时效为基础的竞争优势从以下（　　）等时间策略中产生。

　　A. 合理规划时间　　　　　B. 加快产品设计时间　　　　C. 缩短加工时间

　　D. 有效变换时间　　　　　E. 压缩交货时间　　　　　　F. 处理好抱怨的反应时间

2. 企业中常用的用来压缩生产时间的方法大致有几种。（　　）

　　A. 消除物流中无用的工序　　　　　B. 压缩工序中冗余的时间

　　C. 在连续的流程中再造工序的连接过程　　　　D. 实施并行的运行流程

3. 作业成本计算方法的步骤依次为（　　）。

　　A. 确定作业内容　　　　　　　　　B. 分析作业目的

　　C. 确定作业计量尺度　　　　　　　D. 设立单位作业成本

4. 供应链成本控制一般采用以下策略。（　　）

　　A. 物流一体化策略　　　　B. 产销物结合化策略　　　　C. 物流及时化策略

二、判断题

1. 时间管理只需关注企业内部生产时间的压缩并可以忽略物流中其他提前期的压缩。（　　）

2. 物流及时化策略是一种建立在准时制（JIT）管理理念基础上的现代物流策略。（　　）

3. 分销时间的压缩不属于供应链时间管理考虑的范围。（　　）

三、简答题

1. 为什么要进行供应链时间管理？供应链时间管理的策略？

2. 供应链成本由哪几个部分组成？怎样控制？

3. 供应链成本中的作业成本法（ABC 法）有何作用？它的计算步骤是怎样的？

4. 供应链成本的核算方法有哪几种？

5. 优越公司的成本管理的最成功之处在哪里？为什么？

课题二　供应链绩效评价的体系与方法

一、供应链绩效评价指标体系的设计原则

1）对关键绩效评价指标进行重点分析。通常，各个行业的供应链管理（Supply Chain Management，是对供应链涉及的全部活动进行计划、组织、协调与控制）领导者都会把精力集中在三到五个关键的领域，并采用几种绩效测量的方法来跟踪它们的发展状况。

> **知识卡**
>
> **绩效评价**
>
> 绩效评价是指运用一定的评价方法、量化指标及评价标准，对中间部门为实现其职能所确定的绩效目标的实现程度，及为实现这一目标所安排预算的执行结果所进行的综合性评价。

2）采用能够反映供应链业务流程的绩效评价指标体系。应重视对供应链业务流程的动态评价，而不仅仅是对静态经营结果的考核衡量。

3）评价指标能够反映整个供应链的运营情况，而不是仅仅反映单个节点企业的运营情况。不要依赖于单个的衡量标准来反映整个供应链的绩效。例如，你的目的是提高订单处理效率，就要综合使用生产量指标和一个或更多的成本或客户服务指标。然后，你才能搞清楚在改善订单管理方面的努力是否真的有用。

4）采用实时评价与分析的方法，把绩效评价范围扩大到能反映供应链实时运营的信息上去，这比仅做事后分析有价值。

5）采用能够反映供应商、制造商、分销商及用户之间关系的绩效评价指标，把评价的对象扩大到供应链上的相关企业，注重相互间的利益相关性。

6）重视对企业长期利益和长远发展潜力的评价。

二、整个供应链业务流程的绩效评价指标

1. 产销率指标

产销率是指在一定时期内已销售出去的产品和已生产的产品数量的比值。企业供应链产销率是指一定时期内供应链各节点已销售出去的产品和已生产的产品数量的比值。即：产销率（RSP）=一定时间内已销售出去的产品数量（S）/一定时间内生产的产品数量（P），因为 $S \leqslant P$，所以产销率小于或等于 1。

> **动脑筋**
>
> 产销率为什么一定小于等于 1？

产销率指标又可分成如下三个具体的指标：

（1）供应链节点企业的产销率　该指标反映供应链节点企业在一定时间内的经营状况。

供应链节点企业的产销率＝一定时间内节点企业已销售产品数量/一定时间内节点企业已生产的产品数量。

（2）供应链核心企业的产销率　该指标反映供应链核心企业在一定时间内的产销经营状况。

供应链核心企业的产销率＝一定时间内核心企业已销售产品数量/一定时间内核心企业已生产的产品数量。

（3）供应链产销率　该指标可反映供应链各节点在一定时期内的产销经营状况（时间单位：年、月、日），供应链资源包括人、财、物、信息等有效利用程度、供应链库存水平。该指标值越接近1，说明供应链节点的资源利用程度和成品库存越小。

供应链产销率＝一定时间内供应链节点企业已销售产品数量之和。

2. 平均产销绝对偏差指标

该指标反映在一定时间内供应链总体库存水平，其值越大，说明供应链成品库存量越大，库存费用越高。反之，说明供应链成品库存量越小，库存费用越低。

3. 产需率指标

产需率是指在一定时期内，供应链各节点已生产的产品数或提供的服务（服务 service 满足顾客的需要，供方和顾客之间接触的活动以及供方内部活动所产生的结果。包括供方为顾客提供人员劳务活动完成的结果；供方为顾客提供通过人员对实物付出劳务活动完成的结果；供方为顾客提供实物实用活动完成的结果）与其下游节点或用户对该产品或服务的需求量的比值，即：

产需率＝节点企业已生产的产品数量/上层节点企业对该产品的需求量

具体分为以下的两个指标：

（1）供应链节点企业产需率　该指标反映上、下层合作企业之间的供需关系。产需量越接近1，说明上、下层合作关系之间的供需关系协调，准时交货率高，反之，则说明下层合作企业准时交货率低或者企业的综合管理水平低下。

供应链节点企业产需率＝一定时间内节点已生产的产品数量/一定时间内上层节点对该产品的需求量

（2）供应链产品生产循环指标或节拍指标。当供应链节点企业生产的产品为单一品种时，供应链产品出产循环期是指产品的出产节拍；当供应链节点企业生产的产品品种较多时，供应链产品出产循环期是指混流生产线上同一种产品的出产间隔。由于供应链管理是在市场需求多样化经营环境中产生的一种新的管理模式，其合作企业（包括核心企业）生产的产品品种较多，因此，供应链产品出产循环期一般是指合作企业混流生产线上同一种产品的出产间隔期。它可分为如下两个具体的指标：

1）供应链合作企业（或供应商）零部件出产循环期该循环期指标反映了合作企业库存水平以及对其上层合作企业需求的响应程度。该循环期越短，说明了该合作企业对其上层合作企业需求的快速响应性越好。

2）供应链核心企业产品出产循环期。该循环期指标反映了整个供应链的在制品库存水平和成品库存水平，同时也反映了整个供应链对市场或用户需求的快速响应能力。核心企业产品出产循环期决定着各合作企业产品出产循环期，也就是各合作企业产品出产循环期必须与核心企业产品出产循环期合拍。该循环期越短，说明整个供应链的在制品库存量和成品库存量都比较少，总的库存费用都比较低；另一方面也说明供应链管理水平比较高，能快速响应市场需求，并具有较强的市场竞争能力。缩短核心企业产品出产循环期，应采用如下措施：

① 使供应链各合作企业产品出产循环期与核心企业产品出产循环期合拍，而核心企业产品出产循环期与用户需求合拍。

② 采用优化产品投产计划或采用高效生产设备或加班加点来缩短核心企业（或合作企业）产品出产循环期。其中，优化产品投产顺序和计划来缩短核心企业（或合作企业）产品出产循环期是既不需要增加投资又不需要增加人力和物力的好方法。

4. 供应链总运营成本指标

供应链总运营成本包括供应链通信成本、供应链库存费用及各合作企业外部运输总费用。它反映供应链运营的效率。具体分析如下：

（1）供应链通信成本　供应链通信成本包括各合作企业之间的通信费用。

（2）供应链总库存费用　供应链总库存费用包括各合作企业在制品库存和成品库存费用、各合作企业之间在途库存费用。

（3）各合作企业外部运输总费用　各合作企业外部运输总费用等于供应链所有合作企业之间运输费用总和。

5. 供应链核心企业产品成本指标

供应链核心企业的产品成本是供应链管理水平的综合体现。根据核心企业产品在市场上的价格确定出该产品的目标成本，再向上游追溯到各供应商，确定出相应的原材料、配套件的目标成本。只有当目标成本小于市场价格时，各个企业才能获得利润，供应链才能得到发展。

6. 供应链产品质量指标

供应链产品质量是指供应链各合作企业（包括核心企业）生产的产品或零部件的质量。主要包括合格率、废品率、退货率、破损率、破损物价值等指标。

三、供应链企业之间的绩效评价指标

1. 供应链层次结构模型

这里所提出的反映供应链企业之间关系的绩效评价指标是以供应链层次结构模型为基础的。根据供应链层次结构模型，对每一层供应商逐个进行评价，从而发现问题，解决问题，以优化整个供应链的管理。在该结构模型中，供应链可看成是由不同层次供应商组成的递阶层次结构，上层供应商可看成是其下层供应商的用户。

2. 反映供应链上、下节点企业关系的绩效评价指标

供应链是由若干个节点企业所组成的一种网络结构，如何选择供应商、如何评价供应商的绩效以及由谁来评价等问题是必须明确的问题。根据供应链层次结构模型，这里提出了相邻层供应商评价法，可以较好地解决这些问题。相邻层供应商评价法的基本原则是通过上层供应商来评价下层供应商。由于上层供应商可以看成是下层供应商的用户，因此通过上层供应商来评价和选择与其业务相关的下层供应商更直接、更客观，如此递推，即可对整个供应链的绩效进行有效的评价。

3. 满意度指标

满意度指标是反映供应链上、下节点企业之间关系的绩效评价指标，即在一定时间内上层供应商 i 对其相邻下层供应商 j 的综合满意程度 C_{ij}。在满意度指标中包含以下具体指标。

1）准时交货率。准时交货率是指下层供应商在一定时间内准时交货的次数占其总交货次数的百分比。供应商准时交货率低，说明其协作配套的生产能力达不到要求，或者是对生产过程的组织管理跟不上供应链运行的要求；供应商准时交货率高，说明其生产能力强，生产管理水平高。

2）成本利润率。成本利润率是指单位产品净利润占单位产品总成本的百分比。在市场经济条件下，产品价格是由市场决定的，因此，在市场供需关系基本平衡的情况下，供应商生产的产品价格可以看成是一个不变的量。按成本加成定价的基本思想，产品价格等于成本加利润，因此产品成本利润率越高，说明供应商的盈利能力越强，企业的综合管理水平越高。在这种情况下，由于供应商在市场价格水平下能获得较大利润，其合作积极性必然增强，必然对企业的有关设施和设备进行投资和改造，以提高生产效率。

3）产品质量合格率指标。产品质量合格率是指质量合格的产品数量占产品总产量的百分比，它反映了供应商提供货物的质量水平。质量不合格的产品数量越多，则产品质量合格率就越低，说明供应商提供产品的质量不稳定或质量差，供应商必须承担对不合格的产品进行返修或报废的损失，这样就增加了供应商的总成本，降低了其成本利润率。因此，产品质量合格率指标与产品成本利润率指标密切相关。同样，产品质量合格率指标也与准时交货率密切相关，因为产品质量合格率越低，就会使得产品的返修工作量加大，必然会延长产品的交货期，使得准时交货率降低。

4）售后服务质量指标。售后服务质量指标定性地评价供应链各节点在销售产品或提供服务后，对产品进行跟踪服务的质量。在竞争激烈的市场环境下，售后服务成为竞争对手间

> **议一议**
>
> 供应链绩效评价指标的作用有哪些？

非价格竞争、留住客户、挖掘客户潜在需求的主要手段。售后服务质量评价指标主要有：客户售后服务响应时间，一定时期内客户访问次数、产品的返修率、客户抱怨投诉次数等。

在满意度指标中，权数的取值可随着上层供应商的不同而不同。但是对于同一个上层供应商，在计算与其相邻的所有下层供应商的满意度指标时，其权数均取相同值，这样，通过满意度指标就能评价不同供应商的运营绩效以及这些不同的运营绩效对其上层供应商的影响。满意度指标值低，说明该供应商运营绩效差，生产能力和管理水平都比

较低，并且影响了其上层供应商的正常运营，从而影响整个供应链的正常运营，因此对满意度指标值较低的供应商的管理应作为管理的重点，要么进行全面整改，要么重新选择供应商。

四、供应链绩效评价方法

供应链管理的目的是通过优化提升所有相关过程的速度和确定性，最大化所有相关过程的净增加值，提高整个组织的运作效率和效益。而对这种效率和效益的评判，就需要建立一套科学、可行的评判方法，从而可以发现问题，找出解决办法。尤其是在供应链管理环境下，一个节点企业运行绩效的高低，不仅关系到该企业自身的生存与发展，而且影响到整个供应链的其他企业的利益，因此，建立绩效度量指标和方法只是手段，目的是激励各个企业都要创造一流绩效。供应链绩效评价方法主要有基准化法、平衡记分卡法和基准平衡记分卡法 3 种。

1. 基准化法

基准化管理起源于 20 世纪 70 年代末 80 年代初美国学习日本的运动中。基准法不断寻找和研究同行一流公司的最佳实践，以此为基准与本企业进行比较、分析、判断，从而使自己企业得到不断改进，赶超一流公司，创造优秀业绩的良性循环过程。它具有以下的特点：

1）系统性：它不是简单的抄袭，而是识别最佳实践并吸收消化的过程。致力于长期的绩效的改善。

2）执行性：绩效提高目标的制订是一个方面，其实施过程才是关键。

3）价值化：基准化管理的最终目标是要创造价值。

4）指标化：如何设计、应用指标是基准化的关键所在。

5）持续性：基准化管理不是静止的，随着新的标准的出现，绩效管理的过程也应动态变化。

6）变革性：就其本质而言，基准化管理是一场在制度、流程与运营模式上的变革。

基准化法的实施一般可以划分为 5 个阶段：

1）计划阶段：在计划阶段企业提出在那些产品、智能或过程实施基准化法，选择哪个企业作为基准目标，需要什么样的数据和信息来源等。基准计划应集中精力解决基准法实施过程中的过程和方法问题，而不是追求某些数据。

2）分析阶段：主要收集、整理和分析数据资料，分析被定义为基准企业优秀方面的关键内容，本企业与基准企业的差距，怎样运用基准企业的成功经验改进供应链管理。

3）整合阶段：将基准法实施过程中的新发现在组织内进行沟通、交流，使有关人员了解并接受这些新发现。然后基于新发现建立企业的运作目标和操作目标。

4）行动阶段：确定项目、子项目负责人，具体落实绩效计划和目标，建立一套报告系统，能够对计划和目标进行修改和更新。

5）运作阶段：当企业的基准能够成为制订绩效计划、绩效目标的方法时，基准法实施就进入了正常运作阶段。

基准化法实施过程的示意图如图 8-7 所示。

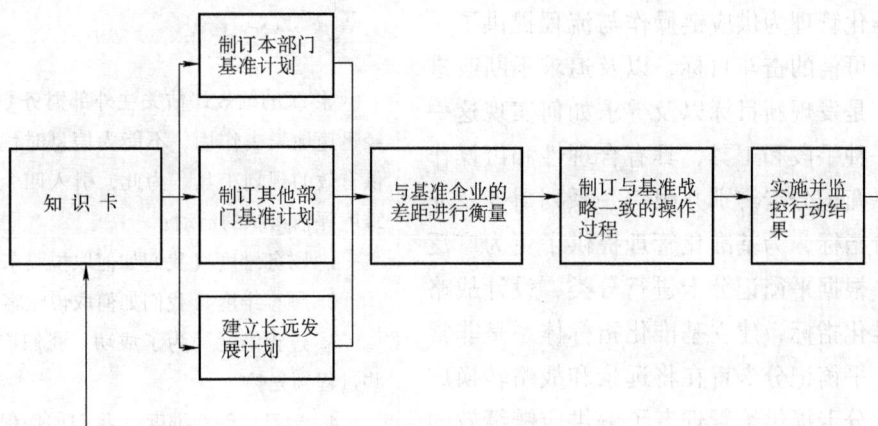

图 8-7 基准化法实施过程示意图

2. 平衡记分卡法

自罗伯特·S·卡普兰和大卫·P·诺顿于 1992 年在《哈佛商业评论》上发表了第一篇关于平衡记分卡的开拓性文章以来，平衡记分卡的概念就引起了广泛的注意。它打破了传统的绩效评估体系，建立了一个全新的绩效评估体系，为管理人员提供了一个全面的框架，用以把企业的战略目标转化为一套系统的绩效测评指标。平衡记分卡法应用于绩效评估与控制，可以克服传统的绩效评估的不足，将财务测评指标和业务测评指标结合在一起使用，从而能够同时从几个角度对绩效进行快速而全面的考察。

1）财务方面：平衡计分卡的财务绩效衡量显示企业的战略及其实施和执行是否正在为最终经营结果的改善做出贡献。常见的指标包括：资产负债率、流动比率、速动比率、应收账款周转率、存货周转率、资本金利润率、销售利税率等。

2）客户方面：平衡计分卡的客户衡量包括客户满意程度、客户忠诚度、客户获得、获利能力和在目标市场上所占的份额。

> **想一想**
>
> 平衡记分卡法的概念是什么？

3）内部业务流程方面：内部经营过程衡量方法所重视的是对客户满意程度和实现组织财务目标影响最大的那些内部过程。平衡计分卡方法把革新过程引入到内部经营过程之中，要求企业创造全新的产品和服务，以满足现有和未来目标客户的需求。这些过程能够创造未来企业的价值，提高未来企业的财务绩效。

4）学习和成长方面：组织的学习和成长有三个主要来源：人才、系统和组织程序。平衡计分卡会揭示人才、系统和程序的现有能力和实现突破性绩效所必需的能力之间的巨大差距，并改进。

平衡记分卡的优点是它既强调了绩效管理与企业战略之间的紧密关系，又提出了一套具体的指标框架体系，能够将部门绩效与企业、组织整体绩效很好地联系起来，使各部门工作努力方向同企业战略目标一致。

3. 基准化与平衡记分卡的结合——基准平衡记分卡法

基准化管理为供应链操作与流程提供了一种可行、可信的奋斗目标，以及追求不断改进的思路，是发现新目标以及寻求如何实现这一目标的一种手段和工具，具有合理性和可操作性。而平衡记分卡辨别并跟踪一系列财务及非财务评价指标，为基准化管理提供了更为广泛的视野。根据平衡记分卡进行分类，设计战略绩效基准化指标，建立基准化指标体系是非常有效的。平衡记分卡旨在将远景和战略转换成目标。记分卡提供给管理者了解供应链绩效的一组基准化数据。这些数据帮助管理者在一系列目标之间进行平衡。用基于基准化法和平衡

记分卡法建立的基准平衡记分卡法，来建立一套新的供应链绩效评估体系，是综合评价供应链的有效方法。

平衡记分卡在于提供框架，描绘战略和远景，并不把对过程的控制置于中心，它假定人们会采取一切必要的行动来达成目标。基准化寻求的是一种最优的程序，拿来为自己所用，更注重于过程。当然这种学习不是简单的模仿与生搬硬套，而是在自身的战略与企业环境的基础上，通过适当的改造，使之为自己所用。基于这种思想，我们建立评估体系框架。

（1）顾客角度　从顾客的角度来看供应链的运作，把承诺转化为具体的可以衡量的指标，这些指标反映了顾客对于供应链的要求。客户观点包括客户满意度，客户获得，客户保持。

1）客户满意度。客户关心的事情有四类：时间，质量，性能和服务，成本。订单完成周期可以衡量供应链满足顾客需要所需的时间。订单完成总周期是从收到订单开始到产品交付到顾客手中的总时间。质量可以衡量顾客得到的产品的完好率，还可以衡量交货的准确性。性能和服务反映了产品或服务给顾客提供的价值。成本反映在价格上。

2）客户获得。供应链新市场的开拓，市场份额的增加，需要新的客户的认同。客户获得是供应链不断进取的动力，可以用客户价值比率来表示。公式表示为：

客户价值比率 = 新客户创造价值 ÷ 老客户创造价值

当然此处老客户创造的价值应该在客户保持的基础之上计算而来。

3）客户保持。有数据统计，获取新顾客所需的费用是保持老客户所需费用的10倍左右，可见客户忠诚度对于供应链至关重要，是供应链持久利润的来源。衡量由老客户推荐的新客户的数量可以量化供应链的客户忠诚度。相对于客户获得而言，客户保持是最为方便与合算的。保持与老客户的关系，积极满足其要求，既可以稳定供应链的利益获得，也可以拓展新的市场，因为向老客户推荐新的产品更容易被接受。

（2）业务流程角度　供应链应如何运作才能实现顾客所预期的测评指标呢？顾客绩效

目标的实现来自于供应链业务流程的运行，供应链应明确必须如何操作，具有哪些能力，并制订相对应的测评指标。供应链的业务流程可以分为以下 3 个主要方面。

1）创新流程。供应链是为了满足顾客的需要而存在的，顾客的需求是随时间而不断变化的，因此，创新流程主要是创造出满足需求的新产品与新服务。

2）运营流程。运营流程从客户订单开始，至产品发送到客户结束。强调效率、连贯和及时性。在供应链里可以用提前期、供应链对市场的反应周期、生产周期来衡量。

3）售后服务流程。包括售后保证，保修和退还等处理，属于逆向物流（物流 logistics。为物品及其信息流动提供相关服务的过程。物品从供应地向接收地的实体流动过程。根据实际需要，将运输、储存、装卸、搬运、包装、流通加工、配送、回收、信息处理等基本功能实施有机结合）是保持客户忠诚度的不可缺少的要素。

（3）财务角度 虽然传统的财务评价存在很多不足，平衡记分法是为了消除这些弊端而设计的，但是财务绩效测评指标反映了供应链的价值增值。供应链绩效的改善应该在财务指标上得到体现。我们在这里进行财务分析是基于改进现金流的行为和程序，而不是基于结果。

1）现金周转周期：即是从现金到现金的周转时间，反映了资金的流动性。

2）库存供给天数：可以测量库存周转速度或周转量。反映了资金的占用天数。

3）经济价值增长：等于供应链的净营业利润减去使用资本的费用（资本的成本×资本使用率）。可以测量供应链资本价值增长的效率。

（4）创新和学习的角度 供应链是一个动态的系统，它随时间和空间的不同而变化。成功的指标也是在不断变化的。供应链的创新和学习能力的强弱，决定了其在激烈的全球竞争中的生死存亡。供应链的创新和学习可以通过三个方面来体现。第一，新技术、新产品的开发利用；第二，流程改造；第三，供应链再造。

知识检验

一、选择题

1. 反映供应商提供货物的质量水平的指标是（　　）。

    A. 产品质量合格率指标　　　　　　　　B. 产销率指标

    C. 准时交货率　　　　　　　　　　　　D. 供应链总运营成本指标

2. 供应链绩效评价方法（　　）。

    A. 基准化法　　　　　　　　　　　　　B. 平衡记分卡法

    C. 基准平衡记分卡法　　　　　　　　　D. 综合评价法

3. （　　）是企业不断优化供应商队伍、强化供应链质量优势的有效手段。

    A. 针对供应商的不同业绩表现分级采取有针对性的管理措施

    B. 定期对所有供应商进行分级评定

    C. 推动供应商不断提高产品质量和服务质量

    D. 对供应商建立供货档案，签订契约，明确违约责任

二、判断题

1. 供应链绩效评价的对象是某个具体企业的内部职能部门或者职工个人。（　　）

2. 准时交货率是指下层供应商在一定时间内准时交货的次数占其总交货次数的百分比。（　　）

3. 基准平衡记分卡法的优点是能够将部门绩效与企业、组织整体绩效很好地联系起来，使各部门工作努力方向同企业战略目标的实现联系起来。（　　）

三、简答题

1. 供应链绩效评价指标有哪些？

2. 供应链绩效评价方法有哪些？各自有什么特点？

课题三　技能训练

任务描述

以"某企业供应链成本状况调查"为课题开展市场调研。通过项目调研。了解供应链成本管理在企业整体战略中的地位和实施情况；了解企业在开展供应链成本管理和控制活动中遇到的主要问题和困难。

任务准备

1）确定调研重点。

2）确定调查问卷格式及要求（依据具体调查内容，设计合适的调查问句，至少有10项调查内容）。

3）确定调研报告格式及要求。

任务实施

1）分组。

2）挑选调研课题。

3）制订调研计划。

4）设计调研问卷。

5）实施调研。

6）整理调研资料，撰写调研报告。

7）小组交流。

8）教师总结。

任务评价

项目（或任务）编号			学时		学生姓名			总分	
类别	序号	评价项目	评价内容及要求	评价标准	配分	学生自评	学生互评	教师评价	得分
岗位技能评价	1	质量控制	能够完成调研任务和撰写调研报告	不能完成无分	20				

（续）

项目（或任务）编号				学时		学生姓名			总分	
类别	序号	评价项目	评价内容及要求	评价标准	配分	学生自评	学生互评	教师评价	得分	
岗位技能评价	2	方法技巧运用	能够运用搜索引擎等技巧查找最佳资源	不会用无分	10					
	3	运用知识能力	能够正确认识供应链管理相关知识	不认识无分，认识不准确减分	20					
	4	完成时间	按时完成任务	不按时完成无分	10					
职业素质评价	5	资源整合	资源丰富	资源不丰富减分	10					
	6	应变能力	处理问题果断迅速	处理不果断减分	10					
	7	沟通交流	积极主动性强	不积极沟通减分	10					
	8	团队合作	合作参与意识好	合作不好减分	10					

注：按学生自评占20%、学生互评占30%、教师评价占50%计算总分。

任务小结

授课班级		授课时间		授课地点	
授课教师			任务名称		
学生表现					
存在问题及改进方法措施					

任务拓展

成本管理——什么是最佳实践的真正价值

一家由日本设立在美国中西部的引擎供应商，一位著名的制造业开拓者愤怒地告诉一位前来参观的客户公司代表，自己公司的税后利润不到5%。

"这到底是为什么？"他说，"经过了 15 年的合作之后，每个人都会提出这个问题。"这位经理伊欧先生在提出这个问题的时候，他的上嘴唇禁不住颤抖了一下——他在努力压制住自己的愤怒。

"你们所做的一切都只是为了索取，你们从来没有给予。我们信任你们，但这种信任的结果却没有得到任何回报，相反，在与你们 15 年的合作中，我们的损失是沉重的。"实际上，那家公司已经被兼并了。对这家公司错误信任的结果是使得自己的公司多年来一直业绩不佳，随着客户"赢得"价格，双方的合作也日趋淡薄。在客户公司眼里，伊欧的公司成了一名纯粹的供应商，而不再是一个合作伙伴。

会议持续了 2h，这家来自日本的供应商和它的美国客户公司代表谨慎地探索了一些能够进行改进的环节。当双方来到主要生产线（这是一个以清洁管理和完美布局而著称的区域）的时候，美国客户公司代表在地上发现了一个钢钉。如果一名代表是没有经过训练，不懂得不断改进的道理的话，他会忽视这一发现，继续他的参观。但为了表明自己对不断改进的追求，这位客户公司代表停了下来，捡起了这个钢钉。带路的日本主人赶忙跑过来表示感谢，微微地鞠了一躬，并将这个小钢钉放到了小盒子里面。

接下来，客户公司代表又发现了一张被揉皱了的货运单。他又弯下腰来捡起了这个可以标志着疏忽管理的证据。再一次地，日本主人微微地鞠了一躬并表示感谢。事情就这样发展下去。后来，当客户公司代表看到了一堆堆的纸板、活塞和引擎外壳的时候，伊欧清楚地听到了美国客户公司代表的反应——"你们是否生产了太多的纸板？""显然，库存已经超过了目标产量。"他的答案非常直接："是的，我们确实理解循环利用和运输材料处理的问题，而且我们已经启动了一个项目，它可以使我们将这些废料至少重新利用 3 次，当然，可能你感觉我们的库存过量了，但实际情况是，我们在进行生产规划的时候必须考虑到引擎业的需求季节性。"

🔍问题讨论：

日本供应商的公司问题出在哪里？从供应链成本管理的角度分析，你认为该如何处理？

一个成功的供应链绩效管理

富莱克斯特罗尼克斯公司的成功，确认了供应链绩效管理作为供应链管理的基础性概念和实践的力量和重要性。富莱克斯特罗尼克斯使用了供应链绩效管理的方法，使它能发现邮政汇票的异常情况，了解根本原因和潜在的选择，采取行动更换供应商、缩减过度成本、利用谈判的力量。绩效管理的方法包括了实施基于 Web 的软件系统加速供应链绩效管理的周期。富莱克斯特罗尼克斯在 8 个月的"实施存活期"中节约了几百亿美元，最终在第一年产生了巨大的投资回报。富莱克斯特罗尼克斯系统根据邮政汇票信息连续比较了合同条款和被认可的卖主名单。如果卖主不是战略性的或者订单价格是在合同价格之上的，系统就提醒买方。另一方面，如果邮政汇票价格是在合同价格之下的，系统就提醒货物管理人员可能的成本解决机会。向接近 300 个使用者传递的邮件通告包含详细绩效信息的 Web 链接和异常情况的总结。富莱克斯特罗尼克斯管理人员随后使用系统了解问题的选择方案。他们评价异常情况并且决定是否重新谈判价格，考虑备选资源或者调整基于业务需求的不一致。同样，采购经理分析市场状况、计算费用，然后通过商品和卖主区分成本解决的优先次序。在供应链绩效管理周期开始之前或者周期进行中，富莱克斯特罗尼克斯确认数据、流程和行动的有效性。当实施它们的绩效系统时，富莱克斯特罗尼克斯建立指标和界限，并且保证数据的质量和适时性。

问题讨论：

分析富莱克斯特罗尼克斯公司使用绩效管理系统获得竞争优势的原因。

附录 物流术语汇编

1. 供应链管理（Supply Chain Management，SCM） 供应链管理是对供应链涉及的全部活动进行计划、组织、协调与控制。

2. 物料需求计划（Material Requirements Planning，MRP） 物料需求计划是工业制造企业内的物资计划管理模式。根据产品结构各层次物品的从属和数量关系，以每个物品为计划对象，以完工日期为时间基准倒排计划，按提前期长短区别各个物品下达计划时间的先后顺序。

3. 准时化生产（Just In Time，JIT） 准时化生产是在精确测定生产制造各工艺环节作业效率的前提下，准确地计划物料供应量和时间的生产管理模式。

4. 企业资源计划（Enterprise Resource Planning，ERP） 企业资源计划是在 MRPII 的基础上，通过前馈的物流和反馈的信息流、资金流，把客户需求和企业内部的生产经营活动以及供应商的资源整合在一起，体现完全按用户需求进行经营管理的一种全新的管理模式。

5. 制造资源计划（Manufacturing Resource Planning，MRP Ⅱ） 制造资源计划是在 MRP 的基础上，增加了营销、财务和采购的功能，它是对企业的各种制造资源和企业生产经营各环节实行合理有效地计划、组织、控制和协调，达到既能连续均衡生产，又能最大限度地降低各种物品的库存量，进而提高企业经济效益的管理方法。

6. 配送需求计划（Distribution Requirements Planning，DRP） 配送需求计划是一种既保证有效地满足市场需求，又使得物流资源配置费用最省的计划方法，是 MRP 原理与方法在物品配送中的运用。

7. 物流资源计划（Logistics Resource Planning，LRP） 物流资源计划是以物流为基本手段，打破生产与流通界限，集成制造资源计划、能力资源计划、分销需求计划以及功能计划而形成的物资资源优化配置方法。

8. 前置期（Lead Time） 前置期是从发出订货单到收到货物的时间间隔。

9. 长鞭效应（Bullwhip Effect） 长鞭效应是对需求信息扭曲在供应链中传递的一种形象的描述。由于这种需求放大效应的影响，供应方往往维持比需求方更高的库存水平或者说是生产准备计划。

10. 业务流程重组（Business Process Reengineering，BPR） 业务流程重组是为了最大限度地适应以客户、竞争、变化为特征的现代经营环境，对企业的业务流程做根本性的思考和彻底性的再设计，从而在成本、质量、服务和速度等方面取得显著改善。

11. 快速反应（Quick Response，QR）　快速反应是指供应链成员企业之间建立战略合作伙伴关系，利用 EDI 等信息技术进行信息交换与信息共享，用高频率小数量配送方式补充商品，以实现缩短交货周期，减少库存，提高顾客服务水平和企业竞争力为目的的一种供应链管理策略。

12. 供应商管理库存（Vendor Managed Inventory，VMI）　供应商管理库存是通过信息共享，由供应链上的上游企业根据下游企业的销售信息和库存量，主动对下游企业的库存进行管理和控制的管理模式。

13. 连续补货方式（Continuous Replenishment Program，CRP）　连续补货方式是利用及时准确的销售时点信息确定已销售的商品数量，根据零售商或批发商的库存信息和预先规定的库存补充程序确定发货补充数量和配送时间的计划方法。

14. 协同计划、预测与补货（Collaborative Planning，Forecasting and Replenishment，CPFR）　协同计划、预测与补货是应用一系列的信息处理技术和模型技术，提供覆盖整个供应链的合作过程，通过共同管理业务过程和共享信息来改善零售商和供应商之间的计划协调性，提高预测精度，最终达到提高供应链效率、减少库存和提高客户满意程度为目的的供应链库存管理策略。

15. 有效客户反应（Efficient Customer Response，ECR）　有效客户反应是以满足顾客要求和最大限度降低物流过程费用为原则，能及时做出准确反应，使提供的物品供应或服务流程最佳化的一种供应链管理策略。

16. 计算机辅助订货系统（Computer Assisted Ordering，CAO）　计算机辅助订货系统是基于库存和客户需求信息，利用计算机进行自动订货管理的系统。

17. 预先发货通知（Advanced Shipping Notice，ASN）　预先发货通知是生产厂家或者批发商在发货时利用电子通信网络提前向零售商传送货物的明细清单。

18. 直接换装（Cross-Docking）　直接换装是物品在物流环节中，不经过中间仓库或站点，直接从一个运输工具换载到另一个运输工具的物流衔接方式。

19. 店铺直送（Direct Store Delivery，DSD）　店铺直送方式是指商品不经过流通配送中心，直接由生产厂家运送到店铺的运送方式。

20. 电子数据交换（Electronic Data Interchange，EDI）　电子数据交换是通过电子方式，采用标准化的格式，利用计算机网络进行结构化数据的传输和交换。

21. 销售时点信息（Point Of Sale，POS）　销售时点信息是在对销售商品进行结算时，通过自动读取设备，如收银机，在销售商品时直接读取商品销售信息，如商品名、单价、销售数量、销售时间、销售店铺、购买顾客等，并通过通信网络和计算机系统传送至有关部门进行分析加工以提高经营效率的系统。

22. 基于活动的管理（Activity Based Management，ABM）　基于活动的管理即改进活动内容，排除不需要的无效率的活动，从而减少成本。

23. 电子订货系统（Electronic Order System，EOS）　电子订货系统是指不同组织间利用通信网络和终端设备进行订货作业与订货信息交换的体系。

24. 回收物流（Return Logistics）　回收物流是退货、返修物品和周转使用的包装容器等从需方返回供方所引发的物流活动。

25. 物流（Logistics） 物流是为物品及其信息流动提供相关服务的过程。物品从供应地向接收地的实体流动过程。根据实际需要，将运输、储存、装卸、搬运、包装、流通加工、配送、回收、信息处理等基本功能实施有机结合。

26. 服务（Service） 服务是为了满足顾客的需要，供方和顾客之间接触的活动以及供方内部活动所产生的结果。包括供方为顾客提供人员劳务活动完成的结果；供方为顾客提供通过人员对实物付出劳务活动完成的结果；供方为顾客提供实物实用活动完成的结果。

参 考 文 献

[1] 马士华，林勇．供应链管理 [M].4 版．北京：机械工业出版社，2014.

[2] 苏尼尔·乔普拉，彼得·迈因德尔．供应链管理 [M]．陈荣秋，等译．北京：中国人民大学出版社，2013.

[3] 肯尼斯·莱桑斯，布莱恩·法林顿．采购与供应链管理 [M].8 版．莫佳忆，曹煜辉，马宁，等译．北京：电子工业出版社，2014.

[4] 马丁·克里斯托弗．物流与供应链管理 [M].4 版．何明珂，卢丽雪，张屹然，等译．北京：电子工业出版社，2012.

[5] 包兴，肖迪．供应链管理：理论与实践 [M]．北京：机械工业出版社，2011.

[6] 李志君．供应链管理实务 [M].2 版．北京：人民邮电出版社，2014.

[7] 何吉涛，秦廷奎，朱王奇，等．供应链管理：理论、难点与案例 [M]．北京：人民邮电出版社，2013.

[8] 罗伯特·B·汉德菲尔德，罗伯特·M·蒙茨卡，拉里·C·吉尼皮尔，等．采购与供应链管理 [M].5 版．王晓东，刘旭敏，熊哲，译．北京：电子工业出版社，2014.

[9] 现代物流管理课题组．物流供应链技术入门——供应链管理实操版 [M]．广州：广东经济出版社有限公司，2014.

[10] 王国华．供应链管理 [M]．北京：国防工业出版社，2005.

[11] 阎子刚，赵继新．供应链管理 [M]．北京：机械工业出版社，2004.

[12] 沈文，云俊，邓爱民．物流与供应链管理 [M]．北京：人民交通出版社，2003.

[13] 冯耕中．现代物流与供应链管理 [M]．西安：西安交通大学出版社，2003.

[14] 徐哲一，武一川．物流管理10 堂课 [M]．广州：广东经济出版社有限公司，2004.

[15] 高本河，缪立新，沐潮．供应链管理 [M]．深圳：海天出版社，2004.

[16] 王斌义．现代物流实务 [M]．北京：对外经济贸易大学出版社，2003.

[17] 汝宜红，宋伯慧．配送管理 [M]．北京：机械工业出版社，2003.

[18] 陈修齐．物流配送管理 [M]．北京：电子工业出版社，2004.

[19] 喻小贤．物流运输与配送管理 [M]．北京：电子工业出版社，2005.

[20] 张远昌．物流运输与配送管理 [M]．北京：中国纺织出版社，2004.

[21] 黄中鼎．现代物流管理学 [M]．上海：上海财经大学出版社，2004.

[22] 刘昌祺．物流配送中心拣货系统选择及设计 [M]．北京：机械工业出版社，2004.

[23] 贾争现，刘康．物流配送中心规划与设计 [M]．北京：机械工业出版社，2004.

[24] 林自葵．物流信息系统 [M]．北京：北京交通大学出版社，2004.

[25] 曹前锋．物流管理案例与实训 [M].2 版．北京：机械工业出版社，2004.

[26] 冯耕中．物流配送中心规划与设计 [M]．西安：西安交通大学出版社，2005.

[27] 吕军伟．物流配送业务管理模块与岗位操作流程 [M]．北京：中国经济出版社，2005.

[28] 宋玉．仓储实务 [M]．北京：对外经济贸易大学出版社，2004.

[29] 叶怀珍．现代物流学 [M]．北京：高等教育出版社，2003.

[30] 李永生，郑文岭．仓储与配送管理 [M]．北京：机械工业出版社，2003.

[31] 王明智．物流管理案例与实训 [M]．北京：机械工业出版社，2003.

[32] 方光罗．仓储与配送管理 [M]．大连：东北财经大学出版社，2004.

[33] 赵刚．供应链管理 [M]．北京：电子工业出版社，2004.